Jos Willems / Brigit Appeldoorn / Maaike Goyens

Als Paar getrennt – als Eltern zusammen

Wie eine gemeinsame Erziehung nach der Trennung gelingt

Aus dem Niederländischen von Bärbel Jänicke

Patmos Verlag

VERLAGSGRUPPE PATMOS

PATMOS
ESCHBACH
GRÜNEWALD
THORBECKE
SCHWABEN
VER SACRUM

Die Verlagsgruppe
mit Sinn für das Leben

MIX
Papier | Fördert gute Waldnutzung
FSC® C083411

Die Verlagsgruppe Patmos ist sich ihrer Verantwortung gegenüber unserer Umwelt bewusst. Wir folgen dem Prinzip der Nachhaltigkeit und streben den Einklang von wirtschaftlicher Entwicklung, sozialer Sicherheit und Erhaltung unserer natürlichen Lebensgrundlagen an. Näheres zur Nachhaltigkeitsstrategie der Verlagsgruppe Patmos auf unserer Website www.verlagsgruppe-patmos.de/nachhaltig-gut-leben

Bibliografische Information der Deutschen Nationalbibliothek
Die Deutsche Nationalbibliothek verzeichnet diese Publikation in der Deutschen Nationalbibliografie; detaillierte bibliografische Daten sind im Internet über http://dnb.d-nb.de abrufbar.

4. Auflage 2024

Originaltitel: *Living together apart*. Translated from the Dutch language. www.lannoo.com

www.verlagsgruppe-patmos.de

Umschlaggestaltung: Finken & Bumiller, Stuttgart
Umschlagabbildung: thinkstock.com
Druck: CPI books GmbH, Leck
Hergestellt in Deutschland
ISBN 978-3-8436-0573-1 (Print)
ISBN 978-3-8436-0613-4 (eBook)

Als Paar getrennt – als Eltern zusammen

Inhalt

»Maybe our trouble is that we live in the twilight of the
old morality, and there's just enough to torment us, and not enough to hold us in.«

John Updike: *Marry me*

Vorwort

Alles hat damit begonnen, dass An Candaela vom Familienbund mich gebeten hat, für ihre Zeitschrift *De Bond* einen Artikel über Patchworkfamilien zu schreiben. Ich entschied mich für den Titel: »Zusammenbleiben, sich trennen oder den dritten Weg gehen«.

Als Reaktion auf diesen Artikel erhielt ich sehr viele Leserbriefe aus Flandern und den Niederlanden, deren Tenor durchweg positiv war: »Endlich schreibt mal jemand über den Weg, den wir bei unserer Scheidung gewählt haben.« Insgesamt boten fast dreißig Familien spontan ihre Mitwirkung für den Fall an, dass darüber ein Buch geschrieben werden sollte. Auf zwanzig dieser Angebote kamen wir zurück. Wir führten mit diesen Familien sehr spannende und aufrichtige Gespräche. Sie bilden das Fundament dieses Buches. Sie waren erforderlich, weil es zu dieser Form des »Zusammen-Lebens« nach einer Trennung fast keine Literatur gibt.

Unser besonderer Dank und unsere tief empfundene Anerkennung gelten daher in erster Linie den Menschen, die sich zu diesen Gesprächen bereit erklärt haben. Wir können unseren Dank und unsere Anerkennung hier leider nicht namentlich zum Ausdruck bringen, da nach ihrem eigenen Wunsch ihre Äußerungen in diesem Buch anonym bleiben sollen. Alle Namen, die Sie in diesem Buch finden, sind also fiktiv. Die Erfahrungsberichte allerdings sind authentisch. Jedes Interview wurde den Gesprächsteilnehmern vorgelegt und von ihnen autorisiert. Ohne ihrer aller Beitrag hätte dieses Buch sicher niemals entstehen können.

Wo es notwendig war, wurden die Berichte der Familien durch die persönlichen Erfahrungen von uns drei Autoren ergänzt. Wir alle hatten oder haben uns dafür entschieden, nach der Trennung von unseren Ex-Partnern in je eigene Weise als Eltern zusammenzubleiben. Aus pragmatischen Gründen haben wir nur für meine Erfahrungsberichte die Ich-Form gewählt, die Schilderungen von Brigit und Maaike bleiben anonym. Auch Erfahrungsberichte von Klienten aus eigener Praxis wurden zur Stützung einiger Aussagen und Argumente mit eingebracht. Auch diesen anonym bleibenden Personen möchten wir aufrichtig danken.

Ich selbst bin natürlich Maaike und Brigit zu größtem Dank verpflichtet. Ohne sie wäre es mir nicht möglich gewesen, all diese Gespräche zu führen und dem Buch die gebotene Substanz und Konsistenz zu geben. Die Begeisterung, mit der sie spontan auf meine Bitte zur Mitarbeit reagiert haben, war unendlich. Und sie hat sich im Laufe des gesamten Arbeitsprozesses an diesem Buch gehalten.

Dass sie dazu bereit waren, mit mir in See zu stechen, war für mich von entscheidender Bedeutung, es war genau die Unterstützung, die ich brauchte. Dass sie sich auf dieses Abenteuer mit mir, in dem die Aufgaben perfekt verteilt waren, eingelassen haben, ist schon etwas ganz Besonderes. Meine höchste Anerkennung gilt jedoch ihrer unermüdlichen Bereitschaft, so lange am Ball zu bleiben, bis unser Buch zu einem einheitlichen Ganzen zusammengewachsen war. Letztlich stellt dies die größte Herausforderung dar, wenn mehrere Autoren ein gemeinsames Buch schreiben. Sollte unser Vorhaben gelungen sein, ist es Maaike und Brigit zu verdanken.

Wir hoffen inständig, dass sich die positiven Erfahrungen, über die wir in diesem Buch berichten, gleichsam wie ein Ölteppich unaufhaltsam ausbreiten werden. Vielleicht gelingt es uns auf diese Weise, den Kindern geschiedener Eltern in Zukunft negative Konsequenzen weitgehend zu ersparen.

Ein spezielles Wort des Dankes gilt den Menschen, die, wie Ed und Diana, aus Expertensicht zu unserem Thema Stellung genommen haben. Ausdrücklich danken wir auch Corrie, die im Epilog überzeugend darstellt, dass sich der dritte Weg eher durch eine neue Art des Denkens als durch eine Form des Handelns auszeichnet.

Zu guter Letzt gilt unser herzlicher Dank dem Verlag, der an unser Projekt glaubte.

Und außerdem möchten wir all jenen von Herzen danken, die auf die eine oder andere Weise ihren Teil zu diesem Buch beigetragen haben.

Jos Willems

Einleitung: Zusammenbleiben, sich trennen oder einen dritten Weg gehen?

»Die Kinder müssen es ausbaden«, heißt es oft bei einer Scheidung oder Trennung der Eltern. Und in vielen Fällen ist das auch tatsächlich der Fall. Das ist sehr bedauerlich, vor allem weil es auch anders geht – ganz anders sogar. Doch bei einer Scheidung und manchmal sogar schon lange davor sind Eltern so sehr mit sich selbst und miteinander in heftige Konflikte verstrickt, dass die Emotionen über die Vernunft siegen und das Interesse des Kindes ungewollt ins Hintertreffen geraten kann.

Wenn eine Ehe oder eine Beziehung in eine Krise gerät oder sich totläuft, zieht man gewöhnlich nur zwei Möglichkeiten in Betracht: zu bleiben oder sich zu trennen. Noch vor ein paar Jahrzehnten entschieden sich die meisten dieser Paare dazu, die Beziehung fortzusetzen, heute jedoch ist Trennung die erste Wahl. Eine Wahl, die manchmal vielleicht zu schnell getroffen wird. Doch wer kann schon als Außenstehender das Wesen einer Beziehung anderer ergründen?

Vielen Paaren ist nicht deutlich genug bewusst, dass sich die Zweifel an ihrer Beziehung zum Partner ja nicht auf ihre Rolle als Mutter oder Vater übertragen. Sich zu trennen ist eigentlich gar nicht so schwierig, zumindest nicht, wenn man dazu bereit ist. Gleichzeitig vollwertige Eltern zu bleiben, ist hingegen eine Kunst. Denn das setzt voraus, dass man nicht alle Brücken hinter sich abbricht, sondern die Sorge um die gemeinsamen Kinder auch weiterhin teilt – und zwar ein Leben lang.

Gerade in der schwierigsten Phase ihrer Partnerbeziehung müssen Eltern also *gemeinsam* versuchen, die besten Entscheidungen für ihre Kinder zu treffen. Wobei die Art, wie sie hier miteinander kooperieren, gewöhnlich auch noch den Ton vorgibt, in dem sie in Zukunft miteinander und mit ihren Kindern umgehen werden. Ein unmöglich scheinendes Unterfangen.

Das kann überhaupt nur gelingen, wenn die Eltern ihre persönlichen Emotionen ihrem Partner gegenüber zurückstellen können und ernsthaft nach Lösungen suchen, die für die Kinder möglichst wenig schmerzhaft sind. Denn diese haben schließlich in aller Regel nicht um diese Trennung gebeten, ganz im Gegenteil.

Das Wissen, dass »gute Scheidungen« möglich sind, kann hilfreich sein. Dass der Großteil der Scheidungen die Kinder nach einer gewissen Zeit glücklicher werden lässt, ist vielleicht sogar noch hilfreicher. Die Zeiten haben sich geändert. Mittlerweile kann man davon ausgehen, dass das Stigma, das früher noch einer Scheidung anhaftete, weitgehend verblasst ist. Gewiss kann man als Partner verletzt sein und Schmerz empfinden, doch das ist noch lange kein Grund, als Elternpaar verfeindet zu sein oder es zu bleiben. Der Wunsch, das Beste für seine Kinder zu erreichen, kann die geschlagenen Wunden wohl am schnellsten heilen.

Dazu bedarf es Mut. Nicht nur um sich in diesen stürmischen Zeiten selbst zu dieser Einstellung zu verpflichten, sondern auch um Verwandten und Freunden die Stirn zu bieten. Denn da diese oft noch der alten Vorstellung verhaftet sind, eine Scheidung müsse zwangsläufig mit Feindschaft oder zumindest mit kühler Distanz verbunden sein, ist es ihnen oft nur schwer begreiflich zu machen, dass getrennte Paare freundschaftlich miteinander umgehen können. Sie haben kein klares Bewusstsein davon, wie vorteilhaft sich diese positive Form des Umgangs miteinander auf die Kinder auswirkt. Denn Kinder leiden nicht so sehr unter der eigentlichen Scheidung, sondern unter den permanenten Streitigkeiten ihrer Eltern und der Vielzahl von Veränderungen und Ungewissheiten in ihrem Leben. Wem es gelingt, den Streitereien im Beisein der Kinder ein Ende zu setzen, ihnen ihre Ungewissheit zu nehmen und dafür zu sorgen, dass die Veränderungen für die Kinder im Rahmen bleiben und sich in dem ihnen gemäßen Rhythmus vollziehen, dem muss vor möglichen negativen Auswirkungen einer Scheidung nicht bange sein.

Doch häufig sind es genau diese Auswirkungen auf die Kinder, woran bei einer Scheidung am wenigsten gedacht wird. Paare, die sich trennen, gehen allzu oft davon aus, dass ihre Kinder diese Veränderungen schon meistern werden. Sie vergessen dabei, dass Kinder all ihre Kraft brauchen, um die denkbar größte Veränderung in ihrem Leben, die Trennung ihrer Eltern, zu bewältigen. In dieser Zeit auch noch ihr vertrautes Zuhause zu verlieren, ist für die meisten Kinder zu viel.

Glücklicherweise gibt es mittlerweile eine Reihe von Eltern, denen dies bewusst ist. Das Nestmodell* ist ein Schritt in die richtige Richtung. In Familien, die dieses Modell praktizieren, bleiben die Kinder in ihrer vertrauten Umgebung, während sich die Eltern wöchentlich in deren Betreuung abwechseln. Das bietet den Kindern nicht nur einen festen Halt, sondern ermöglicht es ihnen auch, ihre Gewohnheiten beizubehalten und in ihrem Freundesumkreis zu bleiben. Außerdem bietet es den Eltern eine ausgezeichnete Möglichkeit, sich in die Lage von Kindern zu versetzen, die allwöchentlich zwischen den Wohnungen ihrer Eltern hin- und herpendeln müssen.

Das Nestmodell bildet für Eltern ein ideales Trainingsfeld, um herauszufinden, inwieweit es ihnen gelingt, ihre Partnerschaft hinter sich zu lassen und loyal und friedlich miteinander umzugehen. Das Nestmodell ist eine Variante, als Eltern nach einer Trennung zusammenzubleiben, die manche beibehalten, bis ihre Kinder erwachsen sind. Für andere ist es nur eine Übergangslösung.

Als Paar getrennt zu sein und als Eltern zusammenzubleiben eröffnet einen Mittelweg zwischen den beiden Optionen entweder zusammenzubleiben und weiterzumachen wie bisher oder sich ganz den Rücken zu kehren. Es ist ein »dritter Weg«, der kreative Lösungen dafür bietet, die schmerzhaften Auswirkungen einer Scheidung für die Kinder in Grenzen zu halten oder ganz zu vermeiden.

Dieser Weg ist zum einen kein Wundermittel, zum anderen gibt es auch nicht den *einen* dritten Weg, der für alle der beste wäre. Wege gibt es ebenso viele wie Ex-Partner, die ihn gehen. Denn jedes Elternpaar wird seinen eigenen Weg finden, wenn es die eigenen Lebensumstände reflektiert und bedenkt, was es selbst und vor allem seine Kinder verkraften können.

Nach einer Trennung als Eltern zusammenzubleiben ist im Wesentlichen eine Haltung oder eine Philosophie. Sie erfordert eine offene Einstellung und das Bemühen aller – nicht nur das der Eltern, sondern später auch der neuen Partner. Getrennt zusammenzubleiben ist ein Weg für Eltern, die nach ihrer Trennung als Paar das Beste für ihre Kinder wollen, für Eltern, die den Mut haben, sich von der traditionellen Art des Umgangs nach einer Scheidung zu verabschieden. Und es ist vor allem ein Weg für Eltern, die kreativ mit ihrer neuen Situation umgehen möchten.

In diesem Buch möchten wir Grundzüge des dritten Weges erläu-

* Begriffe mit einem Sternchen * werden im Glossar hinten im Buch erläutert.

tern, um Inspirationen für Paare zu bieten, die diesen Weg einschlagen möchten. Und wir möchten Hilfestellungen geben, um es ihnen zu erleichtern, diesen Weg erfolgreich zu beschreiten. Zahlreiche Erfahrungsberichte von Eltern, die auf diesem Weg bereits vorangegangen sind, sollen sie dabei unterstützen und ihnen verdeutlichen, dass es viel mehr Alternativen gibt, als man zunächst vielleicht annimmt. Diese Möglichkeiten können für verantwortungsvolle Eltern, die sich vor die Dilemmafrage »Trennen wir uns oder bleiben wir zusammen?« gestellt sehen, eine Lösung bieten. Denn dieser dritte Weg gibt ihnen die Chance, sich als Paar zu trennen und zugleich das zu bleiben, was sie immer waren: vollwertige Eltern für ihre Kinder.

1. Die neue Familie sucht ihren Weg

Die Familie ist der Grundpfeiler der Gesellschaft, so wurde es uns beigebracht. Was unter Familie hier verstanden wurde, war das seit dem 19. Jh. bestehende Standardmodell einer aus Vater, Mutter und Kindern bestehenden Kernfamilie*. Im Kielwasser dieses Familienmodells galt die Ehe lange Zeit als die einzig achtbare Lebensform außerhalb des Klosters. Und da nun mal die Ehe dem Zweck diente, Kinder zu zeugen, war die Familie, die daraus hervorging, die Norm.

Das hat sich natürlich völlig verändert. Niemand wird in Frage stellen, dass die Kernfamilie ein wichtiges Familienmodell ist, das allen Respekt verdient. Doch es gilt längst nicht mehr als allein selig machend. Es ist nur noch ein Modell neben anderen, ein Modell, das in einem bestimmten historischen Kontext den Lebensumständen und dem Zeitgeist wohl perfekt entsprochen hat. Heute, in einem wesentlich anderen Kontext, hat es wenig Sinn, diesem Modell nachzutrauern. Familie, Ehe und Scheidung sind nun mal Kinder ihrer Zeit.

Schon in vergangenen Zeiten fußte die Familie nicht allein auf der ehelichen Bindung. Sie hatte ihre eigene Dynamik, die in erster Linie von den ökonomischen und sozialen Lebensverhältnissen abhing. Das galt vor allem für den ärmeren Teil der Bevölkerung. In den wohlhabenderen und besonders in den adligen Kreisen passte sich die Form der Familie dem jeweiligen Status an.

Im Allgemeinen kam der Großfamilie im Laufe der Geschichte eine bedeutendere Rolle zu als der Kernfamilie. Diese löste sich erst in der Zeit der Industrialisierung (um 1900) aus dem größeren Familienverband heraus, als viele Menschen auf der Suche nach Arbeit in die Städte drängten, wo der zur Verfügung stehende Lebensraum wesentlich begrenzter war.

Bei den Römern war die Großfamilie die prägende Lebensform. An ihrer Spitze stand der *pater familias*. Er hatte unbegrenzte Macht über seine Frau, seine Kinder, seine Diener und Sklaven und besaß sogar das Recht, sie zu töten. Wovon er glücklicherweise selten Gebrauch machte, zumindest verschonte er in aller Regel seine Kinder. Drohten diese jedoch den Familienbesitz zu gefährden, konnte es durchaus vorkommen, dass sie als Findelkinder ausgesetzt wurden. Zu diesem Mittel griffen auch die Bedürftigen, wenn Armut und Not sie dazu zwangen. Liebe oder Zuneigung zwischen Eltern und Kindern waren damals kaum ein Thema und Privatsphäre innerhalb der Familie noch viel weniger.

Über die Entwicklung der Kleinfamilie in unseren Breiten gibt es bis ins 17. Jahrhundert so gut wie kein gesichertes Wissen. Vielleicht gab es Kleinfamilien, die mit der späteren Kernfamilie vergleichbar sind. Da Überleben und Sicherheit allerdings im Vordergrund standen, lebte die ländliche Bevölkerung überwiegend in unterschiedlich zusammengesetzten größeren Gruppen. Für sie war es am wichtigsten, so viel Arbeitskräfte wie möglich aufzubieten. Kinder wurden ab dem siebten Lebensjahr zur Arbeit herangezogen, Mädchen heirateten oft mit zwölf Jahren und wurden damit Teil ihrer neuen Großfamilie.

Im 18. Jahrhundert veränderte sich das Gesellschaftsbild grundlegend. Mit der Entstehung des Bürgertums und seinem Aufstieg im 19. und 20. Jahrhundert wurde auch die bürgerliche Familie das vorherrschende Modell. Die romantische Vorstellung der Kernfamilie und das damit einhergehende Bild der Mutterschaft wurden geboren – oder besser gesagt: vom aufkommenden Bürgertum glorifiziert. Hierbei hielt sich der bürgerliche Mann voller Begeisterung an den von der Kirche vorgegebenen Weg, der alles verdammte, was nicht in dieses Modell passte. Er war stolz darauf, dass seine Frau es nicht nötig hatte zu arbeiten, und sprach ihr daher nur allzu gerne einen mütterlichen Instinkt zu, der sie an Haus und Herd fesselte und ihm genug Raum ließ, seiner eigenen Wege zu gehen.

Zwei Weltkriege innerhalb von vierzig Jahren trugen dazu bei, dieses Familienbild zu zementieren. Die schmerzliche Sehnsucht nach der Familie oder der Verlust von Mann, Frau oder Kindern in den Kriegswirren verfestigten die romantische Vorstellung einer glücklichen Kleinfamilie, die auch nach dem Zweiten Weltkrieg noch eine Generation lang Bestand hatte.

Spätestens seit Anfang der Siebzigerjahre des letzten Jahrhunderts stellte der sprunghafte Anstieg an Scheidungen die Unantastbarkeit der Kernfamilie in Frage; deren Rolle als dominante Lebensform wurde nun zunehmend in Zweifel gezogen.

Aufgrund der deutlichen Zunahme an Scheidungen – in Deutschland zerbricht fast jede zweite Ehe – wird die traditionelle Familie immer stärker von neuen Familienformen abgelöst. Die beiden wichtigsten sind die Einelternfamilie und die Patchworkfamilie*. Nach jüngsten Untersuchungen liegt der Prozentsatz der Einelternfamilien in Deutschland zurzeit bei etwa 23 Prozent[1], der der Patchworkfamilien bei etwa 10 Prozent[2]. Ungefähr jedes fünfte Kind lebt heute in einer Familie, die nicht mehr der traditionellen Form entspricht. Die Lebenswelt dieser Familien unterscheidet sich wesentlich von der intakter Familien*. Beide haben eine eigene Dynamik – mit jeweiligen Vor- und Nachteilen.

Die Einelternfamilie

Die meisten Paare, die auseinandergehen, wohnen oft schon während ihres Scheidungsprozesses, zumindest aber unmittelbar danach getrennt. Wenn ein Paar Kinder hat, entstehen so logischerweise Einelternfamilien. Diese können sehr unterschiedlich aussehen.

Oft entscheiden sich beide Eltern, zumindest vorläufig, für eine Form der Einelternfamilie. Manche Kinder können dann ebenso häufig bei ihrem Vater wie bei ihrer Mutter sein (Paritätsmodell), die meisten wohnen jedoch überwiegend bei einem Elternteil.

Höchstwahrscheinlich wird nach einer gewissen Zeit wenigstens einer von beiden Elternteilen eine neue Beziehung eingehen, so dass das Kind eine weitere Familienform kennenlernt: die Patchworkfamilie. Sie beeinflusst unvermeidlich auch das Leben der Einelternfamilie, in der der andere Partner lebt.

Wir orientieren uns hier an der typischen Einelternfamilie, in der die Kinder fast ständig bei einem Elternteil leben. In neun von zehn Fällen sind das die Mütter. Die Väter haben in diesen Fällen nur ein Umgangsrecht. Obwohl diese Lösung am ehesten dem entspricht, was in den vergangenen Jahrzehnten üblich war und uns heute altmodisch erscheint, hat diese Lebensform für Kinder einen unverkennbaren Vorteil – vor allem wenn die Kinder in der ursprünglichen elterlichen Wohnung bleiben können. Dann nämlich bewirkt die Trennung der Eltern im Alltag der Kinder keine großen Veränderungen. Oftmals war ihr Vater an Werktagen ohnehin weniger zu Hause. Und da ihre Mutter weiterhin wie gewohnt für sie sorgt, bildet sie ein stabiles Element im Leben der Kinder. Der »Besuch« ihres Vaters wirft die Kinder weniger aus der Bahn als ein allwöchentlicher

Umzug in eine andere Wohnung. Sie müssen weder ihren Kram für die ganze Woche hin- und herschleppen noch auf ihre Freunde und ihre alltäglichen Gewohnheiten verzichten. Da die Eltern nur noch wenig Kontakt zueinander haben, haben sie auch kaum noch Gelegenheiten sich zu streiten. Für die Kinder ist das eine große Erleichterung.

Manche Autoren wie M. F. Delfos[3] sehen in einer solchen stabilen häuslichen Situation mit flexibel gestalteten Kontaktmöglichkeiten zu dem anderen Elternteil sogar die bestmögliche Form für die Entwicklung von Scheidungskindern.

Doch mit diesem Modell sind auch einige Nachteile verbunden.

Das eingeschränkte Besuchsrecht (oft ein Wochenende innerhalb von 14 Tagen) führt nicht selten dazu, dass ein Elternteil, vielfach der Vater, den Kontakt zu den Kindern einschlafen lässt oder abbricht. Das ist vor allem bei Eltern zu beobachten, die eine neue Ehe oder eine feste, dauerhafte Beziehung eingehen, weniger bei denen, die mit ihrem neuen Partner nicht zusammenwohnen. Diese Tendenz verstärkt sich noch dadurch, dass sich die Kinder von dem Elternteil, der nicht mehr bei ihnen wohnt, oft im Stich gelassen fühlen. Sie empfinden ihm gegenüber Wut und Enttäuschung, und sie werden darin häufig noch von dem Elternteil, bei dem sie leben, bestärkt.

Andere Väter tendieren dazu, ihre Kinder in den wenigen Tagen, in denen sie bei ihnen wohnen, zu sehr zu verwöhnen. Auch manche Mütter können dieser Versuchung nicht widerstehen. Ob sie nun vernachlässigt oder zu sehr verwöhnt werden, für die Kinder ist beides ungünstig.

Außerdem unterschätzen viele die finanziellen Einbußen einer Einelternfamilie, in der sich das Familienbudget oft drastisch reduziert. Manchmal werden die Probleme sogar so groß, dass die Familien an der Armutsgrenze leben. Für viele gestaltet es sich auch schwierig, nun auf einmal alles alleine regeln zu müssen. Daher sind Depressionen bei Alleinerziehenden in dieser Situation keine Seltenheit.

> Sylvie: »Wenn Freya mal mit ihren Freunden etwas unternehmen will, versuche ich Möglichkeiten zu finden, die nichts kosten, etwa einen Ausflug in den Park oder zu einem Spielplatz in der Nähe. Das macht ihnen auch Spaß. Ab und zu belohne ich sie mit einer Kleinigkeit. Sie liebt es, mit mir einen Hamburger essen zu gehen, aber ich mache ihr klar, dass das nur selten möglich ist.

Ich bin schon sehr froh, dass wir in unserer Wohnung bleiben konnten. Sie hat hier in der Nachbarschaft ihre Schule und ihre Freunde. Sogar unsere Verwandten wohnen ganz in der Nähe. Hätten wir umziehen müssen, wäre alles viel schwieriger gewesen.«

Diese finanziellen Probleme können manchmal weitreichende Konsequenzen haben, die gar nichts mit der Scheidung oder der Einelternfamilie zu tun haben. Studien[4,5] belegen, dass es für hochqualifizierte Alleinerziehende mit einem guten Einkommen viel einfacher ist, sich ihrer Familie ausreichend zu widmen und damit viele Probleme gar nicht erst entstehen zu lassen.

Niedrig entlohnte Arbeiten (zum Beispiel in der Pflege, in der Gastronomie oder als Reinigungskraft) müssen zudem oft zu Zeiten durchgeführt werden, in denen keine institutionelle Kinderbetreuung angeboten wird. Eine private Betreuung ist meistens unbezahlbar, so dass die Kinder manchmal auf sich selbst gestellt sind.

Der am deutlichsten messbare und daher objektiv feststellbare Nachteil für die Kinder liegt in ihren schlechteren schulischen Leistungen. Laut des Unicef-Berichtes von 2013 haben es Kinder Alleinerziehender in Deutschland in der Schule schwer. Im Durchschnitt haben sie bereits am Ende der vierten Klasse in Mathematik und Naturwissenschaften einen Leistungsrückstand von einem halben Jahr.[6]

Des Weiteren besteht die Gefahr, dass eines der Kinder einer alleinerziehenden Mutter – meistens das älteste oder ein Einzelkind – die soziale Rolle des abwesenden Vaters übernimmt (Parentifizierung*). Der Ursache dafür kann zum einen die Neigung der Mutter sein, ihr Kind zu sehr wie einen erwachsenen Gesprächspartner zu behandeln. Zum anderen übernehmen manche Kinder diese Rolle auch aus Besorgnis oder weil sie von ihrem Umfeld dazu ermuntert werden: »Jetzt ist deine Mutter allein, nun musst du gut für sie sorgen.«

Dass ein Kind sich fürsorglich verhält, ist an sich positiv zu bewerten. Zu bedenken ist jedoch, dass Kinder sehr loyal sind und sich daher oft aufopfernd verhalten, um ihren Eltern Schmerz zu ersparen. Weil sie glauben, ihre Mutter habe es schon schwer genug, versuchen sie ihre eigenen Ängste, ihren Kummer und ihre Bedürfnisse zu verbergen. Wenn die Mutter die Fürsorge des Kindes in dieser Situation nicht zurückweist, sondern bereitwillig annimmt, übernimmt ein Kind zu viel Verantwortung und erhält zu wenig Unterstützung. Es kann sein, dass es Schuldgefühle entwickelt oder sich einsam fühlt.

Zu guter Letzt lässt sich beobachten, dass alleinerziehende Eltern – meistens ist es die Mutter – ihre Aufmerksamkeit ausschließlich ihren Kindern widmen. Auch wenn sie bei einem anderen Menschen Halt oder eine neue Liebe gefunden haben, sollen ihre Kinder möglichst wenig davon merken. Natürlich ist es edel, sich voll und ganz seinen Kindern zu widmen, doch dabei besteht auch die Gefahr der Überbehütung und dass die Kinder die eigene Mutter idealisieren, was im Erwachsenenleben Probleme bereiten kann.

Viele Probleme von Einelternfamilien entstehen also nicht in erster Linie, weil ein Elternteil abwesend ist. Es sind eher andere Faktoren, die ausschlaggebend sind.

Die Wahrscheinlichkeit, dass sich ein Kind nur bei einem Elternteil wirklich zu Hause, bei dem anderen hingegen lediglich zu Besuch fühlt, ist ebenso hoch wie die Tendenz einer zunehmenden Distanz zu dem abwesenden Elternteil.

Problematisch kann auch sein, wenn Kinder in einen Loyalitätskonflikt geraten, weil die Eltern andauernde Konflikte vor den Kindern austragen und abfällige Bemerkungen übereinander machen.

Auch die nicht selten bedrängende finanzielle Situation kann das Wohlbefinden des Kindes nachteilig beeinflussen.

Die Patchworkfamilie

Scheidungen, nach denen beide Partner lange Zeit Single bleiben, bilden die Ausnahme. Nach einer gewissen Zeit entsteht meist auf einer oder auf beiden Seiten eine Patchworkfamilie. Für viele Kinder stellt das eine weitere einschneidende Veränderung in ihrem Leben dar. Wenn diese Veränderungen zu schnell aufeinanderfolgen, fühlen sich die Kinder oft überfordert.

Einigen Eltern ist das durchaus bewusst, den meisten bedauerlicherweise (noch) nicht. Sie bedenken zu wenig, dass Eile alles unnötig schwierig macht. Nicht nur für die Kinder, sondern auch für sie selbst. Wenn sie, statt ihr eigenes Tempo anzuschlagen und ihren Impulsen freien Lauf zu lassen, dem Zeitmaß der Kinder folgen, wird sich rascher eine neue harmonische Familie entwickeln.

Zu viele neue, mit großen Erwartungen befrachtete Beziehungen scheitern, weil man den Kindern nicht genug Zeit gönnt, sich Schritt für Schritt an die neue Situation zu gewöhnen. Außerdem verlieren Eltern leicht aus dem Blick, dass sie selbst Zeit brauchen, um ihre Situation zu verarbeiten. Einen Schritt wieder rückgängig zu machen (zum Beispiel aus der gemeinsamen Wohnung mit dem neuen Partner wieder auszuziehen), weil man alles zu schnell vorwärtstreiben wollte, ist natürlich schmerzhaft. Vielleicht wäre es dann doch besser gewesen, das Ganze vorsichtiger anzugehen.

Die besondere Herausforderung für Patchworkfamilien liegt darin, dass jede Familie sich »neu erfinden muss«. Es gibt für Patchworkfamilien keine allgemeinen Regeln, da jede ihren eigenen Charakter hat. Was man ganz sicher nicht tun sollte, ist, sich die »Kernfamilie« zum Vorbild zu nehmen. In Patchworkfamilien hat jedes Mitglied eine eigene Vergangenheit, aus der bestimmte Erwartungen hervorgehen. Wenn diesen Erwartungen nicht genügend Rechnung getragen wird, geht es meistens schief.

Je mehr Mitglieder aus verschiedenen Familien an der neuen Patchworkfamilie beteiligt sind, desto größer sind die Herausforderungen. Eine Familie, die sich aus einem Elternteil mit einem Kind und einem kinderlosen Partner zusammensetzt, lässt sich nicht mit einer Familie vergleichen, die aus zwei Partnern mit jeweils zwei oder drei eigenen Kindern aus früheren Beziehungen besteht. Wenn letztere sich dann auch noch für das Paritätsmodell entschieden hat, ist weitaus mehr als nur großes organisatorisches Talent erforderlich, um alles in gute Bahnen zu lenken.

Henk (50) hat drei Kinder aus erster Ehe. An ist 19, die Zwillinge John und Annick sind 17. Henk ist in zweiter Ehe mit Carla (37) verheiratet, die einen jüngeren Sohn (13) aus einer früheren Beziehung hat. Henk und Carla sind seit sechs Jahren zusammen und haben inzwischen zwei gemeinsame Kinder, zwei Mädchen. Henk verbringt beruflich im Durchschnitt monatlich 20 Tage im Ausland, an den Wochenenden ist er jedoch meistens zu Hause.

Carlas Sohn hat einen ziemlich festen Rhythmus und ist gewöhnlich abwechselnd eine Woche bei seinem Vater und eine Woche bei seiner Mutter. Bei Henks Kindern stellt sich die Lage komplizierter dar. Auch sie zogen anfangs wöchentlich von ihrer Mutter zu ihrem Vater. Doch nach einer Weile wollte An zunächst lieber bei ihrem Vater wohnen, später änderte sie wieder ihre Meinung. Heute wohnt sie als Studentin alleine und entscheidet frei, wann sie bei welchem Elternteil wohnen möchte.

Annick hat die Geburt ihrer beiden Halbschwestern nicht gut verkraftet. Auch zu Carla hat sie von Anfang an ein sehr distanziertes Verhältnis. Nach der Geburt ihrer ersten Halbschwester zog sie sich völlig von ihr zurück. Sie wollte sie nicht mehr sehen. Um Ärger zu vermeiden, fühlte sich ihr Vater verpflichtet, Gelegenheiten zu finden, um den Kontakt zu seiner Tochter aufrechtzuerhalten.

Etwas später als An entschied sich John ebenfalls, ständig bei seinem Vater zu wohnen. Er wohnt noch immer dort und kümmert sich sehr fürsorglich um seine beiden Halbschwestern. Henk hat nun die schwierige Aufgabe, zu seinen fünf Kindern eine ausgewogene Beziehung herzustellen. Carla muss bei der Betreuung der kleinsten Kinder mit der wechselnden Anwesenheit von Henks Kindern und der Tatsache zurechtkommen, dass ihr Sohn jede zweite Woche in ihrer Familie wohnt. Außerdem findet sie es schwierig, ihren »Bonuskindern« den häufig abwesenden Vater zu ersetzen.

Wie der Einelternfamilie bleiben auch der Patchworkfamilie gewisse Nachteile nicht erspart. Das Wohlbefinden der Kinder hängt stark davon ab, wie sie sich mit den Bonuseltern* in der neuen Familie verstehen. Von diesen wird erwartet, dass sie ihre Rolle bewältigen, ohne das abwesende Elternteil zu kopieren. Sie sollen ihren Partnern zudem genug Möglichkeiten geben, regelmäßig mit ihren Kindern alleine zu sein. Außerdem wäre es ideal, wenn die Kinder dem neuen Partner unvoreingenommen begegnen würden und von dem abwesenden Elternteil nicht (negativ) beeinflusst würden. Das sind ziemlich viele Voraussetzungen, die nicht immer alle erfüllt werden und mitunter zu großen Problemen führen.

Die Probleme von Kindern in Patchworkfamilien und Einelternfamilien ähneln sich in vielerlei Hinsicht. Das deutet darauf hin, dass diese Probleme nicht so sehr mit der Trennung oder der neuen Familienform zusammenhängen. Heute geht man vielmehr davon aus, dass das Wohlbefinden der Kinder vor allem von der Haltung der Eltern vor, während und nach der Scheidung beeinflusst wird.

Das interuniversitäre Konsortium *Scheidung in Flandern*[7] *(Scheiding in Vlaanderen)* zog 2011 folgendes vorsichtige Fazit: »Kinder geschiedener Eltern, ob Junge oder Mädchen, sind nicht wesentlich zufriedener oder unzufriedener, haben nicht deutlich mehr Ängste und sind nicht signifikant häufiger depressiv als Kinder aus intakten Familien. Bei den Überachtzehnjährigen lässt sich allerdings ein etwas geringeres Maß an Zufriedenheit und eine leichte Zunahme depressiver Stimmungen konstatieren.«

Ein höheres Maß an Aggressivität und antisozialem Verhalten, das bei Mädchen und Jungen in nicht intakten Familien festgestellt wurde, hat weniger mit der gewählten Familienform zu tun, sondern mehr mit dem sozioökonomischen Status der Familie.

Über Patchworkfamilien lässt sich viel Gutes berichten. Kinder spüren, dass ihre Eltern in der Patchworkfamilie wieder glücklich sind, und der Großteil der Kinder fühlt sich wieder richtig wohl. Manche fühlen sich sogar wohler als vor der Scheidung.

Die neue Patchworkfamilie hat für die Kinder klare Vorteile. Ein Kind hat es in dieser Familienform mit einer ganzen Reihe Erwachsener zu tun – nicht nur mit den Bonuseltern, sondern eventuell auch noch mit deren Eltern. Es sieht sich also dazu herausgefordert, sich stärker anzupassen, zum einen an die Gewohnheiten der Erwachsenen, zum anderen auch an das Verhalten anderer Kinder, die bisher anders erzogen wurden. Dadurch wird es *flexibler.*

Ein größeres Familiensystem führt auch dazu, dass die Kinder stärker mit Unterschieden konfrontiert werden. Die Unterschiede zwischen ihnen und den Kindern der Bonuseltern sind sicherlich größer als die zwischen ihnen und ihren Geschwistern. Mit der Zeit werden die Kinder lernen, mit den Unterschieden umzugehen, und das lässt sie *selbständiger* werden.

Außerdem lernen sie, sich in zwei unterschiedlichen Lebenskulturen zu bewegen. Wenn diese sehr unterschiedlich sind, kann das ziemlich anstrengend sein. Vielleicht leben sie, anders als zuvor, nun plötzlich in einer sportlichen oder musikalischen Familie. Das kann eine große Umstellung erfordern, letztlich jedoch macht es sie *vielseitiger.*

Im Grunde erwerben die Kinder so unwillkürlich eine Reihe von Fähigkeiten, denen in unserer Gesellschaft hohe Bedeutung zukommt.

Im Allgemeinen fühlen sich Kinder in Patchworkfamilien wohler als in Einelternfamilien. Der Unterschied zu den Kindern, die in ihrer Kernfamilie leben, ist oft nur gering. Manche Kinder fühlen sich in Patchworkfamilien sogar wohler als in ihrer Ursprungsfamilie. Die gute Beziehung der eigenen Mutter oder des eigenen Vaters zu ihren neuen Partnern kann viel dazu beitragen.

Ein Lehrer hatte festgestellt, dass Frank bei seinen Hausaufgaben gute Fortschritte machte. In einem Elterngespräch in der Schule berichtete er davon. Franks Vater erklärte ihm daraufhin, dass er mit seinem Sohn vereinbart hatte, ihn am Wochenende abzuhören, wobei sein Stiefvater ihm unter der Woche bei seinen Hausaufgaben helfen sollte. Vater und Stiefvater hatten das miteinander besprochen und sich auf diese Vorgehensweise geeinigt.

Das Paritätsmodell

Nur um es von vorneherein klarzustellen: Wenn hier vom Paritätsmodell die Rede ist, so geht es keinesfalls um das Thema eines geteilten Sorgerechts, also nicht um die weiterhin geteilte Verantwortung für die Erziehung der gemeinsamen Kinder. Das Sorgerecht liegt ja in der Regel nach einer Scheidung – wenn keine schweren Probleme wie häusliche Gewalt oder Missbrauch vorliegen – weiterhin bei beiden Eltern. Das Paritätsmodell ist vielmehr eine Regelung, die es Kindern ermöglicht, (nahezu) gleich viel Zeit bei ihrer Mutter und ihrem Vater zu verbringen. Doch die Auswirkungen dieser Regelung auf Familien, vor allem auf neu entstehende Patchworkfamilien sind ausgesprochen stark. Deshalb behandelt man Familien, die sich für das Paritätsmodell entschieden haben, am besten als eine gesonderte Familienform, mit besonderen Merkmalen und besonderen Vor- und Nachteilen.

Der große Vorteil dieser Regelung liegt auf der Hand: Beide Elternteile haben gleich viel Einfluss auf die Erziehung ihrer Kinder, sie teilen die Lasten und Freuden der Elternschaft. Und die Kinder können ausgeglichener aufwachsen, mit Eltern, die beide stark in ihrem Leben präsent sind. So hatten es sich viele, auch der Gesetzgeber, zumindest vorgestellt.

Das Paritätsmodell sollte den Eltern die Erfüllung ihrer zahlreichen Pflichten erleichtern und die Eltern-Kind-Bindung stärken. Es sollte die Zusammenarbeit der Eltern fördern und die Gefahr eines Sorgerechtsstreits verringern.

Doch heute, Jahre nach Einführung der Regelung, ist man sich dessen nicht mehr so sicher. Theoretisch hat die Idee nach wie vor Bestand, doch in der Alltagspraxis hat sie sich nicht in jeder Hinsicht bewährt. Leider hat sie auch Nachteile.

Viele Eltern, vor allem Väter, können die Betreuung in »ihrer« Woche nicht leisten. Wenn sie alleine für die Kinder verantwortlich sind, delegieren sie rasch einen Teil ihrer Betreuungsaufgaben an die Großeltern. Wenn eine solche Situation eintritt, kann man nur hoffen, dass sie bald einsehen, dass es besser wäre, ihre Woche zum Beispiel auf ein verlängertes Wochenende alle 14 Tage und einen zusätzlichen halben Tag in der Woche zu reduzieren.

Hat der Vater eine neue Partnerin, übernimmt sie oft einen großen Teil seiner Pflichten. Das bringt sie in die undankbare Situation, einen Teil der Vaterrolle übernehmen und zugleich aufpassen zu müssen, nicht in die Falle einer Übernahme der Mutterrolle zu tappen. Wie kann sie diesen subtilen Unterschied deutlich machen?

Auch aus den wechselnden Familienkonstellationen können leicht Konflikte und Frustrationen entstehen. Hat ein Elternteil nur ein Umgangsrecht, bleibt dieser Wechsel zeitlich beschränkt, doch beim Paritätsmodell können die Veränderungen in der Familienkonstellation gravierend sein. Wenn die Familie sich jede zweite Woche erheblich vergrößert, kann es sein, dass es schwierig wird, ein wenig Privatsphäre zu finden. Und für die älteren Kinder ist es manchmal schwierig, ihre gewohnten Privilegien durchzusetzen. Noch verwirrender wird es, wenn dieses Paritätsmodell auch noch zusätzlich in den Familien der neuen Partner praktiziert wird.

Axel und Jo haben drei Kinder im Alter von 14 (Karl), 9 und 7 Jahren. Bei ihrer Scheidung vor drei Jahren entschieden sie sich dafür, dass die Kinder jede Woche von einem Elternteil zum anderen wechseln sollten. Axel und Jo lebten damals beide allein und das funktionierte prima. Heute haben sie beide neue Partner. Axels Partnerin hat zwei eigene Kinder (von 13 und 11 Jahren), die ebenfalls jede zweite Woche bei ihrem Vater verbringen. Axel und seine Partnerin entschieden sich dafür, alle Kinder in der gleichen Woche zu sich zu nehmen, so dass sie immer eine Woche mit und eine Woche ohne Kinder lebten. Dass sich Karl, der Älteste, und Maria (13), die ihrem Alter weit voraus ist, nicht vertragen, nehmen sie in Kauf.

Wenn Karl bei seiner Mutter ist, muss er sich mit den beiden Söhnen ihres Partners arrangieren. Sie sind 18 und 16 und leben fast ständig bei ihrem Vater. Das Haus, in dem sie wohnen, ist nicht besonders groß, daher muss er nun ein Zimmer mit seinem siebenjährigen Bruder teilen. Karl fühlt sich hier völlig in die Ecke gedrängt und versucht, seine verlorenen Privilegien wenigstens Maria und ihrem Bruder gegenüber einzufordern, wenn er bei seinem Vater wohnt. Das führt zu heftigen Streitereien und ständigem Hickhack. Karls Verhalten ist innerhalb eines Jahres sehr aggressiv geworden, doch seinen Eltern ist nicht klar, warum.

Die größten Nachteile des Modells für die Kinder ist, dass sie das Gefühl haben, nirgends richtig zu Hause zu sein. Jede Woche seinen Kram zusammenzupacken und umzuziehen, ist nicht gerade eine Kleinigkeit. Und dass sie für den Wechsel auch noch alles in die Schule mitschleppen müssen, finden sie besonders schlimm. Kristof (18) beschreibt es folgendermaßen:

»Was hältst du davon, abwechselnd bei Mama und Papa zu wohnen«, hatte mich mein Vater einmal gefragt, als ich noch klein war. Ich habe mich damals nicht getraut zu antworten. Sonst hätte ich gesagt. »Ich finde das nicht gut.« Ich habe mich nur bei meiner Mutter wirklich zu Hause gefühlt, dort, wo mein Kuscheltier war.

Nun hält mich mein Vater für undankbar, weil ich ihm vor Kurzem gesagt habe, dass ich mit dem Paritätsmodell nie glücklich war. Ich habe die Entscheidung meiner Eltern immer egoistisch gefunden. Sie behaupten, sie hätten nur im Sinne ihrer Kinder entschieden, aber sie haben doch vor allem für eine Regelung gesorgt, die ihnen passte. Ein Kind kann ja umziehen und sich anpassen. Alte Bäume verpflanzt man nicht.

Ich hätte mich bei der Scheidung lieber für einen von beiden entschieden. Vielleicht hätte ich in dem Fall meinen Vater etwas weniger gesehen, aber ich hätte nicht in zwei Welten aufwachsen müssen. Ich wartete und hoffte, ich dachte, ich dürfte mich mit 12 Jahren entscheiden. Doch das durfte ich nicht. Heute bin ich achtzehn und nun ist es zu spät. Jetzt freue ich mich auf meine eigene Wohnung. Das ist meine Befreiung, das wird mein Zuhause.

Für Eltern muss es schrecklich sein, so etwas von ihren Kindern zu hören. Vielleicht nehmen wir alle zu wenig Rücksicht darauf, was in unseren Kindern vorgeht. Was sie wirklich wollen, ist nicht immer das, was wir für ihr Bestes halten. Vielleicht müssen wir lernen, unsere Trennung mit den Augen unserer Kinder zu sehen.

Trotz dieser negativen Gesichtspunkte ist die Erfahrung der Kinder insgesamt doch eher positiv. Bei der Frage nach ihrem Wohlbefinden geben Kinder, deren Eltern sich für das Paritätsmodell entschieden haben, durchschnittlich einen fast ebenso hohen Wert an wie Kinder aus intakten Familien. Das zeigt, wie wichtig es für ein Kind ist, weiterhin ganz auf beide Eltern zählen zu können.

Unverheiratet zusammenleben

Die Ehe ist in der Krise, vielleicht in der tiefsten Krise seit ihrem Entstehen. Trotzdem hält sie an ihrem Prinzip »bis dass der Tod euch scheidet« fest, obwohl Braut und Bräutigam selbst wohl eher denken »bis unsere Liebe stirbt«. Bei manchen Paaren tritt das schon nach kurzer Zeit ein, einige sind sogar der Meinung, nach zu kurzer Zeit. Die Scheidung wird für sie zu einer Therapie ihres vergeblichen Verlangens nach Liebe, was der französische Philosoph Pascal Bruckner in die folgenden Worten gefasst hat: »Nicht mehr die Ehe tötet die Liebe, sondern die [Suche nach] Liebe tötet die Ehe.«[8]

In Deutschland hat sich die Zahl der Eheschließungen seit Mitte des vergangenen Jahrhunderts halbiert. Seit den 1970er Jahren nimmt die Zahl der nicht ehelichen Lebensgemeinschaften stetig zu. Nimmt man noch die Paare hinzu, die faktisch beziehungsweise inoffiziell zusammenwohnen, kann man davon ausgehen, dass mindestens ebenso viele Paare unverheiratet wie verheiratet zusammenleben.

Außerdem besteht heute der Trend, eher später eine feste Partnerbeziehung einzugehen, und viele bleiben auch Single oder gehen eine Beziehung ein, ohne mit ihrem Partner zusammenzuziehen.

Für ein Paar mag es ein großer Unterschied sein, ob es heiratet oder unverheiratet zusammenlebt, für ihre Kinder ist es das nicht, es sei denn, der Vater erkennt die Kinder nicht an. Für unverheiratete Paare besteht der größte Unterschied darin, dass sie sich bei einer Trennung nicht juristisch scheiden lassen müssen, da sie ja nicht getraut wurden. Bei ihnen wird nur in Ausnahmefällen ein Richter tätig, während das bei Eheleuten eher die Regel ist. Ein zweiter Unterschied betrifft die Stellung des Kindes. Ein ehelich geborenes Kind hat automatisch eine Mutter und einen Vater. Darauf basiert das elterliche Sorgerecht und das Erbrecht des Kindes.

Lange Zeit hatte die Mutter unehelicher Kinder das alleinige Sorgerecht und ohne den Willen der Mutter konnte der Vater das Sorgerecht nicht erhalten. Nach der Gesetzesreform zum Sorgerecht nicht verheirateter Väter, die in Deutschland 2013 in Kraft trat, hat sich die Rechtslage für nicht verheiratete Väter etwas verbessert: Ist die Mutter nicht mit einer gemeinsamen Sorge einverstanden, so kann der Vater nun, im Gegensatz zu früher, dennoch das Sorgerecht erhalten, wenn dies dem Kindeswohl entspricht – auch gegen den Willen der Mutter. Dazu muss die Vaterschaft feststehen und der Vater muss einen Antrag beim Familiengericht stellen.

Zu guter Letzt sichern sich Paare durch die Eheschließung auch finanziell gegenseitig besser ab. Denn Unverheiratete haben ihrem Ex-Partner gegenüber keine oder höchstens eine sehr eingeschränkte Unterhaltspflicht.

Ob man heiratet oder unverheiratet zusammenlebt, ist also eine Frage der Entscheidung. Die Ehe bietet den Vorteil einer umfassenden Regelung, mit der Konsequenz, dass man bereit sein muss, die vorgegebenen Regeln zu akzeptieren. Bei der Auflösung einer Ehe wird der Vorteil der Ehe oft zum Nachteil. Um sich in anständiger Weise scheiden zu lassen und nicht Gefahr zu laufen, in endlose Streitereien zu geraten, die sich länger als der Scheidungsprozess hinziehen können, muss man sich in grundsätzlichen Dingen einig sein.

Wie wir später noch sehen werden, fällt es unverheirateten Paaren mitunter leichter, kreative Lösungen zu finden und als Eltern ihrer Kinder zusammenzubleiben, wenn sie sich als Paar trennen. Wer sich von Anfang darin übt, sich über seine Beziehung ohne die festgelegten Regeln einer Ehe zu verständigen, kommt später in schwierigeren Situationen vielleicht besser damit zurecht.

Einige plädieren für eine größere Diversität von Beziehungsmodellen und mehr gegenseitige Toleranz. Denn schließlich messen manche Paare Aspekten wie Sicherheit, Vertrauen und Stabilität einen höheren Wert bei, während andere ein größeres Bedürfnis danach haben, ihre Leidenschaft auszuleben oder die Zügel lockerer zu lassen. Beide Modelle haben ihre Existenzberechtigung, solange beide Partner damit leben können und wollen.

Fest steht, dass das Band, das uns in einer Beziehung zusammenhält, heute sehr viel lockerer geworden ist. Verantwortlich dafür ist die Gesellschaft, die wir selbst mit geschaffen haben. Statt diese Entwicklung zu bedauern oder zu verurteilen, sollten wir nach Möglichkeiten suchen, möglichst gut mit den neuen Verhältnissen umzugehen.

In einer Zeit, in der Individualismus ein wichtiger Wert geworden ist, erscheint es uns doch wichtig, dass beide Eltern bei der Geburt eines Kindes ein Elternversprechen abgeben. Ein solches Versprechen wäre wichtiger als eine Eheschließung, weil es das Kind besser schützen würde. Es bedarf eines Engagements, bei dem sich beide sehr bewusst dafür entscheiden, vollwertige Eltern zu bleiben, auch wenn es ihnen nicht gelingen sollte, Partner zu bleiben.

Bei einer Trennung oder Scheidung gehen wir meistens davon aus, dass sie für die Kinder reibungslos verlaufen wird, weil wir sie mit den besten Absichten angehen. Aber so funktioniert das nicht. Vielleicht sollten wir einmal den Mut aufbringen, uns zu fragen, was die Veränderungen, denen die Kinder gegen ihren Willen ausgesetzt werden, für uns bedeuten würden, wenn wir an ihrer Stelle wären. Denn dann werden wir einsehen, wie sinnvoll es ist, nach alternativen Lebensformen suchen, die die Trennung für die Kinder weniger schmerzhaft machen.

Für dieses Buch suchten und fanden wir zwanzig Familien, die (sehr) kreative Wege gegangen sind, um die Auswirkungen ihrer Trennung auf ihre Kinder auf ein Minimum zu reduzieren. Es ist wohl kaum ein Zufall, dass wir nur glücklichen Kindern begegnet sind, bei denen die elterliche Trennung nur sehr wenige negative Spuren hinterlassen hat. Diese Familien können ein Vorbild sein für andere Familien, die noch auf der Suche nach einer guten Lösung sind.

Der eigenen Familie einen neuen Sinn zu geben, bedeutet für uns: auch nach der Trennung als Partner, als Eltern zusammenzubleiben. Es ist ein dritter Weg, der die Mitte zwischen den beiden Möglichkeiten sucht, sich auf herkömmliche Weise zu trennen oder notgedrungen zusammenzubleiben. Diesen Weg haben wir nicht selbst erfunden. Die Idee kommt aus Kanada, wo Cate Cochran[9] ein Buch darüber geschrieben hat. Cate Cochran ging von dem Grundgedanken aus, dass eine Familie auch dann weiterbesteht, wenn sich eine Ehe auflöst. Nachdem es ihr gelungen war, ihrer eigenen Scheidung und ihrer Familie einen außergewöhnlichen Sinn zu geben, begab sie sich auf die Suche nach anderen Familien, denen es ähnlich ergangen war. Sie fand zehn Paare, die bereit waren, ihre Geschichte zu erzählen.

Was jenseits des Ozeans möglich ist, muss auch hier möglich sein, dachten wir. Ohne allzu lange suchen zu müssen, stießen wir auf ähnliche Initiativen und Erfahrungen – Schilderungen, die deutlich machen, dass dieser Weg nicht immer leicht ist und von allen Beteiligten Engagement und vor allem Offenheit erfordert. Doch wer sich für den dritten Weg entscheidet, kann seinen Kindern vieles an Kummer und Mühen ersparen und erhält garantiert viel dafür zurück – sehr viel sogar.

2. Als Paar getrennt, als Eltern zusammen

»Die alte Familie ist tot, lang lebe die neue Familie.« Das ist in etwa das klassische Muster nach einer Scheidung. Viele lassen sich scheiden und möchten danach am liebsten möglichst wenig mit ihrer Vergangenheit und der alten Familie zu tun haben. Sie gründen einfach eine neue Familie nach dem Ebenbild der alten. Das gilt sowohl für Einelternfamilien als auch für Patchworkfamilien.

Wenn keine Kinder involviert sind, ist das gar nicht so falsch. Man macht reinen Tisch, schaut in die Zukunft und lässt die Vergangenheit hinter sich. Doch wenn Kinder mit im Spiel sind, funktioniert das nicht, denn dann ist das bisherige Leben nicht einfach Vergangenheit, jedenfalls nicht ganz. Vater oder Mutter ist man schließlich ein Leben lang. Der Glaube, man könne die Vergangenheit ganz aus seinem neuen Leben verbannen, erweist sich sowohl für Eltern als auch für deren neue Partner als Illusion. Daher scheint es sinnvoller, dieser Vergangenheit neuen Raum zu geben und mit ihr leben zu lernen. Und warum sollte man dann nicht gleich versuchen, *gut* mit ihr leben zu lernen?

Dass aus einer Ursprungsfamilie nach einer Trennung zwei Familien entstehen, ist nicht mehr als logisch. Die beiden Familien werden in Zukunft ihrer eigenen Wege gehen. Wenn neue Partner hinzukommen, können diese Wege in sehr unterschiedliche Richtungen führen. Und gerade diese Veränderungen können sich für Kinder als sehr schwierig erweisen. Kinder mögen in ihrem Leben für gewöhnlich keine Veränderungen und erst recht keine Unsicherheiten. Sie suchen nach Dingen, die ihnen Sicherheit vermitteln, und halten daran fest.

Warum sollte man also dann plötzlich alles, was man in seiner Familie aufgebaut hat, einreißen und dem Erdboden gleichmachen? Wäre es nicht besser herauszufinden, welchen Halt und welche Sicherheiten man für die Kinder bewahren kann, ohne hierbei dem eigenen neuen Lebensentwurf allzu viel Gewalt anzutun? Kindern bieten sehr unterschiedliche Dinge Halt: ihr Zuhause, ihre Schule, ihre Freunde und natürlich die Beziehung zu ihrem Vater und ihrer Mutter, wenn beide sie gemeinsam erziehen, sich möglichst nicht miteinander streiten und mit ihnen weiterhin etwas gemeinsam unternehmen, vielleicht nicht mehr jeden Tag, aber immerhin ab und zu.

Fragen Sie sich bei Trennung: »Wie kann es uns gelingen, dass unsere Trennung für alle besser verläuft als erwartet, vor allem für unsere Kinder?« Wenn Sie das tun, ist die Wahrscheinlichkeit groß, dass Sie nicht mehr bloß vor der Alternative stehen, sich zwischen einer konventionellen Trennung und einem weiteren Zusammenbleiben entscheiden zu müssen, sondern den dritten Weg einschlagen können, bei dem Sie als Eltern Ihrer Kinder *zusammenbleiben*, obwohl sie sich als Paar *trennen*.

Dieser dritte Weg lässt sich in folgenden Worten beschreiben:

»Jede Initiative von Eltern, die das Ziel hat, die negativen Auswirkungen auf die Kinder bei einer Scheidung möglichst stark zu begrenzen, indem sie nach kreativen Möglichkeiten suchen, die Elternschaft auch nach der Beendigung einer Partnerschaft zu teilen.«

Dazu sollte man nicht versuchen, nach dem einzig wahren dritten Weg zu suchen, denn den gibt es nicht. Es gibt ebenso viele Wege wie Familien, die danach suchen. Halten Sie nach einer Lösung Ausschau, die alle zufriedenstellt und mit der letztlich auch alle wieder glücklich werden können.

Sie können nicht davon ausgehen, dass der Weg, den Sie zunächst finden, schon eine endgültige Lösung darstellt. Manchmal ist es möglich, die gewählte Lebensform über längere Zeit beizubehalten, oft werden im Laufe der Zeit aber auch Anpassungen nötig. Wenn man als Paar genügend Distanz zueinander gewonnen hat und fest dazu entschlossen ist, als Elternpaar zusammenzuarbeiten, ist ein Fundament gelegt, auf dem man solide weiterbauen kann.

> Ich wurde vor langer Zeit geschieden, in einer Zeit, in der eine Scheidung noch etwas Verpöntes war und geschiedene Ehepartner noch stigmatisiert wurden. Die Kinder wurden unwiderruflich der Mutter zugesprochen. Väter erhielten nur ein Besuchsrecht. Mit Ersterem hatte ich keine Probleme, weil ich wusste, dass die Gegenwart der Kinder für meine frühere Partnerin lebenswichtig war, und ich selbst in dieser Zeit extrem hart arbeiten musste. Aber damit, dass die Kinder nur noch jede zweite Woche oder alle 14 Tage »zu Besuch« kommen sollten, konnte ich mich nicht abfinden.

Unsere Scheidung hatte als traditionelle »strittige Scheidung« begonnen. Daher lag unser Schicksal in der Hand des Richters.

Wir wohnten außerhalb der Stadt. Meine Arbeit und mein Büro hatte ich in der Stadt, wo auch unsere Kinder zur Schule gingen. Dass die Schule nur einige Gehminuten von meinem Arbeitsplatz entfernt lag und ich selbst auch unterrichtete, schienen mir sinnvolle Argumente zu sein, um den Richter von meinem Vorschlag zu überzeugen: »Die Kinder könnten täglich bei mir ihre Hausaufgaben machen«, schlug ich vor, »im Gegenzug würde ich sie dafür jeden Tag zu Hause abholen und wieder zu ihrer Mutter zurückbringen.« Es war überraschend leicht, den Richter für meine Argumentation zu gewinnen. Ich konnte nun täglich fast die gleiche Zeit mit meinen Kindern wie vorher verbringen, nun allerdings unter anderen Bedingungen.

In der Zeit, in der ich im eigentlichen Sinne »Besuchsrecht« hatte, wusste ich nicht recht, wohin mit ihnen. Anfangs hatte ich noch kein richtiges Zuhause, und als ich es schließlich hatte, wohnte dort auch meine neue Partnerin mit ihrer Tochter. Und damit wollte ich meine Kinder nicht konfrontieren. Damals jedenfalls noch nicht.

Als Lösung erwies sich ein kleines Haus auf dem Land, dessen Einrichtung ich ganz auf die Kinder abstimmte. Dort gab es auch einen Bolzplatz, eine Schaukel und ein einfaches kleines Schwimmbecken. Als ich sah, wie gerne sie dort waren, bot ich ihnen an, ihre Ferien mit meiner Ex-Frau dort zu verbringen. Besonders in den Sommermonaten verbrachten sie dort vielleicht die schönste Zeit ihrer Kindheit.

In den Ferien besuchte ich sie mit dem Fahrrad, um mit ihnen Radtouren zu machen oder Fußball zu spielen. Meistens unternahmen wir alleine etwas, aber ab und zu war auch ihre Mutter dabei. Manchmal drängten sie mich, mit ihnen zu essen, doch das tat ich nur selten, da ich wusste, dass ich damit an die Toleranzgrenze meiner Partnerin stieß. Sie hatte zwar Verständnis dafür, dass ich gelegentlich mit ihnen auf Reisen ging, aber mehr war nicht drin. Und das war für die damalige Zeit schon sehr progressiv.

Für alle Eltern ist es möglich, nach einer Trennung als Eltern zusammenzubleiben, auch wenn man sich als Paar bei der Scheidung zunächst mit gezückten Messern gegenüberstand.

Im Aufruhr der Gefühle, in den man sich bei einer Scheidung verstrickt, erscheint es zunächst fast unmöglich, der Vernunft den Vorrang zu geben, aber die Mühe lohnt sich. Dennoch kann man sich zum Wohle der Kinder um eine rationalere Sichtweise bemühen und sich und dem anderen eine neue Chance geben. Diese Chance sollte auf neuem Vertrauen gründen: Man kann versuchen, den anderen nur als Elternteil zu sehen, ohne sich dieses Bild vom vorhandenen Bild des Ex-Partners trüben zu lassen. Dazu muss man fest darauf vertrauen, dass eine gute Scheidung tatsächlich möglich ist. Eine gute Scheidung ist eine Scheidung, bei der es nach einer gewissen Zeit allen Beteiligten besser geht. Wie wir im Folgenden sehen werden, ist dies in den meisten Fällen möglich, aber es ergibt sich nicht von allein. Lesen Sie Veras Bericht:

> Von einer Freundin bekam ich damals eine Glückwunschkarte, auf der *»Happy divorce«* stand. Das hörte sich für mich zunächst zynisch an, doch gemeinsam ist es mir und meinem Ex-Mann gelungen, die Situation durch unsere Scheidung nicht zu verschlechtern, sondern wirklich zu verbessern.
>
> Das ist mittlerweile 11 Jahre her, heute noch feiern wir wichtige Ereignisse zusammen, unsere neuen Partner sind bei diesen Gelegenheiten ebenfalls mit dabei. Unseren drei Kindern geht es ausgezeichnet, sie fühlen sich wohl. Natürlich hatten wir schwierige Jahre, in denen es viel Leid gab, aber es gab auch Liebe und gegenseitigen Respekt, den wir vorher, als wir noch zusammenwohnten, nicht mehr füreinander aufzubringen vermochten.

Um dahin zu kommen, sollte man versuchen, das Kriegsbeil möglichst schnell zu begraben. Es kann hierbei hilfreich sein, sich vor Augen zu führen, dass ein Krieg keine Sieger, sondern nur Verlierer kennt. Und am meisten verlieren erfahrungsgemäß die Kinder, was in der Hitze des Gefechts leicht in Vergessenheit gerät.

Eine Kriegserklärung in eine Friedensverhandlung zu verwandeln, gelingt nicht von heute auf morgen. Man muss sich gedulden, bis sich die heftigsten Stürme gelegt haben und beide Elternteile wieder ruhigen und klaren Blickes in die Zukunft schauen können. Auch wenn Sie selbst schon dazu bereit sind, sich der Zukunft zuzuwenden, sollten Sie Ihrem Partner die Zeit zugestehen, die er vielleicht noch braucht, um ebenfalls zu dieser Bereitschaft zu gelangen. Erst dann können Sie beide erkennen, dass Sie nicht alles aus ihrer früheren Beziehung über Bord werfen müssen. Solange die Emotionen alles dominieren, sind gelungene Absprachen kaum möglich.

Gemeinsam werden Sie abtasten müssen, welche Nähe zueinander sie ertragen können, ohne sich gegenseitig auf die Nerven zu gehen oder sich zu verletzen. Es ist zunächst wichtig, zu Ihrer früheren Partnerschaft eine innere Distanz aufzubauen, damit sich Ihre Emotionen beruhigen können und Sie wieder klar sehen. Wirklich miteinander im Reinen sind Sie erst, wenn Sie es Ihrem Ex-Partner gönnen, wieder glücklich zu sein. Ein schöneres Abschiedsgeschenk kann man sich kaum vorstellen. Besagt nicht ein bekanntes Klischee, die höchste Form der Liebe bestünde darin loszulassen?

Wie Ihnen das am besten gelingen kann und wie Sie besser mit den Gefühlen umgehen können, die Sie bei einer Trennung möglicherweise überwältigen, darauf gehen wir später (in Kapitel 7 und 8) näher ein. Schon jetzt sei angemerkt, dass die Annahme, der dritte Weg sei ein breiter und gerader Weg, der mühelos zum Glück aller Beteiligten führe, sicherlich ein Irrtum ist. Es kommt vielmehr darauf an, die auftretenden Probleme als Trittsteine auf dem Weg in eine bessere Zukunft zu nutzen. Die beste Lösung für alle zu finden, kann sehr mühsam sein. Oft kommen dabei Enttäuschungen aus der Vergangenheit erneut aufs Tapet und hemmen jeglichen Fortschritt. Dennoch sollten Sie immer darauf achten, Ihre Kinder so weit wie möglich aus Ihrem Streit herauszuhalten.

Eltern, die die wahren Interessen ihrer Kinder sorgfältig gegen ihre eigenen Interessen abwägen, können kaum eine falsche Entscheidung treffen. Letzteres gilt auch für all jene, die den dritten Weg nicht gehen können oder wollen. Auch dafür kann es gute Gründe geben. Vielleicht gelingt es Ihnen nicht, Ihren Partner von dieser Lösung zu überzeugen, oder dieser Weg ist mit Ihrem Partner einfach undenkbar, weil die Beziehung vielleicht zu sehr zerrüttet ist oder die Verletzungen zu tiefgreifend sind. Ob es nun zu einer vollständigen Trennung kommt, die Beziehung aufrechterhalten wird oder der dritte Weg gewählt wird – niemand außer den Betroffenen selbst kann entscheiden, welcher der drei Wege für die eigene Familie der beste ist. Jede Entscheidung bringt ihre eigenen Probleme mit sich. Jede Entscheidung kann zu Enttäuschungen oder Misserfolgen führen. Oder gelingen und Glück bringen.

Wir plädieren jedoch in diesem Buch für den dritten Weg. Und dabei kann es vernünftig sein, nicht zu sehr auf seine Rechte zu pochen, die die Scheidungsakte dem einen oder anderen Elternteil zuspricht. Sondern eher die Vorteile zu genießen. Zum Beispiel die Dankbarkeit eines kranken Kindes, das seinen Vater *und* seine Mutter in seiner Nähe weiß. Oder die Freude der Kinder darüber, dass ihre Eltern freundschaftlich miteinander umgehen oder spontan füreinander einspringen, wenn es notwendig oder einfach praktisch ist.

Viele Ex-Partner haben davon berichtet, wie sehr es sie selbst verwundert hat, dass ihre Freundschaft nach einer gewissen Zeit wieder neu aufgelebt ist. Diese neue Freundschaft war zwar völlig anders als in der Zeit, in der sie sich kennengelernt hatten, sie war aber auch nicht mit ihrem Verhältnis in der Zeit zu vergleichen, in der sie sich auseinandergelebt hatten. Diese Beziehung hatte nichts mehr mit Liebe oder Verliebtheit zu tun. Man könnte sie wohl eher als eine »geläuterte Freundschaft« oder eine »freundschaftliche Verbundenheit« bezeichnen. Dass sie darüber glücklich waren, konnte man deutlich erkennen.

Ein Haus mit vielen Zimmern

Obwohl jeder am besten seinen eigenen Weg sucht, lassen sich doch eine Reihe typischer Modelle unterscheiden. Der eigene Weg wird wohl nur selten völlig einem dieser Modelle entsprechen, da jeder seine eigenen Akzente setzen wird. Außerdem kann das Modell, für das man sich heute entscheidet, später – manchmal sogar unmerklich – in ein anderes überführt werden. Solche Entwicklungen gehen meistens auf Veränderungen der Rahmenbedingungen zurück.

Dennoch glauben wir, dass eine gewisse Einteilung Ihnen die Orientierung auf der Suche nach Ihrem dritten Weg erleichtern kann. Wir unterscheiden vier Typen:

1. Das Nestmodell, ein Übergangsmodell, das manchmal zur Dauerlösung wird.
2. Emotional als Eltern zusammenbleiben.
3. Emotional und räumlich (in zwei Wohnungen) zusammenbleiben.
4. Emotional und räumlich unter demselben Dach zusammenbleiben.

Das Nestmodell ist nicht im eigentlichen Sinne als Modell zu bezeichnen, da es in der Regel nur für eine Übergangszeit benutzt wird. Es entspricht ganz dem Geist des dritten Weges, es begrenzt die Veränderungen im Leben der Kinder auf ein Minimum und bietet den Eltern die Möglichkeit zur Ruhe zu kommen. Aber als endgültige Lösung wird es selten aufgefasst. Hier stellen wir es in seinen wesentlichen Aspekten dar.

I. Das Nestmodell

Das Nestmodell beschreibt eine Regelung zur Betreuung der Kinder, bei der nicht die Kinder, sondern die Eltern zwischen zwei Wohnungen hin- und herpendeln. Die Kinder bleiben in der früheren Wohnung, in die ihr Vater oder ihre Mutter – wie Vogeleltern, die ihre Brut füttern – in regelmäßigem Wechsel einziehen, um die Kinder zu versorgen. Die Betreuungszeiten sind mehr oder weniger gleichmäßig aufgeteilt.

Das Nestmodell ist womöglich das beste Trainingsfeld für geschiedene Eltern und eine Wohltat für ihre Kinder. Es gibt den Kindern, schon in der Zeit, zu der sie erfahren, dass sich ihre Eltern scheiden lassen, die Gewissheit, dass sich ihr wichtigster Lebensraum – die vertraute Wohnung, ihre Freunde und ihre Umgebung – nicht verändern werden. Bei den schlechten Neuigkeiten, die sie zu verkraften haben, sorgt das sicherlich für eine erfreuliche Beruhigung.

Eltern bietet das Nestmodell die Möglichkeit, selbst zu erfahren, was es für die Kinder bedeuten wird, später regelmäßig von einer Wohnung in die andere pendeln zu müssen. Zudem es ist es ein hervorragender Test, um herauszufinden, wieweit man als Elternpaar miteinander umgehen und dabei die Streitigkeiten während der Partnerschaft hinter sich lassen kann.

Allein die Tatsache, dass Eltern sich für dieses Modell entscheiden, macht deutlich, wie besorgt sie um ihre Kinder sind und wie sehr sie ihnen die unangenehmen Auswirkungen der Trennung ersparen möchten. Sie sind bereit, dafür große Anstrengungen auf sich zu nehmen.

Einige Eltern gehen in dieser Phase noch etwas weiter, indem sie weiterhin einiges gemeinsam unternehmen, zum Beispiel einmal in der Woche miteinander essen gehen. Manchmal behalten beide Eltern auch ein eigenes Zimmer in der ursprünglichen Wohnung, damit sie gelegentlich beide bei den Kindern übernachten können.

Vor allem ist ihnen aber daran gelegen, sich »gemeinsam über ihre Kinder Gedanken zu machen«.

> Manons Eltern hatten ihren drei Kindern (die damals 14, 12 und 10 Jahre alt waren) gemeinsam von ihrer Entscheidung erzählt, sich scheiden zu lassen. Am Tag darauf fuhren alle gemeinsam in den Skiurlaub, die Eltern übernachteten allerdings in verschiedenen Unterkünften. Manon sagte später: »Eigentlich bin ich sehr froh darüber, wie meine Eltern uns diese schlechte Neuigkeit beigebracht haben. Auf der Reise sagten sie uns schon, dass sich für uns wahrscheinlich nicht so viel verändern würde. Wir hatten Glück. Die erste Zeit konnten wir Kinder weiterhin in unserem eigenen Haus wohnen. Unsere Eltern kamen immer abwechselnd zu uns ›zu Besuch‹. Das Haus selbst blieb, wie es war. Der einzige Unterschied bestand darin, dass es zwischen meinen Eltern aus war. Ich musste damit zurechtkommen und das ist mir auch einigermaßen gelungen. Natürlich wäre es mir lieber gewesen, wenn sie zusammengeblieben wären, aber sie haben uns klar und deutlich gesagt, dass sie lange genug darüber nachgedacht hätten und bestimmt nicht wieder zusammenfinden würden.
>
> Weiterhin zu Hause zu wohnen, scheint vielleicht keine so große Bedeutung zu haben, aber für mich war es sehr wichtig. So hat sich unser Alltag viel weniger verändert und das vermittelte mir und meinen Brüdern ein Gefühl der Vertrautheit.«

Wie sehr Kinder an ihrem Zuhause hängen, wird aus dem deutlich, was Manon zwei Jahre später gegen Ende der Nestmodell-Phase dazu sagte.

> »Umzuziehen hat natürlich zwei Seiten: In dem neuen Bett zu schlafen, ist schön, aber nun fühlt sich alles so endgültig an. Wie sich unser Haus verändert hat, nachdem Papa eine neue Freundin gefunden hat, fand ich sehr schade. Hier verschwand ein Bild, dort wurde ein Sessel umgestellt. Das ist natürlich normal, aber es ist doch seltsam. Es blieb immer weniger von Mama.« »Und weniger von uns«, ergänzte ihr Bruder.
>
> Auch für Valerie, Manons Mutter, erwiesen sich diese beiden Jahre als sinnvoll: »Ich fand es schrecklich schwierig, ohne meine Kinder auszukommen, anfangs eine ganze Woche und später

dann vier Tage. Ich musste mein Leben umkrempeln, dazu brauchte ich Zeit. Schnell auf Distanz zu gehen, hätte das Ganze noch schmerzhafter gemacht. Unser früheres Zuhause mit den Kindern bot mir so lange einen Halt, bis ich ihn nicht mehr brauchte.«

Vielleicht denken Sie, Valerie und ihr Mann hätten es leicht gehabt, weil sie über einen gewissen Luxus verfügten und sich einiges leisten konnten. Geld kann eine Trennung sicherlich leichter machen, aber es kann auch eine Erschwernis bedeuten. Denn um genau dieses »Geld« wird oft monatelang in zähem Kampf gestritten.

Beschränkte Mittel sollten nicht als Spielverderber oder als Alibi herhalten, um das Nestmodell abzulehnen. Ein Skiurlaub ist natürlich eine hervorragende Gelegenheit, um in Ruhe mit den Kindern zu reden und ihnen klarzumachen, dass sich in Zukunft gar nicht so viel ändern wird. Aber das ist auch bei einem Campingurlaub in der näheren Umgebung möglich.

Man muss nicht gleich ein neues Haus bauen. Eine Phase der Besinnung einzuschieben, bevor man sich auf die Suche nach endgültigen Lösungen begibt, kann auch ohne größeren Aufwand die notwendige Ruhe bringen und zu den besten Lösungen führen.

Natürlich müssen beide Eltern einen Ort finden, an dem sie bleiben können, wenn sie nicht bei den Kindern wohnen. Wenn das Budget sehr knapp bemessen ist, sollte es kein Problem sein, sich die zweite notwendige Wohnung in der Nestmodell-Phase zu teilen. Wenn es möglich ist, sich die Wohnung, in der die Kinder leben, zu teilen, sollte das dann nicht auch bei einer anderen Wohnung funktionieren? Dabei bietet sich gleich eine hervorragende Übungsmöglichkeit, um Distanz zu seinem Partner zu gewinnen, sich nicht in seine Angelegenheiten einzumischen und nicht seine Pflichten zu übernehmen.

Vielleicht erscheinen Ihnen zwei Jahre ziemlich lange. Die Nestmodell-Phase kann für jede Familie unterschiedlich lang sein. Den Maßstab sollte vor allem das Alter der Kinder bilden oder die Zeit, die die Eltern brauchen, um die Trennung zu verarbeiten. Die Phase sollte allerdings nicht zu kurz bemessen sein. Grundsätzlich raten wir dazu, ihre Dauer vorher festzulegen, bei älteren Kindern zum Beispiel bis das jüngste Kind erwachsen ist. Sie können aber auch variable Zeiträume ins Auge fassen und sich als Eltern vornehmen, so lange zu pendeln, bis alle die Trennung ausreichend verarbeitet haben. Das bietet eine gute Möglichkeit, sich in dieser Phase des Trennungsprozesses dem Rhythmus der Kinder anzupassen.

Einige Paare fühlen sich mit dem Nestmodell so wohl, dass es für sie zur Dauerlösung wird, Jan und Nicole zum Beispiel.

Jan zog zwei Monate, nachdem er Nicole seine Gefühle für eine andere Frau gestanden hatte, in ein Appartement in der Nachbarschaft. In den folgenden Monaten dachten Jan und Nicole darüber nach, wie eine endgültige Lösung aussehen könnte. Zunächst wohnte jeder von ihnen abwechselnd eine Woche in ihrem Haus und in dem Appartement, das sie sich nun teilten.

Es war letztlich Jan, der vorschlug, diese vorläufige Regelung beizubehalten, bis die Kinder erwachsen wären. »Wenn wir das elf Jahre durchhalten, ist unser jüngster Sohn erwachsen und das Haus abbezahlt«, argumentierte er. Nicole war damit einverstanden.

Seither wohnen die drei Kinder ständig im Haus ihrer Eltern. Für Nicole, die sehr an dem Haus hing, war dieser Vorschlag ein Segen. Trotzdem findet sie es bis heute schwierig, das Haus und die Kinder freitagabends zu verlassen.

In der Woche, in der Jan und Nicole nicht bei den Kindern wohnen, bleibt jeder von ihnen nun schon seit längerer Zeit bei seinem neuen Partner. Jan findet beide Situationen angenehm. Aber er hat ein Gespür dafür, wie sich Nicole fühlt, wenn ihr das Haus und besonders ihre Kinder fehlen. Daher findet er es völlig normal, dass sie den Mittwochnachmittag, wenn sie frei hat und er arbeiten muss, mit den Kindern verbringt.

Wenn sie freitags wechseln, planen sie oft einen kurzen Moment ein, um sich abzusprechen, und während der Woche sind sie per E-Mail immer erreichbar. Freitagabends sorgen sie dafür, dass für die Kinder und den Ex-Partner etwas zu essen im Haus ist, damit der neu Eintreffende nicht gleich Besorgungen machen muss. Sie haben sich entschieden, den Kontakt der Kinder zu ihren neuen Partnern in Grenzen zu halten. Das finden sie richtig, weil sie ihren Kindern nicht das Gefühl vermitteln wollen, noch zusätzliche Eltern zu haben. Die Kinder betrachten die Partner ihrer Eltern eher als Freunde.

Hat das Nestmodell denn nicht auch Nachteile, vor allem wenn es zu lange praktiziert wird?

Für die Kinder hat das Nestmodell keine Nachteile, es sei denn, die Eltern hätten ihnen nicht deutlich genug gemacht, dass sie sich tatsächlich und endgültig getrennt haben. Denn natürlich kann eine solche Regelung bei den Kindern die Hoffnung auf eine nur vorübergehende Trennung der Eltern nähren. Je enger man zum Wohle der Kinder zusammenbleibt, desto klarer sollte man die Endgültigkeit seiner Entscheidung formulieren.

Für Eltern sieht die Sache ganz anders aus. Insbesondere wenn aus dem Übergangsmodell eine Dauerlösung wird. Als größtes Problem könnten sich dann vielleicht die Verwandten und Freunde erweisen, da sie manchmal nicht so recht wissen, wie sie mit dieser Situation umgehen sollen. Einige Eltern beklagen, dass während der Zeit, in der sie bei ihren Kindern wohnen, ihr Sozialleben völlig zum Erliegen kommt. Augenscheinlich ist es auch nicht so leicht, einen neuen Partner zu finden, der bereit ist, diese Lebensform zu akzeptieren, besonders wenn kein Schlusspunkt für diese Phase festgelegt worden war oder der ursprünglich festgelegte Zeitrahmen ständig erweitert wird.

Man darf auch nicht außer Acht lassen, wie viele Vereinbarungen mit dem Ex-Partner zu treffen und einzuhalten sind. Es kommt vor allem darauf an, vernünftige zeitliche Absprachen zu treffen. Als wichtig erweist sich aber auch, den Kindern gemeinsam Grenzen zu setzen. Und eine klare finanzielle Regelung ist sicherlich ebenfalls hilfreich. Wichtig sind auch scheinbare Kleinigkeiten: Selbst wenn die schwerwiegenden Beziehungsprobleme, die die Trennung verursacht haben, längst ad acta gelegt sind, kann ein verstopftes Waschbecken oder eine Spüle, in der sich das schmutzige Geschirr der letzten Tage stapelt, noch für eine gehörige Portion Ärger sorgen.

Lässt sich das Nestmodell überhaupt mit einem Scheidungskrieg vereinbaren? Ja und nein. Es kommt durchaus vor, dass Eltern, die miteinander auf Kriegsfuß stehen, sich trotzdem dafür entscheiden, ihren Kindern ihr Heim zu erhalten. Das wird schon funktionieren, denken sie, denn wir müssen uns ja nicht mehr so oft sehen. Das geht meistens schief. Denn denselben Haushalt zu führen, und sei es auch abwechselnd, bringt nun einmal gemeinsame Pflichten und damit auch Konflikte mit sich.

Wenn sich die Kriegsverhandlungen leicht in Friedensgespräche verwandeln lassen, kann das Nestmodell eine ausgezeichnete Übergangslösung sein. Wenn man weiter gegeneinander kämpft, ist die Mühe vergebens. Bevor man sich für das Nestmodell entscheidet, kann eine eingehende Gewissensprüfung sicherlich nicht schaden. Dabei sollte man sich eine ganze Reihe von Fragen stellen. Ganz oben auf der Liste sollte sicherlich die Frage stehen: Bin ich in der Lage, im Interesse der Kinder friedlich mit meinem Ex-Partner zusammenzuarbeiten?

2. Emotional als Eltern zusammenbleiben

Das Nestmodell soll den Kindern vor allem den Übergang erleichtern. Emotional zusammenzubleiben ist der »sanfteste« Weg und das wichtigste Mittel, um die Elternschaft langfristig zu teilen. Emotional zusammenzubleiben bedeutet, bestimmte Aktivitäten, die vor der Scheidung ein starkes Zusammengehörigkeitsgefühl innerhalb der Familie geschaffen haben, in gewissem Maße beizubehalten.

Diese Form des Zusammenlebens erwächst aus dem gleichen Nährboden wie das Nestmodell. Beide Modelle, das Nestmodell wie das Modell des emotionalen Zusammenbleibens, verfolgen das Ziel, die negativen Auswirkungen einer Scheidung auf die Kinder zu begrenzen und die elterliche Verantwortung weiterhin zu teilen. Das Nestmodell kann den Schritt, emotional zusammenzubleiben, um einiges erleichtern.

Beide Modelle können auch kombiniert werden. Für die Kinder ist die Veränderung dann noch weniger gravierend. Für die Eltern kann sich die Situation dadurch jedoch noch schwieriger gestalten, besonders dann wenn sie ihren gegenseitigen Frust noch nicht ganz überwunden haben und die Geister der Vergangenheit noch allzu oft herumspuken. Die Phase der Streitereien sollte größtenteils hinter ihnen liegen. Und wenn sich dann auch noch eine gewisse Verbundenheit zwischen den Eltern entwickelt, werden die Kinder erkennen, dass die Scheidung auch Vorteile für sie hat.

Auf keinen Fall sollten sie die Entscheidung, emotional zusammenzubleiben, zu lange hinauszögern. Denn das Auftauchen eines neuen Partners kann die Suppe ganz schön versalzen. Ein verliebter neuer Partner mag vielleicht dazu bereit sein, den Status quo zu akzeptieren, doch die Erkenntnis, dass der eigene Partner sich wieder stärker seiner früheren Familie zuwendet, stößt gewöhnlich auf weniger Akzeptanz.

Der emotionale Zusammenhalt kann sich in vielerlei Formen ausdrücken. Man kann es vorsichtig angehen und ein oder zwei Familienrituale beibehalten, oder man kann gleich aufs Ganze gehen. Beginnen Sie, wenn möglich, mit mehr gemeinsamen Terminen und schränken Sie die Gemeinsamkeiten dann, wenn nötig, allmählich ein. Damit folgen Sie eher dem Rhythmus der Kinder. Umgekehrt vorzugehen ist meistens auch wesentlich schwieriger. Achten Sie auf jeden Fall darauf, was zu Ihrer Familie passt.

Einige Familien legen besonders großen Wert darauf, Feiertage oder Geburtstage gemeinsam zu feiern oder bestimmte Rituale beizubehalten. Andere lieben eher Überraschungen, etwa spontane gemeinsame Wochenendausflüge. Für andere wiederum wäre eine Radtour mit der kompletten früheren Familie ein Hit.

In vielen Familien spielt das gemeinsame Essen eine wichtige Rolle. Wenn man gemeinsam am Tisch sitzt, haben alle Zeit füreinander, es ergeben sich vielerlei Gespräche und mitunter wird auch viel gelacht. Das ist vielleicht eine ideale Situation, die man wiederholen sollte, wenn möglich sogar einmal in der Woche, an einem bestimmten Tag, der für alle günstig ist. Daraus entsteht eine neue Tradition, die der Familie einen neuen Sinn verleiht.

Manche Elternpaare möchten sogar hin und wieder gemeinsam in Urlaub fahren. Einige gewöhnen sich sogar so daran, dass sie diese Tradition auch noch beibehalten, nachdem ihre Kinder erwachsen geworden sind.

Diese Form der Gemeinsamkeit setzt voraus, dass man sehr flexibel mit den Aufenthaltsregelungen umgeht. Die Aussage »Zu dieser Zeit können wir nichts unternehmen, das ist nicht meine Woche« ist dann nicht passend. Warum sollte ein Vater in der *Mutterwoche* nicht mit seinem Sohn zu einem wichtigen Fußballspiel gehen dürfen? Und warum sollte eine Mutter in der *Vaterwoche* mit ihrer Tochter keine Weihnachtsgeschenke einkaufen gehen? Kinder haben für solche Einschränkungen kein Verständnis. Und das ist auch richtig so.

Nach vielen stürmischen Auseinandersetzungen und Diskussionen haben es Clara und Karel schließlich geschafft, sich einvernehmlich scheiden zu lassen. Ihre drei Kinder im Alter zwischen 10 und 6 Jahren werden in Zukunft fünf Tage bei ihrem Vater und neun Tage bei ihrer Mutter bleiben. »Wir wollen auch in einigen Jahren noch die Mama und der Papa unserer Kinder sein«, sagt Clara,

»dafür muss man bereit sein, manchmal fünfe gerade sein zu lassen, und vor allem der Zeit die Chance geben, ihr Werk zu tun.«

»Bevor wir uns scheiden ließen, haben wir ungefähr zwei Jahre nur noch zusammen gewohnt, um den Schein zu wahren. In diesen beiden Jahren habe ich mir immer wieder vorgenommen, mich scheiden zu lassen. Offiziell wussten die Kinder nichts davon, aber natürlich spürten sie die Spannungen doch ziemlich deutlich.« Karel ist davon überzeugt, dass es zu einer strittigen Scheidung gekommen wäre, wenn Clara ausgezogen wäre, ohne dass sie eine Einigung gefunden hätten.

»Sobald die Scheidungspapiere unterzeichnet waren, hatten wir mehr Ruhe. In den fünf folgenden Monaten kümmerten wir uns abwechselnd um die Kinder. Der andere ließ sich dann immer einen Grund einfallen, warum er oder sie an diesem Abend aus dem Haus musste. Heute – ein Jahr älter und um viele Erfahrungen reicher – haben wir unseren Weg gefunden«, sagt Clara. »Wir sind uns über die meisten Dinge einig und streiten uns nur noch selten. Wir unternehmen wieder einiges zusammen, aber meistens sind dann auch andere mit dabei. Wir feiern zum Beispiel gemeinsam Geburtstag oder Kommunion. Außerdem habe ich einen guten Kontakt zu Karels Familie und er zu meiner. Wenn ich mal allein zu einem Elternabend gehe, an einem Tag, an dem die Kids bei ihrem Vater sind, gehe ich danach noch bei Karel vorbei, um mit ihm und den Kindern über ihre Beurteilungen zu sprechen. Die Kinder treiben auch alle Sport, jedes Wochenende sind drei Wettkämpfe. Wir helfen uns gegenseitig dabei, die einen zum Fußball und die anderen zum Hockey zu bringen. Manchmal gehen die beiden Jungs in der Zeit, in der sie bei mir sind, mit ihrem Vater zum Fußball. Das ist eine der seltenen Gelegenheiten für mich, es mir mal allein mit meiner Tochter gemütlich zu machen.

Die Tatsache, dass wir nicht mehr zusammenwohnen, hat dazu geführt, dass ich den Kindern gegenüber nur noch positiv über Karel spreche. Die Verbindung zu ihrem Vater zu kappen, war für mich nie eine Option. Natürlich fehlen mir meine Kinder, wenn sie bei ihrem Vater sind, aber das ist nicht so schlimm, weil ich weiß, dass ihr Vater sehr gut für sie sorgt. Kinder gehen doch auch mal in ein Feriencamp, was macht das für einen Unterschied?

Gerade weil wir eine so flexible Regelung haben, bei der wir die

Kinder auch sehen und sprechen können, wenn sie bei dem anderen wohnen, ist ihre Abwesenheit viel weniger spürbar.«

Diese Schilderung lehrt uns drei Dinge. Selbst ein beschwerlicher Anfang, der zu einem Scheidungskrieg zu eskalieren droht, schließt nicht aus, dass man letztlich doch ein gutes Ergebnis erzielen kann. Dabei lässt sich erkennen, wie ratsam es ist, nicht übereilt vorzugehen und mit den wesentlichen Entscheidungen so lange zu warten, bis beide über das Ende ihrer Partnerschaft völlig im Klaren sind.

Diese Bedenkzeit ist auch für Eltern heilsam. Oft heißt es, man benötige ziemlich viel Zeit, um eine Scheidung zu verarbeiten. Doch das ist nicht immer der Fall, vor allem dann nicht, wenn man vorab schon mit der Aufarbeitung begonnen hat. Wer sich vollkommen darüber im Klaren ist, dass es so nicht mehr weitergehen kann, und dennoch bis zum letzten Moment alles versucht hat, um seine Beziehung zu retten, wird nach der Scheidung nicht mehr viel zu verarbeiten haben. Wie schmerzhaft eine Scheidung auch sein mag, sie fühlt sich dann eher wie eine Befreiung an, so als falle einem eine Last von den Schultern. Und das macht den Neustart um vieles einfacher.

3. Emotional und räumlich zusammenbleiben

Emotional zusammenzubleiben ist zweifellos die entscheidende Grundlage. Ist es den Eltern auch möglich, räumlich in der Nähe zu bleiben, wirkt sich das, vor allem für die Kinder, vorteilhaft aus. »Räumlich zusammenzubleiben« bedeutet, dass die Eltern weiterhin nahe beieinander wohnen. Entweder sehr nahe, in zwei Doppelhaushälften oder in zwei Wohnungen im gleichen Haus oder etwas weiter voneinander entfernt, in zwei Wohnungen, die in derselben Straße, um die Ecke oder ein paar Straßen auseinander liegen.

Ein wesentlicher Unterschied zum zuvor dargestellten Modell besteht darin, dass die Eltern die festgelegten Aufenthaltsregelungen noch flexibler handhaben und nur noch als groben Rahmen sehen. Beide Elternteile verbinden mit diesem Modell ausdrücklich den Wunsch, dass ihre Kinder sie sehen können, wann immer sie das Bedürfnis dazu haben, oder etwas mit ihnen unternehmen können, wann immer es gerade passt. Dazu muss man den Kindern nicht per se die Schlüssel zu beiden Wohnungen aushändigen, obwohl einige Eltern das tun. Aber die Türen zu ihrer Mutter und zu ihrem Vater stehen den Kindern zumindest symbolisch jederzeit offen.

Els: »Nachdem wir festgestellt hatten, dass wir als ›Paar‹ keinen Schritt mehr weiterkamen, wohnten wir trotzdem noch zwei Jahre ›getrennt‹ unter demselben Dach. Als dann neue feste Partner in unser Leben traten, beschlossen wir, auseinanderzuziehen, aber dennoch in der Nähe zu bleiben. Vincent wohnt jetzt schon drei Jahre etwa einen Kilometer von uns entfernt.

Unsere beiden Söhne (11 und 9 Jahre alt) sind abwechselnd drei Tage bei ihrem Papa und vier Tage bei mir. Mittwochabends essen wir zusammen, abwechselnd bei Vincent oder bei mir. Das ist der Zeitpunkt, an dem wir Informationen austauschen (über die Schule, den notwendigen Schuhkauf, die Frage, ob man ein Wochenende tauschen kann und anderes), aber auch ein Moment der Geselligkeit und Verbundenheit. Wir möchten die Kinder spüren lassen, wie respektvoll und liebevoll wir miteinander umgehen.

Aufgrund dieser Routine haben wir immer an denselben Wochentagen kinderfrei – unsere beiden Partner haben keine Kinder –, was die Organisation unseres Soziallebens vereinfacht.

Die Kinder haben uns erklärt, dass ihnen diese Regelung sehr gut gefällt, viel besser als eine, bei der sie ihren Vater oder mich die ganze Woche vermissen müssten. Wir haben auch vereinbart, dass wir Dinge, die die Kinder aus der Wohnung des anderen brauchen, einfach dort holen können. Wir haben beide einen Schlüssel vom Haus des anderen und können ihn nach vorheriger Absprache auch nutzen. In den Tagen, in denen die Kinder bei mir wohnen, besuchen sie manchmal auch ihren Vater und umgekehrt. Wir haben vereinbart, dass sie in diesem Fall vorher kurz anrufen.

Geburtstagsfeste, Frühlingsfeste und andere Feste werden gemeinsam organisiert und gefeiert. Die Ferien verbringen wir allerdings nicht gemeinsam, aber wir versuchen, sie so geschickt aufeinander abzustimmen, dass die Kinder manchmal den größten Teil ihrer Ferien im Ausland verbringen können.

Wir sind uns dessen bewusst, dass wir von unseren Partnern viel Verständnis und Flexibilität verlangen, was auch innerhalb unserer neuen Partnerschaften einiges an Kraft und Zeit kostet. Doch wenn ich sehe, wie glücklich die Kinder sind, ist mir das keine Last, sondern vor allem eine große Befriedigung.«

Das ist der dritte Weg in Reinform. Die leicht überbrückbare Distanz zwischen den beiden Wohnungen lädt zu mehr Gemeinsamkeiten ein. Eine solche Lebensweise wäre fast für alle getrennt lebenden Eltern möglich, vor allem für Eltern, die sich, wie in drei Viertel aller Fälle, nach einer gütlichen Einigung getrennt haben. Zumindest wenn hinter dieser Einigung kein Machtkampf schwelt und beide Elternteile wirklich nach der besten Lösung für alle suchen.

Welch großen Vorteil das für die Kinder bietet, ist offensichtlich: Sie werden sich zwar daran gewöhnen müssen, dass ihre Eltern nicht mehr im selben Haus wohnen, aber sie werden nie das Gefühl haben, ein Elternteil verlieren oder missen zu müssen. Fast unmerklich hat sich die geschlossene Familienkonstellation in eine offene gewandelt.

Wenn später neue Partner ins Spiel kommen, erfordert das wohl einige Anpassungen, aber diese werden einfacher zu bewerkstelligen sein, wenn die Kinder deutlich spüren, dass die Eltern einander ihr neues Glück gönnen. Denn die Ursache für Konflikte zwischen Kindern und ihren Bonuseltern liegt meistens in der Loyalität der Kinder zu beiden Elternteilen. In diesem Kontext werden solche Loyalitätsbekundungen allerdings überflüssig.

Man kann nur hoffen, dass die neuen Partner diesen Vorteil für die Kinder zu würdigen wissen, denn natürlich fordert ihnen diese Art gemeinsamer Elternschaft viel Verständnis, große Anstrengungen und eine offene Einstellung ab. Aber es ist auch für sie eine gute Lösung. Das Risiko, dass die Kinder früher oder später unter einem Streit oder einem Kontaktabbruch ihrer Eltern leiden werden, wird hier minimiert. Und das ist für alle Beteiligten ein großer Vorteil.

4. Emotional und räumlich unter einem Dach zusammenbleiben

Die stärkste Form eines emotionalen und räumlichen Zusammenbleibens besteht natürlich darin, nach einer Trennung weiterhin als Paar im selben Haus zu wohnen. Wenn die Eltern wirklich dazu bereit sind oder es aus finanziellen oder praktischen Erwägungen für notwendig halten, kann es für Kinder ideal sein. Manchmal entscheiden sich Eltern auch für dieses Modell, weil sie beide ein großes Bedürfnis haben, auch zukünftig den Alltag mit ihren Kindern zu teilen.

Wenn dies der Fall ist, spielt der verfügbare Raum kaum eine Rolle. Manchen Eltern, die sich das wirklich wünschen, gelingt es, mit einem Minimum an Raum und Privatsphäre eine Lösung zu finden, mit der es allen gut geht.

Laura und Wim haben eine gemeinsame Tochter. Sie wohnen in einem großen Haus in der Stadt. Ihre Beziehung war eigentlich immer gut, doch irgendwann wurde ihnen bewusst, dass aus ihrer Partnerschaft die Luft raus war.

»Wir hatten uns emotional auseinandergelebt«, sagt Laura. »Wir entschieden uns für die ungewöhnliche Lösung, nach unserer Trennung zusammenzubleiben. Wir alle, mein Ex, unsere Tochter und ich hatten ein eigenes Zimmer. Wir hatten auch einen Wochenplan, der früher schon dazu gedient hatte, abzusprechen, wer sich um unsere Tochter kümmert, wer das Auto braucht und wer kocht. Das hat immer gut funktioniert.

Wir essen jeden Tag zusammen, und auch Geburtstage, Weihnachten und Silvester feiern wir gemeinsam. Letztes Jahr sind wir am achtzehnten Geburtstag unserer Tochter sogar gemeinsam verreist. Wir haben dann eine Unterkunft gesucht, in der jeder von uns sein eigenes Schlafzimmer hatte.

Anfangs fiel es mir schwer, den Bruch der Beziehung zu verarbeiten und gleichzeitig eine neue familiäre Umgebung zu schaffen. Ich hatte eine andere Beziehung, was unser emotionales Verhältnis empfindlich belastet hat. Doch meine Schuldgefühle und meinen Kummer habe ich im Sprechzimmer eines Psychotherapeuten verarbeitet und nicht an unserem Küchentisch.

Alle unsere Bekannten äußerten sich positiv zu unserer ungewöhnlichen Familiensituation, aber ich selbst scheute mich, darüber zu reden. Ich habe allerdings daraus gelernt, dass vielleicht jeder dazu in der Lage ist, sich emotional umzustellen und seine Gefühle für den anderen in eine neue Form der Partnerschaft, eine andere Art der Freundschaft zu transformieren.

Ich frage mich nur manchmal, ob wir unserer Tochter nicht zu sehr das Rollenmodell von Eltern ohne Liebesbeziehung vorleben.«

Es ist überraschend, wie viele Eltern, die irgendeine Form des dritten Wegs wählen, sich darum sorgen, ihren Kindern kein »liebevolles« Rollenmodell zu bieten, da die Kinder nie sehen, wie ihre Eltern miteinander schmusen oder sich küssen. Sie fürchten, dass könnte später womöglich zu Gefühlskälte führen. Merkwürdig ist allerdings, dass Eltern, die sich auf die klassische Weise scheiden lassen und anschließend getrennt leben, sich diese Frage überhaupt nicht stellen.

Vielleicht ist es auch eine unnötige Befürchtung. Es gibt bestimmt mehr Kernfamilien, in denen Schmusen zwischen den Eltern nach 10 Jahren Ehe zur Folklore gehört, als Kernfamilien, in denen das dann noch tagtäglich gelebt wird. Ein herzliche Verbindung zwischen den Eltern und eine liebevolle Beziehung zu ihren Kindern sind gewiss wichtiger als die Art, in der sich die Eltern ihre gegenseitige Zuneigung zeigen. Es ist allerdings unabdingbar, dass zwischen beiden immer eine respektvolle Beziehung besteht.

Viele haben ähnliche Erfahrungen gemacht wie Laura, manche bezweifeln allerdings, dass diese Lebensform von Dauer sein kann.

> Zum Beispiel Dirk. Er wohnt im Obergeschoss und seine frühere Partnerin im Erdgeschoss ihres Hauses. Das Zimmer seines Sohnes liegt dazwischen. Sie wechseln sich jede Woche mit der Betreuung ab, wobei Claude (5) seinen Vater und seine Mutter täglich sehen kann. Dirk hat seit Kurzem eine neue Beziehung und befindet sich nun, wie er sagt, in der »Kennenlernphase«. Seine Ex-Partnerin hat keine Beziehung.
>
> »Ich weiß noch nicht, ob es uns gelingen wird, weiterhin so nah beieinander zu wohnen«, denkt er. »Man begegnet sich oft, vielleicht zu oft. Man bleibt wirklich in den Alltag des anderen involviert, und das ist schwierig.
>
> Ich betrachte die jetzige Situation eher als Zwischenlösung, die nur so lange funktioniert, bis einer von uns das Bedürfnis hat, eine neue Familie zu gründen. Im Moment ist das nur eine vage Zukunftsperspektive, unser Szenario reicht noch nicht so weit.«

Das zeugt von einigem Realitätssinn. Gleichzeitig ist der Versuch, den Dirk und seine frühere Partnerin unternehmen, für sie sehr sinnvoll – und für uns sehr lehrreich. Ihr erster Schritt war klar und zugleich möglichst klein. Damit geben sie ihrem Kind Raum und Zeit, zu erkennen, dass die neue Familienkonstellation sein Leben kaum beeinflusst. Beim nächsten Schritt wird Claude daraus das Vertrauen schöpfen, auch diesen Übergang ohne größere Blessuren zu überstehen. Und den Eltern, die gelernt haben, nach der Trennung im gleichen Haus respektvoll miteinander umzugehen, wird es nicht schwerfallen, dies auch dann zu tun, wenn einer von ihnen um die Ecke wohnt.

Jeder nach seiner Façon

Wie gesagt, niemand muss sich auf eines der vorgestellten Modelle beschränken. Jedes Paar kann bei einer Trennung seinen ganz eigenen Weg finden. Der starke Wille beider Eltern, bei der Erziehung weiterhin zusammenzuarbeiten und die Kinder mit der Trennung möglichst wenig belasten zu wollen, reicht dazu aus.

»Nachdem wir unser Studium an der Universität abgebrochen hatten, arbeitete Marijke als Geschäftsführerin in einem Möbelladen«, schrieb uns Frederik. »Zunächst wohnten wir in einer Wohnung über dem Laden, aber als unser erster Sohn geboren wurde, zogen wir in ein neues Haus außerhalb der Stadt. Kurze Zeit danach konnten wir den Laden übernehmen. Das Geschäft florierte. Es kam immer mehr Verwaltungskram hinzu und ich entschied mich, auch in das Geschäft mit einzusteigen. Inzwischen hatten wir noch ein zweites Kind, unsere Tochter, bekommen.

Nach einigen Höhen und Tiefen schien der Kitt in unserer Beziehung irgendwann nicht mehr stark genug, um ihre Risse abzudichten. Nach vierzehn gemeinsamen Jahren beschlossen wir, uns zu trennen. Richtig gestritten haben wir uns eigentlich nie, daher entschieden wir uns dafür, weiter zusammenzuarbeiten. Was unsere Kinder anbetraf, verständigten wir uns auf das Paritätsmodell: Sie waren abwechselnd eine Woche bei mir und eine Woche bei ihrer Mutter. Marijke entschied sich für die Wohnung über dem Laden, ich blieb in unserem Haus. Weil die Schule in der Nähe des Ladens war, sahen wir die Kinder jeden Tag, und sie sahen uns, wie wir zusammenarbeiteten.

Als Marijke einen Mann kennenlernte, der eine Autostunde von uns entfernt wohnte, wurden die Dinge komplizierter. Vor allem für sie. In der Woche, in der die Kinder bei ihr wohnten, musste sie die Kinder rechtzeitig zur Schule bringen, auch an ihrem freien Tag.

Wir passten uns an die neue Situation an: In der Woche, in der die Kinder bei mir sind, bringt Marijke sie montags zur Schule und danach lädt sie die Sachen der Kinder bei mir ab. Meistens trinken wir dann noch einen Kaffee zusammen und nehmen uns die Zeit, uns, vor allem was die Kinder angeht, auf den neuesten Stand zu bringen. Nach der Schule kommen die Kinder jeden Tag in den Laden, danach sind sie entweder mit ihren Freunden unterwegs oder sie gehen zu mir nach Hause. In der Woche, in der sie bei ihrer Mutter sind, läuft das Ganze ungefähr genauso ab, wobei sie dann meistens nicht zu mir nach Hause kommen und mit ihrer Mutter heimfahren.

Vor drei Jahren lernte ich auch jemanden kennen, aber dieses Jahr im Winter haben wir uns wieder getrennt. Sie hatte Schwierigkeiten damit, dass ich zu Marijke noch so eine enge Verbindung hatte. Ihre Furcht war unbegründet. Unsere Verbindung besteht ausschließlich darin, dass wir Vater und Mutter unserer Kinder sind. Aber ich verstehe, dass das für jemanden, der das selbst nicht erlebt hat, manchmal schwer verständlich ist. Das ist sehr traurig.«

Es ist gut zu sehen, wie diese Eltern sich darum kümmern, dass ihre Kinder nicht jede Woche ihren ganzen »Kram« in die Schule schleppen müssen. Denn das finden die Kinder meistens ziemlich unangenehm. Eigentlich gelingt es den beiden perfekt, alles Positive in ihrer Beziehung zu bewahren und alles Negative aus dem Weg zu räumen. Ihre emotionale Paarbeziehung hat sich zwar aufgelöst, dennoch haben ihre geschäftliche Partnerschaft und ihre Elternbeziehung nach wie vor Bestand.

Diese Modelle und viele mögliche Alternativen machen deutlich, dass der dritte Weg eher eine Haltung beziehungsweise eine Einstellung als ein genau umrissenes Modell ist. Es ist in erster Linie eine Lebensphilosophie, die sich jeder zu eigen machen kann.

Aber wir dürfen nicht so naiv sein zu glauben, dass es für jeden die einzig wahre Lösung ist. Weit gefehlt. Für viele stellt der dritte Weg leider eine Überforderung dar, insbesondere wenn man Schwierigkeiten hat, seine Vergangenheit hinter sich zu lassen, und weiterhin Groll gegen den Ex-Partner hegt.

Doch wer sieht, wozu diese Eltern zum Wohle ihrer Kinder bereit sind, für den kann der dritte Weg zumindest eine Inspirationsquelle sein. Vielleicht nicht, um ihn selbst zu gehen, aber doch um die schärfsten Kanten der eigenen Haltung zu glätten, sich bewusster zu machen, wie sehr die eigenen Kinder unter den permanenten Streitereien leiden, und einzusehen, dass man selbst nicht glücklich sein kann, wenn man dem anderen sein Glück nicht gönnt.

3. Eine gute Scheidung ist möglich

Wenn man sich vor Augen führt, wie schlimm eine schlechte Scheidung für einen selbst und vor allem für die eigenen Kinder sein kann, wird man nichts unversucht lassen, um sie zu vermeiden. Was die Auswirkungen schlechter Scheidungen anbetrifft, teilen wir voll und ganz die Auffassung des Schriftstellers und Philosophen Joke Hermsen.

> »Was mir Sorgen bereitet, ist Folgendes: Jedes Jahr werden zehntausende von Kindern Opfer von strittigen Scheidungen. Oftmals sind ihre Eltern mit hohen Erwartungen die Ehe eingegangen und können nun, nachdem ihre Beziehung in die Brüche gegangen ist, ihre Wut und Frustration nur schwer beherrschen.
>
> Obwohl man gewöhnlich in fast jedem Bereich rational zu handeln vermag, gelingt dies vielen Paaren auf der Beziehungsebene gerade nicht. Die irrationale und oftmals rachsüchtige Haltung gegenüber ihren Ex-Partnern manövriert die Kinder dieser Paare jedoch in eine äußerst schwierige Lage.
>
> Eine zunehmende Anzahl von Studien belegen, dass diese Kinder aufgrund dieser Auseinandersetzungen und den damit einhergehenden Loyalitätskonflikten unter zahlreichen psychischen Problemen leiden. Ich möchte die Ehe keinesfalls für bankrott erklären, aber doch Überlegungen dazu anstellen, wie sich die große Zahl von strittigen Scheidungen reduzieren lässt, damit zukünftig weniger Kinder extrem darunter leiden. Auch wenn die Verliebtheit verblasst ist, besteht noch lange kein Grund mit dem Inventar um sich zu schmeißen. Stattdessen sollte man lieber nach einer neuen Form suchen, sein Leben weiterhin miteinander zu teilen. Vielleicht mit mehr Distanz und mehr Raum, aber sicherlich nicht mit weniger Verbundenheit und vor allem nicht mit weniger Verantwortung für die Kinder.«[10]

Einige Stimmen behaupten, es sei unsinnig, von einer »guten Scheidung« zu sprechen. Diese Formulierung sei widersprüchlich, da eine

Scheidung nun einmal einen Fehlschlag bedeute und deshalb nur Unglück mit sich bringen könne. Als ein bekannter flämischer Journalist und Schriftsteller in den Siebzigerjahren des letzten Jahrhunderts bei einem Fernsehinterview die Bemerkung fallen ließ, er sei »glücklich« geschieden, gab es eine Flut von wütenden Reaktionen, die Entrüstung war groß. Die rechtschaffene Öffentlichkeit war schockiert. Es kam ihnen nicht in den Sinn, dass dieser Mann lediglich die Wahrheit gesagt und ausgesprochen hatte, was viele andere gedacht, aber nicht zu sagen gewagt hatten.

Natürlich handelt es sich hier um das subjektive Empfinden eines Einzelnen, und man kann sich sehr wohl fragen, ob seine Ex-Frau über die Scheidung genauso dachte. Dennoch wissen wir, dass heute mehr als 70 Prozent der Paare in gütlichem Einvernehmen geschieden werden und dass bei einem Viertel aller Scheidungen die Initiative von beiden Partnern ausgeht. Daher liegt die Vermutung nahe, dass mindestens die Hälfte aller Geschiedenen davon ausgeht, dass es ihnen nach der Scheidung besser gehen wird. Warum sollten wir also nicht von einer »guten Scheidung« sprechen oder davon, »glücklich geschieden« zu sein?

Diana Evers, die Gründerin der [sogenannten] »Scheidungsschule«, kann das gewiss mit weitaus größerer Objektivität beurteilen. Sie schrieb uns Folgendes:

> »Nach meiner zwanzigjährigen Tätigkeit als Scheidungsvermittlerin kann ich wirklich sagen: Gute Scheidungen sind möglich. Es sind Scheidungen, in denen die Eltern im Interesse ihrer Kinder alles dafür tun, um eine Basis für eine gute und dauerhafte Elternschaft zu legen.
>
> Ich kann das mit einem konkreten Beispiel illustrieren. Es steht exemplarisch für viele Scheidungsfälle, ich habe lediglich die Namen geändert.
>
> Anita war überzeugt, dass sie und ihr Mann eine gute Ehe führten. Ihr Partner hatte zwar ein etwas zeitintensives Hobby, aber er war liebenswürdig und packte auch im Haushalt mit an, wenn sie ihn darum bat. Sie mochte ihr häusliches Leben, sie sorgte für ihren kleinen Sohn und löste all die kleinen und großen Alltagsprobleme, die gewöhnlich anfielen. Die Eröffnung ihres Mannes, dass für ihn das Familienleben mit Frau und Kindern nicht mehr das Richtige wäre, dass er sich mehr Freiheit wünsche

und lieber wieder alleine wohnen wolle, traf sie daher wie der sprichwörtliche Schlag aus heiterem Himmel.

Sie schlug ihm vor, zusammenzubleiben, bis ihr Sohn älter sei, und bot ihm an, ihm alle Freiheiten zu lassen. Sie schlug ihm vor, weiter zusammenzuwohnen und das Haus so aufzuteilen, dass jeder seiner Wege gehen konnte. Aber ihr Mann lehnte ab und zog aus.

Drei Monate später erzählte er, dass er eine neue Freundin habe und sie von ihm schwanger sei. Er wolle mit ihr zusammenziehen. Nach diesem ›doppelten Verrat‹ hätte wohl jede Frau die Türen hinter sich zugeschlagen. Aber Anita nicht. Wegen ihres Sohnes war sie bereit, sich in gütlichem Einvernehmen scheiden zu lassen. Wegen ihres Sohnes bat sie den Vater, nach seiner Arbeit jeden Tag kurz vorbeizuschauen, damit sich das Kind nicht von ihm entfremde. Wegen ihres Sohnes stellte sie ihren Kummer und das Gefühl, verraten und im Stich gelassen worden zu sein, zurück, holte sich professionelle Beratung und baute zu ihrem Ex-Mann eine gute Elternbeziehung auf.

Acht Jahre später: Der Vater kommt mit den beiden Töchtern aus seiner neuen Beziehung zum Geburtstagsfest seines Sohnes. Die drei Kinder sind gute Freunde geworden. Den Vater zu ›verstoßen‹, wäre in dieser Situation sicherlich eine nachvollziehbare Option gewesen, aber diese Mutter hat stattdessen eine Menge auf sich genommen: Ihr Sohn kam für sie an erster Stelle!«

Kein Fehlschlag, sondern ein Schritt nach vorne

Wer seine Ehe für einen Bund hält, der unbedingt Bestand haben muss, »bis dass der Tod euch scheidet«, kann eine Scheidung nur als Fehlschlag betrachten.

Aber wer geht heutzutage noch von dieser Vorstellung aus? Würde man heute nicht eher sagen: »Wir haben uns vorgenommen, eine spannende Beziehung aufzubauen, wir hoffen, dass es uns gelingt, wissen aber auch, dass viele bei diesem Versuch scheitern. Unsere Ehe kann durchaus ein Bund fürs Leben sein. Aber wenn sie das nicht ist, bricht für uns keine Welt zusammen.«

Natürlich wird man das Eheversprechen nicht in diesen Worten formulieren, aber vielleicht ist es doch das, was viele denken, wenn ihnen die Verliebtheit nicht völlig den Verstand vernebelt hat.

Lassen Sie uns zunächst einmal von einem kinderlosen Paar ausgehen. Nach einiger Zeit kommen sie womöglich zu der Erkenntnis, dass ihnen alles, was sie am Anfang ihrer Beziehung spannend gefunden hatten und sie miteinander verbunden hatte, mittlerweile abhandengekommen ist. Die rosa Wölkchen haben sich in Luft aufgelöst. Am Arbeitsplatz oder bei ihren Freunden fühlen sie sich jetzt viel wohler als zu Hause. Gibt es dann noch einen Grund, weitere dreißig oder gar vierzig Jahre lang den Schein zu wahren? Ist es nicht sinnvoller, gemeinsam hinter der Beziehung einen Schlussstrich zu ziehen und damit sehr wahrscheinlich einer besseren Zukunft entgegenzugehen?

Was für kinderlose Paare gilt, ist bei Paaren mit Kindern nicht wesentlich anders. Allerdings kann die Anwesenheit von Kindern für eine gewisse Zeit das wachsende Unbehagen in einer Partnerschaft überdecken. Daraus ergeben sich oft familiäre Konstellationen, in denen lieblose und wenig innige Beziehungen vorherrschen.

Kinder zu haben, ist natürlich mit einer großen Verantwortung verbunden. Aber diese Verantwortung allein reicht meistens nicht aus, um ein Eheleben, das ins Stocken geraten ist, in Gang zu halten. Vor Jahrzehnten lag die Scheidungsrate kinderloser Paare noch beträchtlich über der von Ehepaaren mit Kindern. Doch diese Differenz hat sich seither stark verringert. In den meisten Ländern lässt sich beobachten, dass sich Paare mit Kindern fast ebenso oft scheiden lassen wie kinderlose Paare.

Bei Paaren mit Kindern ergibt sich bei einer Scheidung allerdings oft ein Konflikt zwischen den Interessen der Kinder und dem Recht der Eltern auf ein eigenes Leben. Der dritte Weg kann eine Möglichkeit sein, diesen Konflikt zu vermeiden oder zu verringern.

In Familien mit Kindern haben Eltern bei einer Scheidung oft große Schuldgefühle. Nicht nur wegen der Kinder, sondern auch wegen der Rolle, die sie sich bei der Scheidung zuschreiben.

> »Nachdem unsere Partnerschaft schon geraume Zeit nicht mehr funktioniert hatte und ich aus der gemeinsamen Wohnung ausgezogen war, traf ich einen Mann, bei dem ich wieder die Aufmerksamkeit und die Liebe fand, nach der ich mich sehnte«, erzählt Laura. »Nach einer Weile habe ich diese Affäre jedoch beendet, weil ich selbst nicht damit klarkam. Nach einem Jahr beschlossen wir gemeinsam, dass ich wieder in unsere frühere Wohnung ein-

ziehen sollte, aber nun als Ex-Partnerin. Darüber war vor allem unsere Tochter froh, die nun nicht mehr zwischen zwei Wohnungen hin- und herpendeln musste, sondern ihre Eltern immer in ihrer Nähe hatte.

Durch diese Beziehungskrise haben wir zu einer Form des Zusammenlebens gefunden, die wir anders vielleicht gar nicht entdeckt hätten oder für die uns sonst der Mut gefehlt hätte. Heute sind wir damit alle drei wirklich glücklich. Doch mir fiel es sehr schwer, mich von dem Gedanken zu lösen, dass alles, was vorgefallen war, unserem emotionalen Verhältnis sehr geschadet hatte. Ich fühlte mich schuldig. Wegen dieser Schuldgefühle hatte ich den Eindruck, mich in einem Minenfeld zu bewegen, in dem mich der kleinste Fehltritt wieder mit der Vergangenheit konfrontieren würde.«

Wenn Laura eingesehen hätte, dass ihr »Fehltritt« eigentlich nichts mit ihrer Scheidung zu tun hatte, sondern damit, dass ihre Paarbeziehung schon geraume Zeit tot und begraben war, hätte sie keine Schuldgefühle entwickelt. Diese Schuldgefühle beruhten auf ihrer Überzeugung, dass eine Ehe oder eine feste Beziehung »für immer und ewig« Bestand haben müsse und dass sich schuldig mache, wer zu ihrem Scheitern beitrage. Meistens sucht man die Schuld bei seinem Partner, Laura suchte die Schuld jedoch bei sich selbst. Dabei ist ihre Beziehung in Wirklichkeit schlicht und einfach dem Zahn der Zeit zum Opfer gefallen.

Viele Partner können nur schwer akzeptieren, dass womöglich die Zeit und die mit ihr einhergehenden persönlichen Veränderungen am Zerbrechen ihres Traums schuld sind. Die wesentliche Ursache dafür, dass ein Partner die Scheidung nicht als etwas »Gutes« sehen kann, liegt wohl darin, dass er oder sie sich weigert, die Probleme, die es offensichtlich gegeben hat, wahrzunehmen.

»Luc und ich hatten sechs wunderbare Jahre miteinander«, schrieb uns Stephanie. »Auch wenn es hin und wieder schwierige Phasen gab, in denen er schwermütig zu sein schien. Meistens ging es um irgendein Problem, das er viel bedeutsamer fand, als es meiner Meinung nach war. Die mangelnde Wertschätzung an seinem Arbeitsplatz, die Tatsache, dass seine Tochter nicht studierte, was er sich so sehr gewünscht hatte, oder die Unsicherheit in Bezug auf seine Zukunft. Nach und nach gelang es uns, diese Probleme anzugehen und zu lösen. Bis ich selbst für ihn zum Problem wurde. Er sprach nie mit mir darüber, aber er war davon überzeugt, dass ich ihn betrügen würde.

Es stimmt, dass ich im Gespräch mit Freunden mal gesagt habe, Fremdgehen fände ich nicht schlimmer als viele andere Formen der Untreue. Es sei weniger schlimm, sich vorübergehend körperlich zu einem anderem hingezogen zu fühlen, als sich unablässig heftig zu streiten. Doch genau das taten wir dann. In den folgenden vier Jahren wurde unsere Beziehung zunehmend schrecklicher. Es gab auch in dieser Zeit noch schöne Momente, aber sie wurden seltener.

Luc trank immer öfter unkontrolliert, wenn wir in Gesellschaft waren. Solange wir mit unseren Freunden zusammen waren, war kein Wölkchen am Himmel zu sehen, sobald wir aber nach Hause kamen, machte er seinem aufgestauten Frust Luft und überschüttete mich mit Vorwürfen und stritt mit mir bis tief in die Nacht oder auch bis zum Morgengrauen.

Vier Jahre lang glaubte ich noch an unsere Beziehung. Ich hoffte, dass ich etwas ändern könnte. Ich las jede Menge Bücher über Beziehungen und darüber, wie man sie retten könnte. Ich suchte nach Auswegen, die ich Luc vorschlug. Doch wenn ich ihn bat, einmal ein Buch dazu zu lesen, lehnte er das ab. Seiner Meinung nach gab es kein Problem.

Diese Streitereien zermürbten mich. Obwohl unsere Liebe immer wieder aufflammte, wurde mir allmählich deutlicher bewusst, dass ich einen Kampf gegen Windmühlen führte. Dass wir den Kampf verloren hatten. Damals verliebte ich mich in jemand anderen. Aus Respekt vor unseren Partnern beließen wir es dabei und gingen nicht wirklich eine Beziehung ein. Aber mir wurde dadurch klar, dass unsere gemeinsame Geschichte vorbei war. Luc sah in dieser Verliebtheit die Ursache für unsere spätere Scheidung. Aber zu Unrecht.

Obwohl die Scheidung sehr schmerzhaft war, bedeutete sie für mich auch eine Befreiung. Luc konnte einfach nicht akzeptieren, dass wir nicht mehr zusammen waren. Ich schlug ihm vor, dass wir Freunde bleiben könnten. Irgendwann ging er darauf ein, aber es führte letztlich dazu, dass er mich fragte, wann ich zu ihm zurückkommen würde. Ich sagte ihm, dass das wohl keinen Sinn mache, jedenfalls jetzt noch nicht. Ich habe ihn nie wiedergesehen.«

Stephanie ist zum Zeitpunkt der Scheidung zur Trennung bereit. Sie hat die Scheidung schon verarbeitet, bevor sie stattfindet. Sie hatte vier Jahre Zeit dazu. Für sie ist die Bilanz der Scheidung positiv. Für Luc kann die Scheidung zu diesem Zeitpunkt nichts Positives sein, denn er hat ihre Probleme in den vier Jahren davor unter den Teppich gekehrt und sich in der vagen Hoffnung, alles würde sich von selbst auflösen, in sein Schneckenhaus zurückgezogen.

Luc ist sich seines eigenen Anteils an der Scheidung eindeutig nicht bewusst. Bis zuletzt hatte er keinen Grund, Stephanie das Scheitern der Beziehung in die Schuhe zu schieben. Dennoch tat er es, indem er sie verdächtigte fremdzugehen. Was für ihn auch eine Entschuldigung für seine nächtlichen Ausbrüche und für seine späteren Alkoholexzesse war. Dass Stephanie sich schließlich in einen anderen Mann verliebte, war für ihn nur der Tropfen, der das Fass zum Überlaufen brachte. Daran konnte selbst die Tatsache, dass Stephanie ihren Gefühlen aus Respekt vor ihm nicht nachgegeben hatte, nichts ändern.

Manchmal kann eine Scheidung für einen Betroffenen »gut« sein, ohne dass er sich dessen zum Zeitpunkt der Scheidung bewusst ist. Ich kenne Menschen, die von ihrem Partner vollkommen abhängig waren, da sie sich aus einem behüteten Elternhaus sofort in die Arme eines beschützenden Mannes oder einer beschützenden Frau gestürzt hatten. Natürlich wehrten sie sich zunächst mit Händen und Füßen gegen eine Scheidung. Doch dann lernten sie nach und nach, für sich selbst aufzukommen und ihre Angelegenheiten eigenständig zu regeln, wozu sie vorher nie gezwungen waren. Sie wurden zu selbständigen und selbstbewussten Menschen, die ihre Rolle innerhalb der Gesellschaft besser erfüllten als je zuvor.

Das Gesetz weist den Weg

Früher lagen die Dinge sicherlich anders, aber heute ist das Gesetz Paaren, die sich trennen, ein treuer Verbündeter. Zumindest, wenn sie die gesetzlichen Möglichkeiten in Anspruch nehmen wollen.

Das Gesetz bietet Ehepaaren viele Möglichkeiten, sich möglichst einvernehmlich scheiden zu lassen. Nur wer es dem anderen und sich selbst besonders schwer machen will, entscheidet sich für eine strittige Scheidung. Sie kann sehr lange dauern, teuer sein und sie macht niemanden glücklich.

Häufig sind das vermeintliche Kindesinteresse sowie alles, was Geld und Status angeht, die wichtigsten Aspekte einer Kampfscheidung. Und sehr oft werden diese beiden Gesichtspunkte gegeneinander ausgespielt, was deutlich macht, dass es in diesem Kampf vor allem um die eigenen Interessen geht. Je länger der Kampf dauert, desto schlimmer wirkt er sich auf die Kinder aus. Sie verkraften es oft erstaunlich gut, dass ihre Eltern nicht mehr zusammenbleiben wollen, was ihnen aber gewiss schadet, sind unablässige Streitereien zwischen ihren Eltern. Auch wenn die Kinder für einen Elternteil Partei ergreifen, tun sie das meistens nur vorübergehend oder nur zum Schein. Der Streit der Eltern bringt die Kinder unweigerlich aus dem Gleichgewicht.

Eine niederländische Studie[11] hat die beträchtlichen negativen Folgen sehr konfliktreicher Scheidungen für die betroffenen Kinder dokumentiert. Sie zeigen ein stärkeres Risikoverhalten und schlechtere schulische Leistungen. Und sie haben oft auch Probleme in Beziehungen mit anderen.

Sie geraten notgedrungen viel häufiger in Entscheidungssituationen, in denen ihre Loyalität zu beiden Elternteilen schwer auf die Probe gestellt wird. Das hat zur Folge, dass sie sich öfter als andere Kinder von einem Elternteil abwenden. Dadurch verstärkt sich ihr innerer Konflikt noch weiter, denn Kinder wollen von Natur aus beiden Eltern gegenüber loyal sein.

Wills Langendijk formuliert das in seinem Buch *Beter scheiden (Sich besser trennen)* noch schärfer: »Krieg ist nur erlaubt, wenn Ihr Ex mit Entführung droht, gewalttätig ist, oder wenn es um sexuellen oder psychischen Missbrauch geht. Doch meistens sind Ex-Partner nicht gewalttätig oder unzurechnungsfähig. Sie sind nur wütend, rachsüchtig, paranoid und ängstlich.«[12]

Daran lässt sich das Statement Dirk de Wachters unmittelbar anschließen: »Kinder, deren Eltern im Streit auseinandergehen, tragen gravierende Verletzungen davon. Wir erziehen eine Generation, die beziehungsgeschädigt ist. Bindung, das heißt das Vertrauen, dass ihre Eltern für sie sorgen werden, ist für Kinder wichtig. Wenn aber ein Elternteil die Kinder gegen den anderen aufhetzt oder sie als Waffe einsetzt, wird diese Bindung gravierend geschädigt.«[13]

Kampfscheidungen machen deutlich, dass es den Eltern im Hinblick auf die Sorgepflicht für ihre Kinder an Verantwortungsbewusstsein fehlt. Denn man wird doch von ihnen erwarten können, zum Wohle der Kinder das eigene Ego ein wenig beiseitezuschieben und sich selbst hintanzustellen. Die Übernahme dieser Verantwortung ist heute offensichtlich zu einem Problem geworden.

Selbstsicherheit wird dabei oft mit Aggressivität verwechselt. Bei einer Scheidung sollte man zwar klar und deutlich sagen, was man will, aber ohne dabei über die Köpfe der Kinder hinweg in »Rechthaberei« oder Egozentrik zu verfallen.

Verweigert einer der Ehepartner die Scheidung, kann es natürlich dazu kommen, dass der andere keinen anderen Ausweg mehr sieht, als ein Verfahren einzuleiten. Aber das muss nicht unbedingt bis zum bitteren Ende durchgezogen werden.

Vielleicht wirkt in einem Scheidungsverfahren der Vorschlag, zum Nestmodell überzugehen, für den Ehepartner, der (noch) nicht zu einer Scheidung bereit ist, weniger bedrohlich. Wer einen dritten Weg vorschlägt, kann mit einem sehr starken Argument aufwarten: dem Wohlbefinden und dem Glück der Kinder. Es ist nicht leicht, dem etwas entgegenzusetzen. Und womöglich kann man seinen (Ex-)Partner damit doch dazu bewegen, die Waffen ruhen zu lassen.

Paare, die den Fokus vor allem auf ihre Kinder legen, können viel leichter Kompromisse schließen und sich viel eher einigen. Doch diese Einigung kann sich als komplizierter herausstellen, als man zunächst annimmt. Oft überblickt man nicht alle Möglichkeiten. Vielleicht gibt es Regelungen, die einem zusagen würden, die man jedoch gar nicht kennt. Einen Außenstehenden hinzuzuziehen, zum Beispiel einen Vermittler oder Mediator, ist sicherlich kein überflüssiger Luxus. Ein Vermittler fällt keine Entscheidungen, sondern begleitet seine Klienten auf ihrem Weg und zeigt ihnen Möglichkeiten auf. Die Entscheidung liegt immer bei den Klienten selbst. Der Vermittler wird sie in juristischen Fragen begleiten und nötigenfalls auch auf der Beziehungsebene und in emotionaler Hinsicht. Ein guter Vermittler kann den Verarbeitungsprozess unterstützen und dazu beitragen, die Kommunikation zu verbessern. Als neutraler Dritter ergreift er niemals Partei und hat immer die Interessen beider Partner und die der Kinder im Blick. Sein größter Vorteil liegt darin, nicht in die Emotionen verstrickt zu sein, die die beiden Beteiligten oft blind macht.

Es ist kein Wunder, dass das Ergebnis einer Mediation im Allgemeinen befriedigender ist als die beste Entscheidung eines Richters. Denn ein Richter bleibt immer außen vor und muss aufgrund von Plädoyers und Schriftsätzen urteilen. Die konkrete Situation kann er nur schwer einschätzen oder gar nachempfinden. Es ist daher alles andere als verwunderlich, dass meistens eine der beiden Parteien den Gerichtssaal unzufrieden verlässt – wenn nicht gar beide.

Wie auch immer ein Paar sich einigt, mit oder ohne Inanspruchnahme eines Vermittlers, ausschlaggebend ist, dass sich die kriegerischen Auseinandersetzungen in Friedensverhandlungen verwandeln. Wer »gut« auseinandergehen will, muss die Trennung vernünftig angehen, und zwar am besten gemeinsam mit dem (Ex-) Partner.

Eine Scheidung, nach der es allen besser geht

Von einer guten Scheidung kann man erst dann sprechen, wenn es anschließend allen Betroffenen besser geht. Das ist vielleicht nicht gleich für jeden offensichtlich, aber letzten Endes sollte darin das Ziel einer Scheidung bestehen. Denn nur so ist sie nicht bloß ein Ende, sondern vor allem auch ein Neubeginn.

In der bereits erwähnten niederländischen Studie sind sowohl die kurzfristigen als auch die langfristigen Auswirkungen einer Scheidung auf die Kinder untersucht worden. Kurzfristig zeichneten sich deutliche Probleme ab. Da die Eltern oft sehr stark mit ihren eigenen Problemen und Emotionen befasst waren, widmeten sie ihren Kindern weniger Zeit und Aufmerksamkeit. Gleichzeitig waren die Kinder oft gezwungen umzuziehen und verloren dadurch mitunter den Kontakt zu dem Elternteil, der nicht mit ihnen zusammenwohnte. Häufig stand nun auch weniger Geld zur Verfügung, was für das Wohlbefinden der Kinder auch nicht gerade förderlich war.

Langfristig war die Bilanz für Scheidungskinder aber weitaus günstiger. Nach einiger Zeit ging es den meisten wieder gut. Oft war ihr Wohlbefinden dem von Kindern aus intakten Familien sehr ähnlich. Einige fühlten sich sogar wohler als vor der Scheidung. Nur bei einer kleinen Minderheit sorgte die Scheidung der Eltern für nachhaltige Probleme. Ein Großteil dieser Minderheit hatte Eltern, die sich nicht dazu imstande sahen, sich auf eine gute Art und Weise zu trennen.

Eine Studie, die ein Jahr später in Flandern publiziert wurde[14], bestätigt diese Resultate. Sie war umfassender, denn sie untersuchte neben dem Wohlbefinden der Kinder auch das der Ex-Partner.

Es zeigte sich in dieser Studie, dass Frauen und Männer, die nach der Scheidung keinen neuen Partner fanden, mit ihrem Leben unzufriedener waren als vor der Scheidung. Die Männer kamen auf einen Wert von 7, die Frauen auf einen etwas höheren Wert von 7,3 auf der 10-Punkte-Skala, wobei 10 der höchste Zufriedenheitswert war.

Geschiedene Männer und Frauen, die einen neuen Partner gefunden hatten, waren mit ihrem Leben offenbar zufriedener als Ehepartner, die noch mit ihrem ersten Partner zusammen waren. Männer mit einer neuen Partnerin kamen auf 8,4 Punkte gegenüber 8,1 bei Männern in einer intakten ersten Ehe. Bei den Frauen war der Unterschied geringer, hier standen 8,3 Punkte dem Wert von 8,1 gegenüber.

Möglicherweise verglichen Männer und Frauen, die noch in erster Partnerschaft lebten, ihre erste Beziehung eher mit einem Idealbild, während sie später ihre Beziehung mit einem neuen Partner aus einer realistischeren Perspektive betrachteten.

Die Studie belegt, dass es kurz nach einer Scheidung einigen Geschiedenen schlechter, anderen jedoch besser geht. Nach einer gewissen Zeit liegt in den allermeisten Fällen der Wert des Wohlbefindens wieder auf der Höhe des allgemeinen Durchschnittswerts. Ob es einem gelingt, einen neuen Partner zu finden, scheint allerdings für das Glücksgefühl insgesamt entscheidend zu sein.

Die Studie befasste sich auch mit dem Wohlbefinden der Kinder vor und nach einer Scheidung. Minderjährige Jungen fühlten sich nach einer Scheidung der Eltern genauso wohl (Wert 8,3) wie in ihrer intakten Ursprungsfamilie (Wert 8,4). Mädchen reagierten sensibler insbesondere auf die Anwesenheit eines neuen Partners, sie gaben bei geschiedenen Eltern nur einen Wert von 7,8 an, in intakten Familien dagegen kamen sie auf einen Wert von 8,3. Erstaunlich war die Erkenntnis, dass es sich bei volljährigen Kindern gerade umgekehrt verhielt: Hier zeigte sich eine größere Wertungsdifferenz bei den Jungen und kaum ein Unterschied bei den Mädchen.

Wie nützlich diese Studien auch immer sein mögen, sie liefern selten abschließende Antworten auf unsere Fragen. Unverkennbar ist freilich, dass sich sowohl bei den Ex-Partnern als auch bei ihren Kindern im Hinblick auf ihr Wohlbefinden nach einer gewissen Zeit nach der Scheidung kein großer Unterschied mehr zeigt. Damit wird nicht in Abrede gestellt, dass bestimmte Probleme bei Scheidungskindern verstärkt auftreten. Sie haben mehr psychische Probleme und weisen mehr Verhaltensstörungen auf, und bei vielen fallen die schulischen Leistungen deutlich ab.

Es stellt sich jedoch die Frage, ob dieses Problem mit dem eigentlichen Scheidungsprozess oder mit der Situation der Familie davor oder mit beidem zusammenhängt. Vieles deutet darauf hin, dass die Entwicklung der Kinder vor allem sowohl von dem Familienleben der letzten Ehejahre als auch von der Art und Weise, in der die Scheidung abgelaufen war, geprägt wird. Die Einzigen, die die Kinder gut durch die Scheidung lotsen können, sind ihre Eltern. Wenn deren Streitigkeiten während der Scheidung kein Ende nehmen, sondern vielleicht erst richtig Fahrt aufnehmen, rufen sie die Probleme erst auf den Plan.

Fest steht, dass die Scheidung die Gefühlswelt der Kinder vor allem kurzfristig tiefgehend erschüttern kann. Das macht offensichtlich, wie wichtig es ist, diese Phase möglichst gut zu überbrücken und den besten Weg für die Familie zu suchen. Es kommt alles darauf an, ein Modell zu finden, das flexibel genug ist, um umsetzbar zu sein, und stark genug, um Bestand zu haben.

Wie der dritte Weg hilfreich sein kann

Wenn wir uns bewusst machen, dass nicht die Scheidung selbst, sondern die Streitereien der Eltern sowie die Angst vor Veränderungen und Unsicherheiten bei den Kindern die großen Übeltäter sind, können wir alle als Eltern entsprechend handeln.

Eine Faustregel sollte sein, unablässiges Streiten, besonders in Anwesenheit der Kinder, zu vermeiden. Für Eltern, die zum Wohle ihrer Kinder eine gewisse Verbundenheit bewahren möchten, ist das ein absolutes Muss. Auch deshalb, weil ein Streit, der nicht ganz beigelegt ist, wie ein Feuer wieder auflodert und das Leben der Kinder erneut aus den Bahnen wirft.

Jules lebte seit seiner Geburt bei seiner Mutter. Zwei Tage die Woche war er bei seinem Vater und seiner Bonusmutter. Nach einer gewissen Zeit fühlte sich Jules in beiden Familien ganz zu Hause. Er machte kaum einen Unterschied zwischen seinen beiden Müttern. Schon deshalb, weil beide Familien sehr nah beieinander wohnten. Das veränderte sich völlig, als er zehn war und seine Mutter eine neue Beziehung einging. Sie zog zu ihrem neuen Freund, der etwa fünfzig Kilometer entfernt wohnte. Nach einigem Hin und Her beschlossen Jules' Eltern, dass er an den Schultagen bei seinem Vater und an den Wochenenden bei seiner Mutter wohnen sollte. So konnte er an derselben Schule und bei seinen Freunden bleiben. Alle waren zufrieden – oder zumindest fast alle.

Denn Jules' Mutter hat diese Regelung nie ganz akzeptiert. Als Jules die Grundschule verließ, nutzte sie die Gelegenheit, um vorzuschlagen, Jules solle nun jede Woche abwechselnd bei seinem Vater und seiner Mutter wohnen. Was bedeutet hätte, dass Jules jede zweite Woche täglich zwei Stunden im Zug sitzen würde. Das hielt sein Vater für keine gute Idee. Doch aus dem Vorschlag wurde eine Forderung. Da beide Eltern auf ihrem Standpunkt beharrten, landete die Sache schließlich vor dem Jugendrichter.

Der entschied sich, Jules nach seiner Meinung zu fragen. Jules fürchtete sich vor dem Richter. Was sollte er sagen? Er wollte seine Mutter und seinen Bonusvater nicht verletzen, aber er wollte auch seine Umgebung und sein Leben, das sich weitgehend bei seinem Vater abspielte, nicht verlieren. Er musste sich für oder gegen etwas entscheiden, obwohl er sich überhaupt nicht entscheiden wollte. Er wollte für beide Seiten Partei ergreifen und allen gegenüber loyal sein. Jules führte einen wütenden Kampf gegen alles Mögliche, aber vor allem gegen sich selbst.

Bei Eltern, die sich für den dritten Weg entscheiden, ist eine solche Situation ausgeschlossen. Wer immer kreativ nach der besten Lösung für seine Kinder sucht, kann nicht in einen solchen Konflikt geraten. Das bedeutet jedoch nicht, dass sich bei diesen Eltern nicht auch Veränderungen ergeben können. Das größte Risiko gehen womöglich die Eltern ein, die sich dafür entscheiden, weiterhin unter einem Dach zu wohnen. Besonders das Auftauchen neuer Partner kann diese Lebensform auf eine harte Probe stellen. Trotz der besten Vorsätze lässt sich schwer vorhersehen, was geschieht, wenn bei einem Elternteil, oder sogar bei beiden, ein neuer Partner ins Spiel kommt.

> Joris (11 Jahre alt) wohnt mit seinen Eltern in einem Haus, dessen Räume größtenteils gemeinschaftlich genutzt werden, der Rest des Hauses bietet seinem Vater und seiner Mutter, die sich getrennt haben, gerade noch ausreichend Privatsphäre. Seine Mutter hat einen festen Freund, der regelmäßig zu Besuch kommt, aber nicht über Nacht bleibt.
>
> Joris bedauert, dass sein Vater keine feste Freundin hat, aber kann sich auch nicht vorstellen, wie auch für sie noch Platz im Haus sein sollte. So gerät er in Konflikt zwischen seiner Liebe zu seinem Vater, dem er eine neue Partnerin wünscht, und seiner eigenen Angst vor den Veränderungen, die eine neue Partnerschaft mit sich bringen würde. Würde sein Vater dann weiterhin bei ihnen im Haus wohnen? Und würde er seinen Vater dann nicht zum Teil verlieren?

Diese Furcht ist zwar verständlich, aber grundlos. Joris' Vater hat sich fest vorgenommen, das zu bleiben, was er immer war: ein Vater, der für seinen Sohn präsent ist. Doch wie viel Verständnis diese Situation einer neuen Partnerin abverlangen würde und wie er dieses Problem angehen sollte, ist ihm selbst noch nicht klar. »Kommt Zeit, kommt Rat« ist vielleicht die vernünftigste Devise.

Aber auch hier bietet der dritte Weg eine Orientierung. Am wichtigsten ist es, dass Eltern immer wieder signalisieren, dass sie trotz aller schwierigen Veränderungen auch in Zukunft stets die beste Lösung für ihre Kinder suchen werden. Ein Kind, das auf diese Botschaft vertrauen kann, fühlt sich sicher.

Wir müssen den Mut haben, uns einzugestehen, dass die derzeit beste Lösung nicht für alle Zeit die beste Lösung bleiben sein muss. Eine Familie ist eine lebende Zelle und alles, was lebt, verändert sich und muss sich an diese Veränderungen immer wieder neu anpassen. Solange diese Anpassungen keine Revolution auslösen, sondern sich allmählich in eine neue Zukunft fortentwickeln, ist nichts dagegen zu sagen. Auch Eltern, die nach einer Trennung noch gemeinsam unter einem Dach wohnen, wünschen sich vielleicht irgendwann einmal mehr Distanz. Möglicherweise stellt dieser Wunsch zu diesem Zeitpunkt für niemanden mehr ein Problem dar, denn wahrscheinlich hat sich der Geist, aus dem man sich auf dieses Konstrukt eingelassen hat, noch verstärkt. Oft sind aus Ex-Partnern mit der Zeit auf eine ganz neue Art Freunde geworden. Diese beständige Freundschaft ihrer Eltern zu erleben, gibt den Kindern Halt. Ein wenig größere räumliche Distanz wird für sie daher kein großes Problem mehr darstellen. So kann sich auch für die Bonuseltern mehr Freiraum eröffnen.

> Hat Joris' Vater denn nie Schwierigkeiten mit dem neuen Freund seiner früheren Partnerin? »Nur wenn er sie aufregt oder verletzt«, sagt er. »Dann streiten wir uns zwar nicht, aber ich bin schon wütend. Aber zum Glück passiert das selten.« Ein besserer Beweis wahrer Freundschaft ist schwer vorstellbar.

Tipps:

- Überzeugen Sie sich selbst davon, dass eine Trennung kein Weltuntergang ist und Sie stärker aus einer Ehe oder Beziehung hervorgehen können, als Sie sich hineinbegeben haben.
- Wagen Sie es, nach den Vorteilen einer Scheidung zu suchen, auch wenn Ihnen das zunächst schwerfällt.
- Versuchen Sie die richtige Balance zwischen den wirklichen Interessen Ihrer Kinder und Ihrem Recht auf ein eigenes Leben zu finden.
- Handeln Sie nach der Maxime: Man trennt sich, damit es danach allen besser geht.

4. Anders und doch gleich

Den dritten Weg einzuschlagen, bedeutet, sich auf ein Abenteuer einzulassen. Wer bei einer Trennung den dritten Weg geht, muss seine Pfade selbst suchen. Auch wenn das anfangs vielleicht schwieriger ist: Sie *selbst* treffen nun die Entscheidungen, oder besser noch, Sie *als Elternpaar*, denn um zu neuen Absprachen zu kommen, müssen Sie sich einigen.

Wer nach einer Scheidung einen neuen Partner findet, versucht oft, möglichst schnell eine Kopie der Kernfamilie zu schaffen. Doch das ist zum Scheitern verurteilt, denn eine neu zusammengesetzte Familie kann nie zu einer Kernfamilie werden. Die Vergangenheit, die jeder von beiden einbringt, steht dem im Weg. Wer sich dafür entscheidet, sich als Paar zu trennen und die elterliche Verantwortung weiterhin gemeinsam zu tragen, sieht sich von Anfang an damit konfrontiert, selbst eine passende Form des Zusammenlebens finden zu müssen. Vielleicht ist das ein Vorteil. Denn so ist wenigstens klar, dass die Kernfamilie als Modell ungeeignet ist.

Für dieses kreative Abenteuer gelten bestimmte Grundregeln. Es lohnt sich, zu erkunden, in welche Fallstricke sich andere Eltern, die diesen Weg bereits gegangen sind, verfangen haben. Und erst recht ist es sinnvoll herauszufinden, wie es manchen gelungen ist, diesen Fallstricken zu entgehen, kreative Lösungen zu suchen und meist auch zu finden.

Vergessen Sie die Kernfamilie

Wie wir schon gesehen haben, ist auch die Kernfamilie wandelbar. Vor sechzig Jahren hatte man bei dem Begriff noch eine Mutter vor Augen, die Haus und Herd hütete, und einen Vater, der die Brötchen verdiente. Kinder aus der damaligen Zeit würden ihre Familiensituation in der heutigen Kernfamilie nicht wiedererkennen.

Damals saßen die meisten Familien dreimal täglich gemeinsam am Tisch. Wenn die Kinder in den Kindergarten gingen, waren sie spätestens mittags bei der Mutter zu Hause. Die Wochenenden verbrachte man gemeinsam im selben Raum. Man war also auf ganz andere Weise »zusammen«. Bis zum zwölften oder vierzehnten Lebensjahr änderte sich für die Kinder daran wenig. Mit vierzehn begannen viele Jugendliche zu arbeiten und wurden daher wie Erwachsene behandelt. Andere gingen auf Internate und kamen nur selten nach Hause. Die Großeltern gehörten nicht zur Kernfamilie und wurden in die Erziehung der Kinder nicht so selbstverständlich einbezogen.

Diese Form familiärer Gemeinsamkeit entspricht nicht mehr der Realität. Die Krippe, der Kindergarten, die Grundschule, die Tagesmutter oder das Au-pair-Mädchen haben die Aufgaben der Eltern, vor allem die der außer Haus arbeitenden Mutter, größtenteils übernommen. Auch die Großeltern werden stark eingespannt. Studien belegen, dass bis zu 90 Prozent der Großeltern mehr oder weniger weitreichende Betreuungsaufgaben, vor allem während der Woche, wenn die Eltern arbeiten, übernehmen. Manchmal sind die Eltern nur noch am Wochenende für die Betreuung ihrer Kinder zuständig.

Damit ist keine Wertung verbunden, es ist lediglich eine Feststellung. Eigentlich kehren wir mit der gegenwärtigen Situation zu einem althergebrachten Modell zurück, in dem die Sippe oder der Familienverband mehr Bedeutung hatte als die Kleinfamilie. Man kann diese Lebensform sogar mit gewissen afrikanischen Kulturen vergleichen, in denen die Kinder stärker von der Gemeinschaft als von den Eltern erzogen werden. Die britische Schriftstellerin Aminatta Forna schreibt darüber in ihrem Buch *De mythe van het moederschap* (Der Mythos der Mutterschaft) Folgendes:

> »In den Siebzigerjahren wurde ich in zwei verschiedenen Kulturen erzogen. Die erste, die meiner eigenen Mutter, war britisch. Mein zweites Zuhause lag in Sierra Leone, bei meinem afrikanischen Vater und seiner zweiten Frau.
>
> Wenn ich als Kind in Sierra Leone wohnte, wurde ich von vielen Menschen geliebt. Sie hatten auch die Befugnis, mich zu begleiten, zu bestrafen oder zu beraten. Als Kinder hatten wir viele ›Väter‹ und ›Mütter‹ und auch viele ›Geschwister‹, weil es dort üblich ist, für die Kinder aller zu sorgen.
>
> Auch heute wohnen bei meiner afrikanischen Mutter noch Kinder von Freunden und Bekannten. Sie ist vielen Kindern eine

›Mutter‹ gewesen. In Sierra Leone war es nicht so wichtig, zu wem wir ›biologisch‹ gehörten, weil Kinder zu allen gehörten.«[15]

Wenn die Kernfamilie kein Eckstein der Gesellschaft mehr ist, sind die Menschen, die es wagen, in neuen Zeiten neue Wege zu beschreiten, auch keine verantwortungslosen Abenteurer. Im Gegenteil: Sie sind progressive Geister, die kreativ nach Lebensformen suchen, die den heutigen gesellschaftlichen Bedürfnissen besser entsprechen.

Wenn man den dritten Weg gehen und seiner Familie damit einen neuen Sinn geben will, wird man sich, ob freiwillig oder zwangsläufig, von einem gewissen Teil der Normen und Gegebenheiten einer Kernfamilie verabschieden müssen. Das gemeinsame Schlafzimmer ist meistens das Erste, was aufgegeben wird.

Das kann im täglichen Miteinander der Eltern für eine gewisse Entspannung sorgen, weil es mehr Klarheit bringt, aber den Kindern wird diese Veränderung sicher nicht entgehen. Je älter sie sind, desto weitgehender werden ihre Schlussfolgerungen sein. Vielleicht wächst bei ihnen zugleich aber auch die Angst vor dem nächsten Schritt.

Ihnen weiszumachen, Vaters lautes Schnarchen sei die Ursache für ihren Auszug aus dem Schlafzimmer, ist auch dann keine gute Idee, wenn es auf den ersten Blick glaubhaft erscheint. Denn es ist immer ungünstig, wenn Kinder die Erfahrung machen, dass ihre Eltern leicht zu entlarvende, falsche Gründe für etwas vorschieben.

Immer häufiger hört man die Klage, dass sich Paare heute zu leicht trennen würden. Dabei gibt es mehr als genug Gründe, diesen Schritt nicht leichtfertig zu tun. Wenn man nicht ganz sicher ist, sollte man die Entscheidung am besten für eine gewisse Zeit zurückstellen. Denn auch die Zeit bringt uns manchmal auf neue Ideen. Eine weitere Möglichkeit besteht darin, mit der Umsetzung der Entscheidung bis zu einem Zeitpunkt zu warten, der für die Kinder günstiger erscheint.

Clara und Karel waren auch nach ihrer endgültigen Scheidung nicht gleich auseinandergezogen. Nachdem sie gesetzlich geschieden worden waren, wohnten sie noch fünf Monate zusammen, weil sie nicht so schnell eine zweite passende Wohnung in der Nähe gefunden hatten. Die Wohnung war für Clara gedacht, aber Karel fand es genauso wichtig wie sie selbst, eine gute Wohnung für sie und die Kinder zu finden.

> Frank und Caroline hatten sich im Februar dazu entschlossen, sich scheiden zu lassen, sie entschieden sich jedoch, mit ihrer Trennung bis zu den großen Ferien zu warten. Erst als ihre Zwillinge ihre Prüfungen hinter sich hatten, haben sie die beiden darüber informiert.

Natürlich ist es für diejenigen, die sich entscheiden müssen, wichtig, diesen Schritt nur dann zu tun, wenn sie sich ihrer Sache absolut sicher sind, für die Kinder ist das sogar noch wichtiger. Unklarheiten hinsichtlich ihrer Zukunft schüren bei ihnen Ängste. Je klarer ihnen der Stand der Dinge ist und je sicherer sie sind, dass ihre Welt sich zwar verändern, aber nicht zusammenbrechen wird, desto leichter werden sie diesen Wandel verkraften.

Wie Studien belegen, hoffen Kinder von Eltern, die sich auf klassische Weise trennen, noch lange Zeit, dass früher oder später alles wieder gut werden würde und sich alle wieder zu der früheren Familie zusammenfinden werden. Den Eltern kann man nur raten, darüber nicht die geringsten Zweifel aufkommen zu lassen. Wenn man selbst sicher ist, dass es vorbei ist, darf man bei den Kindern keinen Raum für falsche Hoffnungen lassen.

> »Das war die erste Frage, die mein ältester (damals 10-jähriger) Sohn mir stellte, als es nach den letzten Streitereien und meinem Auszug wieder etwas ruhiger geworden war. Er sah, dass seine Mutter und ich wieder normal miteinander umgehen konnten. Es war logisch, dass er darin Vorboten eines besseren Einverständnisses und meiner möglichen Rückkehr sah. Irgendwann fragte er mich dann auch, ob ich nicht wieder zurückkäme. ›Ich denke nicht‹, habe ich geantwortet. ›Wenn ich zurückkäme, würden wir uns wieder streiten, und das will ich nicht, und euch will ich das erst recht nicht zumuten.‹ Er schwieg kurz, aber dann sah er es wohl ein und seitdem hat er nie mehr danach gefragt.«

Bei Eltern, die nach der Trennung weiterhin unter einem Dach wohnen und wegen der Kinder noch viel gemeinsam unternehmen, kann diese Hoffnung der Kinder noch stärker sein oder wieder von Neuem aufkeimen. Daher müssen die Eltern in diesem Punkt nicht nur sehr eindeutig sein, sondern auch regelmäßig darauf zurückkommen.

Kurt und Katrien, die weiterhin in einer gemeinsamen Wohnung wohnten, erklärten es ihren Kindern in einfachen, aber deutlichen Worten: »Es gibt nun einmal Eltern, die Partner sind, und andere, die keine Partner (mehr) sind. Wir gehören von nun an zu der zweiten Gruppe. Deshalb hat jeder von uns sein eigenes Zimmer. Das bedeutet aber überhaupt nicht, dass wir für euch jetzt weniger Vater oder Mutter sind. Ganz bestimmt nicht.«

Katrien war eine Zeitlang in Therapie gewesen, weil sie nach ihrer Scheidung Schuldgefühle gehabt hatte. Obwohl ihre Beziehung schon lange zuvor in eine Sackgasse geraten war, war sie es gewesen, die ungewollt den ersten Schritt zu einer Trennung gemacht hatte, indem sie sich in einen Arbeitskollegen verliebt hatte. Inzwischen kamen sie und ihr früherer Partner wieder gut miteinander aus. Sogar so gut, dass einer bei dem anderen manchmal Trost suchte und eine Umarmung dabei nichts Ungewöhnliches war.

»Lassen Sie das am besten, wenn Ihre Kinder dabei sind«, hatte der Therapeut ihnen geraten, »die Gefahr, dass Sie damit bei ihnen Verwirrung stiften, ist groß. Später, wenn den Kindern völlig klar ist, dass sie kein Paar mehr werden, kann es heilsam sein, ihnen auf diese Weise zu zeigen, wie gut Sie befreundet sind, wenn auch auf andere Art. Aber jetzt ist es für sie noch zu früh.«

Als Joris, der damals 6 Jahre alt war, Freunden die Wohnung zeigte und diese sich darüber wunderten, dass sein Vater und seine Mutter ein eigenes Schlafzimmer und auch sonst eigene Räume im Haus hatten, fing er an, darüber nachzudenken. »Es ist schon merkwürdig, dass Mama morgens aus der einen Richtung kommt und Papa aus der anderen«, sagte er. Aber weiter machte er sich keine Sorgen.

Vor allem Ex-Partner, die weiterhin unter einem Dach wohnen, müssen sehr vorsichtig vorgehen, um Missverständnisse zu vermeiden. Auch wenn ihnen selbst die Grenze zu ihrem früheren Leben wahrscheinlich ziemlich prägnant erscheint, kann sie für die Kinder manchmal ziemlich unscharf sein. Bei geschiedenen Eltern, die in unterschiedlichen, wenn auch nahe beieinandergelegenen Wohnungen wohnen, schafft die räumliche Distanz Klarheit, so dass die neue Situation für die Kinder leichter begreifbar wird.

Langsam = dauerhaft

»Folgen Sie dem Rhythmus der Kinder, nicht Ihrem eigenen Rhythmus«, heißt es oft, und das zu Recht. Normalerweise bezieht sich dieser Hinweis auf die Gründung einer neuen Familie und nicht auf die Schritte zur Auflösung einer bestehenden Familie. Doch auch um seine Kinder möglichst gut durch eine Trennung zu lotsen, ist dieser Rat Gold wert. Manchmal entscheiden sich Eltern mit den besten Absichten für ein Modell, das nicht zu ihnen passt, oder einer von ihnen greift der Situation vor, so dass alles ins Trudeln gerät. Dann kommt es darauf an, einen kühlen Kopf zu bewahren und das gewählte Modell, nicht aber die Idee eines dritten Weges aufzugeben.

Als Martine und Luc im Dezember 2011 die Initiative ergriffen und ihre Partnerschaft beendeten, entschieden sie sich wegen ihres Sohnes Igor, weiterhin unter einem Dach zu wohnen. Ihr einziger persönlicher Rückzugsort wurde ihr jeweiliges Schlafzimmer.

Schon bald wurde deutlich, dass diese minimale räumliche Distanz nicht genügte, um die noch vorhandene »emotionale Nähe« abzufedern. Als Luc nach einiger Zeit eine neue Freundin in ihr gemeinsames Haus brachte und Martine zudem noch von Igor erfuhr, dass sie zu dritt essen gegangen waren, brannten bei ihr die Sicherungen durch.

»Es waren eher die Umstände als die Tatsache an sich«, sagt sie heute. »Denn bald darauf sah ich ein, dass das eigentlich die logische Konsequenz dessen war, was ich selbst angestoßen hatte.«

Sie wusste nur allzu gut, dass sie damit all ihre guten Absichten und Bemühungen, die Trennung für Igor möglichst ruhig verlaufen zu lassen, zunichtegemacht hatte. Wie bedauerlich dieser Vorfall auch war, führte er ihnen doch vor Augen, dass diese Lebensform für sie nicht die beste war.

Sie zogen sofort den logischen Schluss: Wir sollten das Haus verkaufen und möglichst bald getrennt wohnen. Beides ließ sich schnell bewerkstelligen und schon bald fanden sie, was sie suchten. Seitdem haben sie eine neue Lebensform entwickelt – einen dritten Weg, der viel besser zu ihnen passt.

Dass Luc eine Freundin fand, konnte man kaum als Überraschung bezeichnen. Seit Martine nach Igors Geburt in eine postnatale Depression verfallen war, schliefen sie getrennt. Und das änderte sich auch nicht, als Martine die Depression überwunden hatte und selbstbewusster geworden war als je zuvor.

Doch als Luc seine Freundin mit nach Hause brachte und Igor in die neue Beziehung einbezog, hat er ein paar Schritte übersprungen und seinem Sohn und seiner früheren Partnerin zu wenig Zeit gelassen. Martine war auf diese Konfrontation überhaupt nicht vorbereitet. Sie hatte noch zu wenig Distanz. Deshalb wurde Igor Zeuge einer Szene, bei der Martine Luc gegenüber ihrer Wut freien Lauf gelassen hatte, die ihm besser erspart geblieben wäre. Eine Trennung im gleichen Haus durchzustehen, gelingt nur, wenn beide sich von der Vergangenheit schon weit genug lösen konnten oder gelassen genug sind, sich unter allen Umständen im Griff zu haben. Andernfalls ist ein Minimum an räumlicher Distanz, zum Beispiel das Wohnen in zwei Doppelhaushälften oder in zwei Wohnungen in derselben Nachbarschaft, sicherlich vorzuziehen.

Natürlich sind die finanziellen oder materiellen Bedingungen oft mit entscheidend dafür, die bestehende Wohnsituation beizubehalten. Dass ihr Haus ihnen gemeinsam gehörte, gab auch bei Lucs und Martines erster Entscheidung den Ausschlag. Zum Glück erkannten sie rechtzeitig, dass diese Lösung nicht praktikabel war. Statt den Mut zu verlieren, suchten sie einen anderen Weg. Und das mit Erfolg.

Weil Lucs und Martines Arbeitszeiten ziemlich unterschiedlich sind, bot es sich als eine ideale Lösung an, dass sein Vater Igor morgens zur Schule bringt. Weil Igor die restliche Zeit hauptsächlich bei seiner Mutter verbringt, nutzt Luc diese Gelegenheit ausgiebig.

Beide haben die Schlüssel zur Wohnung des anderen. Luc kommt eine Stunde, bevor Igor zur Schule muss, in Martines Wohnung. Er frühstückt mit seinem Sohn und es kommt vor, dass er bei dieser Gelegenheit Brot mitbringt, den Abwasch erledigt oder sonst etwas macht, was ihm notwendig oder nützlich erscheint.

Ab und zu treiben sie zu dritt Sport oder sie machen zusammen einen Ausflug. Die Geburtstage feiern sie gemeinsam. Wenn sie Weihnachten oder Neujahr bei ihren jeweiligen Verwandten verbringen, suchen sie nach einer Möglichkeit, die Feier oder die Bescherung für Igor auf einen anderen Tag zu verlegen.

Igor hat schon mal gefragt, ob sie nicht einmal wie früher zusammen verreisen könnten. »Vielleicht später«, hat Martine vorsichtig geantwortet. Sie glaubt, dass sie momentan noch nicht genügend Distanz zueinander haben.

Ihre Regelung sieht vor, dass Igor die Wochenenden abwechselnd bei seinem Vater oder seiner Mutter verbringt. Unter der Woche wohnt er bei seiner Mutter. Doch wenn sie noch spät arbeiten muss, schläft er bei seinem Vater. Wenn Martine in der Zeit, in der Igor bei seinem Vater ist, das Bedürfnis hat, kurz mit ihm etwas zu unternehmen, ist das kein Problem. »Bald ist er älter, dann kann er sowieso zu seinem Vater gehen oder bei mir vorbeikommen, wann es ihm passt«, lautet ihre konsequente Begründung. »Wir teilen uns auch das Auto. Damit gab es bisher nie Schwierigkeiten. Und wenn wir unser Kind sehen wollen, rufen wir einfach beim anderen an.«

Aus den Erfolgsgeschichten getrennter Paare, ob sie nun unter einem Dach wohnen oder mehr Distanz brauchen, darf man nicht schließen, dass alles wie von selbst läuft. Die größte Herausforderung ergibt sich, wenn früher oder später ein neuer Partner ins Spiel kommt. Wie heikel dieses Thema ist, hängt auch davon ab, ob sich die räumliche und/oder emotionale Distanz zwischen den Ex-Partnern bis dahin vergrößert hat oder ob sie gering geblieben ist. Für Menschen, die sich auf die hergebrachte Weise trennen, ist das eine harte Nuss, die sie knacken müssen. Aber auch hier gibt es wesentliche Unterschiede.

Wer sich auf traditionelle Weise trennt, hat den Vorteil, dass er das Zusammentreffen mit seinem Ex-Partner weitgehend vermeiden kann. Natürlich verringert sich dadurch das Konfliktrisiko. Doch wegen ihrer Kinder müssen auch diese Paare weiterhin in Kontakt miteinander bleiben, und damit besteht immer die Gefahr, dass es in Anwesenheit der Kinder zu Konflikten kommt.

Der große Vorteil von Eltern, die sich, in welcher Form auch immer, für den dritten Weg entscheiden, ist ihre andere Einstellung und Mentalität. Weil sie sich voll und ganz für das Wohlbefinden ihrer Kinder entscheiden und deshalb noch viel miteinander unternehmen, ist bei ihnen das Bewusstsein, dass sie auch die Konsequenzen ihrer Situation übernehmen müssen, stärker ausgeprägt. Da sie sich als Eltern zukünftig nicht aus dem Weg gehen können, müssen sie einen anderen Weg finden, wie sie die notwendige Distanz zum Ex-Partner herstellen können. Im Folgenden werden wir sehen, wie man zueinander auf Distanz gehen kann, ohne die Kinder aus dem Blick zu verlieren, und wie ein neuer Partner seinen Platz in der neuen Familie finden kann. Auch das kann nur anders, als es nach einer traditionellen Trennung üblicherweise funktioniert, gelingen.

Vermutlich werden die Ex-Partner größeres Verständnis für das Auftauchen eines neuen Partners haben, gleichzeitig aber auch anspruchsvoller sein, was die Partnerwahl angeht. Beide werden von ihrem neuen Partner erwarten, dass er gut mit den Kindern auskommt. Ein neuer Partner, den die Kinder nicht oder nur schwer akzeptieren, hat kaum eine Chance.

Zu vereinbaren, dass ein neuer Partner oder eine neue Partnerin erst ins Haus kommt, wenn man von der Dauerhaftigkeit der Beziehung überzeugt ist, ist sicherlich keine schlechte Idee. Doch die Praxis zeigt, dass die Umstände diesen Vorsatz manchmal durchkreuzen.

Katriens Freund Ignace verbringt schon eine ganze Weile jedes Wochenende in der gemeinsamen Wohnung von Kurt und Katrien. Die Kinder finden den Freund ihrer Mutter sehr nett. Sie hatten ihn alle schon gekannt, bevor er mit ihrer Mutter eine Beziehung eingegangen war, und er hatte schnell die Sympathien der Kinder erobert. Dass die beiden nun eine Beziehung hatten, machte für sie kaum einen Unterschied. Auch Ignace und Kurt haben einen guten Draht zueinander gefunden.

Das alles ist auch notwendig. Denn viele Räume der Wohnung werden gemeinsam genutzt. Es gibt gerade genug Raum, um jedem von ihnen etwas Privatsphäre zu ermöglichen. Es ist ein Glück, dass Katrien und ihr Freund, was ihre Beziehung angeht, zeitlich beschränkt sind. Ignace hat geschäftliche Verpflichtungen, die es verhindern, dass er in der Woche bei ihr sein kann, nur am Wochenende kann er sie zu Hause »besuchen«. Wenn er öfter da wäre, wäre das vielleicht viel problematischer.

Kinder: nicht das Problem, sondern die Lösung

Wie wir gesehen haben, fürchten Kinder die Trennung oder Scheidung ihrer Eltern vor allem wegen der Unsicherheit, die damit verbunden ist. Aber auch weil sie von anderen Kindern so oft gehört haben, dass deren Eltern nach ihrer Scheidung weiterhin im Dauerclinch miteinander lagen. Dabei wünschen sie sich doch so sehr, dass ihre Eltern wieder normal miteinander umgehen, und mehr noch, dass sie wieder Freunde werden. Wenn die Eltern sich schon trennen müssen, hoffen die Kinder wenigstens auf Frieden.

Kinder werden bei einer Trennung oft als das gravierendste Problem angesehen. »Ohne Kinder wäre das alles viel einfacher«, ist häufig zu hören. Ein kinderloses Paar hat es bei einer Scheidung sicherlich leichter, nicht nur während des Scheidungsprozesses, sondern auch danach. Aber das bedeutet nicht, dass Kinder bei einer Trennung das größte Problem sein müssen. Im Gegenteil, Kinder können die wichtigste Motivation sein, Streitigkeiten und Auseinandersetzungen zu vermeiden und rational statt emotional nach einer Lösung des Konflikts zu suchen.

Leider werden die Kinder ziemlich häufig dazu missbraucht, persönliche Rechnungen zu begleichen. Sehr oft wird das Kindesinteresse angeführt, wo es doch eigentlich um kaum verhohlene Eigeninteressen geht. Zum Glück geraten strittige Scheidungen immer mehr aus der Mode. Und auch unter den Paaren, die sich auf klassische Weise trennen, finden sich immer mehr Eltern, die das tatsächliche Kindesinteresse in den Vordergrund rücken. Die Einführung des geteilten Sorgerechts hat sicherlich dazu beigetragen, den Verantwortungssinn beider Elternteile zu schärfen.

Wir können also davon ausgehen, dass zwischen diesen Eltern und denen, die sich für den dritten Weg entscheiden, weitgehende Übereinstimmungen bestehen. Ja, man könnte sogar sagen, zwischen Ex-Partnern, die nach einer klassischen Trennung sehr flexible Regelungen zum Wohle ihrer Kinder treffen, und Eltern, die eine bescheidene Form des dritten Weges wählen, lassen sich kaum Unterschiede erkennen.

Einige Charakteristika sind allerdings bei Paaren stärker ausgeprägt, die sich bewusst dafür entscheiden, sich als Paar zu trennen, aber als Eltern zusammenzubleiben. Vor allem Paare, die sich dafür entschieden haben, nicht zu heiraten, sondern ohne Trauschein zusammenzuleben, sind eher bereit, nach alternativen Lösungen zu suchen. Ähnlich wie sie sich anfangs für eine alternative Form des Zusammenlebens entschieden haben, sind sie auch später eher dazu bereit, für sich eine ungewöhnliche Form der Trennung zu wählen.

> Wim und Laura fanden für sich ziemlich schnell eine passende Lösung. Wim schreibt das der Tatsache zu, dass sie sich zu Anfang ihrer Beziehung bereits entschieden hatten, nicht zu heiraten. »Wer verheiratet ist, geht zu sehr von den Rechten aus, die er dem anderen gegenüber hat«, sagt er. »Und diese Rechte werden bei einer Scheidung oft von dem einen oder dem anderen oder von beiden Partnern instrumentalisiert. Ob es sich nun um ›Rechte‹ in Bezug auf die Kinder oder um finanzielle ›Rechte‹ handelt, es sind immer Herausforderungen zum ›Kampf‹.«

Was bei den meisten Eltern, die einen anderen Weg gehen wollen, auffällt, ist ihre starke Orientierung an der Familie. Sie ist meistens stärker als die Orientierung an ihrem Partner. Auch über die Kleinfamilie hinaus bestehen oft starke familiäre Bindungen. So ist es bemerkenswert, wie viele von ihnen betonen, dass sie auch weiterhin in der Familie ihrer früheren Schwiegereltern willkommen sind. Die Familie bildet übrigens auch den Ausgangspunkt, den Cate Cochran in ihrem Buch *Reconcilable Differences* gewählt hat. Dessen Untertitel lautet: *Marriages End, Families Don't.* Unter Familie fasst sie sowohl die ursprüngliche Kleinfamilie als auch den größeren Familienverband.

Besonders die innige Bindung beider Eltern zu ihren Kindern und ihr Verantwortungsgefühl scheinen von entscheidender Bedeutung zu sein. Aus Rücksicht auf ihre Kinder suchen sie nach Mitteln und Wegen, die Familie aufrechtzuerhalten – wenn auch in einem anderen Sinne. Oft bestimmen der Grad der Verbundenheit und des Verantwortungsgefühls auch, welche Form des Zusammenlebens sie wählen.

> »Vielleicht war es uns vorherbestimmt, uns dafür zu entscheiden, weiter als ›Gespann‹ durchs Leben zu gehen, als unsere Beziehung vor zwölf Jahren zu viele Risse bekam«, sagt Wim. »Ich hatte zuvor eine Zeitlang in Dänemark gelebt und dort gesehen, dass die Pflichten von Männern und Frauen viel stärker geteilt wurden. Der Mann übernimmt dort meistens auch seinen Part im Haus-

halt, gibt ein Vaterschaftsversprechen ab und nimmt seine Vaterrolle ebenso ernst wie die Mutter ihre Mutterrolle. Für mich wäre eine Regelung, in der ich nur noch ein Besuchsrecht hätte, nicht akzeptabel. Für uns beide stand es von Anfang an fest, dass wir unsere Elternrolle ›gemeinsam‹ erfüllen mussten. Und davon sind wir eigentlich nie abgewichen, auch nicht, als wir, vor langer Zeit, ungefähr ein Jahr ›getrennt‹ lebten.«

Es ist sicherlich unstrittig, dass die Qualität von Beziehungen bedeutsamer ist als deren Dauer. Doch wie stark sind Beziehungen heute, wenn Selbstverwirklichung und Individualismus zunehmend wichtiger werden? Als Konsequenz dieser Entwicklung ist zu beobachten, dass sich die elterliche Pflicht zur Erziehung ihrer Kinder immer mehr von dem Bestehen einer Ehe oder einer dauerhaften Beziehung löst.

In einer Zeit, in der Partnerbeziehungen immer unverbindlicher werden, gibt es mehr als genug Gründe dafür, eine stärkere Bindung der Eltern zu ihren Kindern zu fördern. Was hält den Gesetzgeber eigentlich davon ab, das Elternversprechen in die Tat umzusetzen?

Hans van Crombrugge vom Institut für Familienwissenschaften (HIG) plädiert schon seit Jahren für dessen Einführung: »Wenn Partner fest zusammenleben oder heiraten, gehen sie, manchmal auch in einer besonderen Zeremonie, das Versprechen ein, sich zu unterstützen und füreinander zu sorgen. Vielleicht ist es an der Zeit, dass Erwachsene, die sich für ein Kind entscheiden, diese Verpflichtung ebenfalls öffentlich bekunden. Statt ein neugeborenes Kind rasch mit Hilfe des Krankenhauses oder via Internet anzumelden, sollten wir diesem Moment mehr Gewicht verleihen und damit ein echtes ›Eltern- und Erziehungsversprechen‹* verbinden.«[16]

Das Gesetz würde die Eltern-Kind-Beziehung regeln und festlegen, dass die Eltern immer für das Kind verantwortlich bleiben, ganz gleich wie sich ihre Beziehung gestaltet. Das Elternversprechen soll die Eltern ausdrücklich an ihre gesetzlichen Pflichten erinnern. Die Eltern können ihr Versprechen bekräftigen, wenn sie sich trennen oder eine neue Beziehung eingehen.

Bei einem Erziehungsversprechen geht es darum, eine Reihe wesentlicher Rechte des Kindes zu benennen und sich persönlich dafür zu verbürgen. In erster Linie hat das Kind ein Recht auf die beständige persönliche Fürsorge seiner Eltern.

Die Eltern sollten bekräftigen, dass ihr Kind ein Recht auf eine unauflösliche Beziehung zu beiden Elternteilen hat. Sie verpflichten sich dazu, immer für das Kind da zu sein und die Beziehung zu dem anderen Elternteil nicht zu behindern, ganz gleich wie sich ihre Partnerschaft entwickeln mag.

Womöglich kann man noch weitergehen. Warum unterstreicht man nicht, dass diese Verantwortung jedes der beiden Elternteile unveräußerlich an seine Person gebunden ist? Mit anderen Worten: dass sie in keinster Weise von Veränderungen seines bürgerlichen Standes, das heißt von einer Ehe oder Scheidung abhängt. Zumindest würde es allen stärker zu Bewusstsein bringen, welche Konsequenzen mit der Zeugung eines Kindes für die Eltern verbunden sind.

Warum sollte man die Geburt eines Kindes nicht auch mit einem Elternplan* verbinden, in dem für den Fall einer Trennung eine Reihe wesentlicher Grundsätze formuliert sind? Es scheint weit hergeholt, weil wir nicht daran gewöhnt sind, in diesem Bereich mutig vorauszuplanen. Wenn es um Geld geht, tun wir es. Wozu sonst geht man überhaupt einen Ehevertrag ein, wenn nicht dazu, im Falle einer Scheidung seinen Besitz zu schützen? Eheverträge stammen noch aus napoleonischer Zeit, als der Besitz bei einer Heirat eine wichtigere Rolle spielte als die Menschen, die sie betraf. Aber auch heute wird davon noch oft Gebrauch gemacht.

Was hindert uns also daran, dieselben Vorsorgemaßnahmen für unsere Kinder zu ergreifen? Vielleicht können die Paare, die sich dafür entscheiden, unverheiratet zu bleiben, hier die Vorreiterrolle übernehmen und, solange ihre Liebe noch frisch ist, die richtigen Regelungen ohne das Schreckgespenst einer drohenden Scheidung treffen. Kinder sind sicherlich die verletzlichste gesellschaftliche Gruppe, und da heutzutage das Ehegelübde der Eltern so brüchig geworden ist, kann ein solcher Elternplan viel effizienter sein.

Auch Joke Hermsen plädiert dafür: »Auch ich sähe es gern, wenn man sich ein ›Erziehungsversprechen‹ gäbe, statt sich ›ewige Treue‹ zu geloben. Für die Kinder ist es viel besser, wenn ihre Eltern sich versprechen, für die Kinder zu sorgen, was auch immer geschehen mag. Der Preis, den die Kinder für die Wut und die Racheattacken ihrer geschiedenen Eltern zahlen müssen, ist viel zu hoch. Sie können bleibende psychische Schäden davontragen.«[17]

Das größere Engagement der Eltern würde auch die Rolle der

Bonuseltern erleichtern, da sie mehr Klarheit über den Umfang ihrer eigenen Verantwortung gewännen. Es spricht übrigens nichts dagegen, auch sie eine Erklärung zu ihrer Rolle abgeben zu lassen. Sie könnten sich mit einem Erziehungsversprechen an ihre Rolle als »Miteltern« binden. Wenn beide Elternteile mit der vorgeschlagenen Rolle ihren Frieden schließen können, sind die Spielregeln für alle eindeutig. Und gerade das Fehlen klarer Regeln ist die häufigste Ursache für Konflikte zwischen Eltern und Bonuseltern.

Tipps:

- Setzen Sie die Veränderungen im Leben Ihrer Kinder nach deren Rhythmus um, nicht nach Ihrem eigenen.
- Nehmen Sie sich auch selbst genug Zeit, denn die Zeit bringt Rat und verhindert Entscheidungen, die sich später als schmerzlich erweisen.
- Machen Sie den Kindern deutlich, dass die frühere Familiensituation nicht mehr wiederkehren wird, und lassen Sie darüber keine Zweifel aufkommen.
- Ihre Partnerschaft gehört der Vergangenheit an, als Eltern haben Sie eine Zukunft, in der Sie ein einzigartiges Projekt miteinander verbindet: Ihre Kinder.

5. Kommunikation ebnet jeden Weg. Ganz gewiss den dritten

Wer von uns hat in der Schule schon mal etwas über Kommunikation in Beziehungen gelernt? Wohl kaum jemand. Unsere Art zu kommunizieren ist im Wesentlichen dadurch geprägt worden, wie unsere Eltern mit uns kommuniziert haben. Oder dadurch, was wir in Sportvereinen oder unter Freunden so mitbekommen haben. Und oft reicht das für die Kommunikation in einer Beziehung auch aus, jedenfalls für eine gewisse Zeit. Und wir selbst geben dann die eigene Kommunikationsweise wiederum an unsere Kinder weiter.

> Inger ist 23 Jahre alt und hat seit einem Jahr eine Beziehung zu Bertil. Sie möchten zusammenziehen und eine Familie gründen. Bertil ist sich allerdings nicht ganz sicher. Denn Inger kann leicht mal explodieren. Wenn ihr etwas misslingt oder wenn sie mit Reden nicht weiterkommt, wird sie wütend und schreit. Damit ist dann das Gespräch zu Ende. Ingers Eltern sind geschieden und bei ihr daheim lief es ähnlich ab.
>
> Dort war es Ingers Vater, der laut und wütend wurde. Nach der Scheidung der Eltern ging es genauso weiter. Die Auseinandersetzungen wurden zwar seltener, weil sie sich seltener sahen. Doch wenn es zum Streit kam, nahm er meistens schlimme Formen an. Inger will ein solches Szenario in ihrem Leben um jeden Preis vermeiden. Wenn sich nichts an ihrem Verhalten ändert, kann das die Beziehung zu Bertil gefährden. Inger sieht, dass es auch anders geht und beginnt daran zu arbeiten.

Ihre Eltern haben das nicht geschafft und sich dafür entschieden, sich scheiden zu lassen. Doch die destruktive Art der Kommunikation haben sie auch nach ihrer Trennung noch beibehalten. Eltern, die schon vor ihrer Scheidung häufig in Konflikte verstrickt waren, müssen sich sehr darum bemühen, die Art ihrer Kommunikation gründlich zu revidieren. Erst recht, wenn sie sich dafür entscheiden, nach ihrer Trennung als Eltern zusammenzubleiben. Da sie immer noch sehr viel miteinander zu tun haben werden, besteht beständig die Gefahr, wieder in ihre alten Muster zurückzufallen.

Streitigkeiten vor allem im Beisein der Kinder möglichst gering zu halten, ist, wie bereits gesagt, für die erfolgreiche und langfristige Gestaltung einer gemeinsamen Elternschaft nach einer Trennung von wesentlicher Bedeutung. Zum Glück sind die meisten Eltern, die diesen Weg einschlagen, keine großen Streithähne. Das macht es ihnen in der Anfangsphase der Trennung leichter, denn sie können gut zwischen den Interessen der Kinder und ihren eigenen Emotionen unterscheiden.

Eltern, die vor und während der Trennung schnell miteinander in Streit geraten sind, müssen nun alles daransetzen, diese Streitigkeiten zu beenden. Andernfalls gehen ihre Chancen, diesen Weg erfolgreich zu beschreiten, gegen null, und alle Bemühungen und Opfer, die bisher erbracht wurden, waren dann leider umsonst.

Kommunikation kann man lernen

Wer sich bisher ständig mit seinem Partner gestritten hat, wer immerzu auf ihn eingeredet hat, ohne dem anderen zuzuhören, wer immer davon ausgegangen ist, im Recht zu sein, wird das Ruder völlig herumreißen und lernen müssen wirklich zu kommunizieren. Echte Kommunikation ist für den dritten Weg das, was die Riemen für einen Ruderer sind. Ohne echte Kommunikation kommt man keinen Meter vom Fleck.

Der amerikanische Psychologe Marshall B. Rosenberg[18] ist der Erfinder einer Methode, die man »gewaltfreie Kommunikation« nennt. Er ist der Auffassung, es gehe nicht darum, zu gewinnen und recht zu behalten, sondern darum, sich gegenseitig zuzuhören und mit Unterschieden leben zu lernen. Es gehe um den Versuch, eine Verbindung zueinander aufzubauen und die eigenen Erwartungen zu formulieren.

Wenn man sich gerade dafür entschieden hat, eine Beziehung aufzugeben, hört sich die Forderung, eine Verbindung zueinander aufzubauen, zunächst vielleicht etwas seltsam an, aber das muss kein Widerspruch sein. Auch wenn man nicht mehr als Partner zusammenleben möchte, hat man doch den Wunsch, als Elternpaar weiterhin zusammenzuarbeiten. Und dazu muss man wohl oder übel eine Verbindung zueinander finden.

Konflikte zu vermeiden, kostet Willenskraft, sowohl vor als auch während und nach einer Trennung. Machen Sie Ihrem Ärger nicht gleich Luft, sondern besinnen Sie sich erst einmal, formulieren Sie etwas als Wunsch und nicht als Vorwurf. Beginnen Sie Ihre Sätze mit der Formulierung »Ich möchte, dass …« und nicht mit allgemeinen Aussagen wie »Du bist immer so …«. Mäkeln Sie nicht an irgendwelchen Details herum und bringen Sie nicht immer wieder die alten Kamellen vor. Sorgen Sie lieber dafür, dass Sie vor einem wichtigen Gespräch einen kühlen Kopf bewahren und nichts Alkoholisches trinken.

Eine solche Kommunikationsform zu beherrschen, ist nicht nur wichtig, um das eigene Familienleben kreativ gestalten zu können, es ist für jeden Menschen bereichernd. Von Buddha ist das Zitat überliefert: »Die das richtige Wort beherrschen, beleidigen niemanden. Ihre Worte sind klar, aber niemals gewaltsam. Sie lassen sich nicht demütigen und demütigen niemanden.«

Für Paare in einer Trennungssituation ist das leichter gesagt als getan. Oft ist das Gleichgewicht gestört oder nur schwer zu finden, die Emotionen kochen hoch und sich zu beherrschen ist eine wahre Kunst. Selbst wer spontan friedfertig mit anderen umgeht, kann in einer solchen Situation leicht einmal die Fassung verlieren.

Für Eltern, die nicht gelernt haben, gewaltfrei zu kommunizieren, brechen schwere Zeiten an. Wir haben gesehen, dass Inger das zum Glück sogar schon selbst erkannt hat, bevor sie überhaupt eine feste Beziehung eingegangen ist und eine Familie gegründet hat. Gut, dass sie das angehen will. Das Problem zu erkennen, ist schon die halbe Lösung. Doch die fehlende Hälfte kann auch noch für eine Menge Probleme im Veränderungsprozess sorgen. Vielleicht benötigt Inger, auch wenn sie sich nicht einmal in einer akuten Krisensituation befindet, dazu die Hilfe eines Psychologen oder eines erfahrenen Therapeuten.

Wenn man die Kehrtwende jedoch allein bewältigen will, hält man sich am besten einige Grundprinzipien vor Augen.

So ist es zum Beispiel gut, von dem auszugehen, was Sie beide unterscheidet. Allein die Tatsache, dass Sie sich nun trennen, deutet darauf hin, dass es mindestens einen gravierenden Unterschied zwischen Ihnen geben muss. Vielleicht auch mehrere. Gehen Sie davon aus, dass sich diese Unterschiede verstärken und vergrößern werden, wenn Sie mehr Distanz zueinander aufbauen. Die Kunst liegt nun darin, dass Sie diese Unterschiede akzeptieren lernen, vor allem wenn sie nicht mit Ihrer Beziehung zu Ihren Kindern in Zusammenhang stehen. Wenn sie jedoch Einfluss auf Ihre Kinder haben, sollten Sie nach einem guten Kompromiss suchen.

Das richtige Maß an Distanz ist ebenfalls wichtig. Sie sollten mindestens so weit auf Distanz zueinander gehen können, wie es für eine gute Kommunikation notwendig ist. Hierbei kommt es natürlich in erster Linie auf emotionale Distanz an. Sollte Ihnen das schwerfallen, kann sich ein räumlicher Abstand, und sei es nur für eine begrenzte Zeit, als hilfreich erweisen.

> Wir haben in einem vorangehenden Kapitel gesehen, dass Martine völlig aus der Rolle gefallen war, als sie ihren Ex-Mann mit ihrem Sohn und der neuen Freundin ihres Ex-Manns in der gemeinsamen Wohnung angetroffen hatte. Obwohl sie die Trennung selbst gewollt hatte, musste sie einsehen, dass ihre emotionale Distanz nicht groß genug war, um über diesen Vorfall ein normales Gespräch zu führen.
>
> Das gab beiden den Anstoß, sich darüber klar zu werden, dass ihr dritter Weg nicht »unter einem Dach« möglich sein würde. Als sie die räumliche Distanz vergrößerten und in zwei separaten Wohnungen wohnten, gelang es ihnen besser miteinander zu kommunizieren als je zuvor. Sie berieten sich nun richtig miteinander und fanden »ihren« besten Weg »getrennt zusammenzuleben«.

Gute Kommunikation hat auch viel mit gegenseitigem Respekt zu tun. Oft fällt es einem schwer, den Wunsch des Partners, sich zu trennen, zu akzeptieren, oder man fühlt sich von ihm verletzt und verlassen. In einem solchen Fall Respekt für den Partner zu bewahren, ist eine Kunst.

Dennoch sollten unsere verletzten Gefühle nicht die Einsicht trüben, dass unser Ex-Partner ein guter Vater oder unsere Ex-Partnerin eine gute Mutter ist. Es gilt, diese beiden Dinge vollkommen auseinanderzuhalten. Warum sollte man den Vater oder die Mutter in seinem früheren Partner nicht respektieren können, wenn die Partnerschaft sich auflöst?

Wie man es konkret bewerkstelligt, gute Gespräche miteinander zu führen, hängt von den Umständen ab, in denen man sich befindet oder die man selbst herbeiführt. Streitereien ziehen meist unerwartet auf, wie ein Gewitter. Doch es gibt Signale, die wie pechschwarze Wolken auf ein aufziehendes Unwetter hinweisen. Wenn Sie sich lange genug kennen, wissen Sie, welche wunden Punkte Sie besser nicht ansprechen sollten. Und auch welches Verhalten oder welche Reaktionen den anderen auf die Palme bringen.

Darauf zu achten, vor allem wenn Ihre Kinder in der Nähe sind, kann eigentlich nicht so schwierig sein. Versuchen Sie zunächst, sich zurückhalten und kein Öl ins Feuer zu gießen, wenn sich ein Streit ankündigt. Schlagen Sie vor, lieber ein anderes Mal in aller Ruhe darüber zu reden. Nicht jetzt, da Sie beide so verärgert sind. Vielleicht kann ja ein gemeinsames Essen die Wogen glätten. Das hätte auf jeden Fall den Vorteil, dass Sie sich beide ruhig gegenübersitzen und besser in der Lage sind, sich gut zuzuhören und miteinander zu verhandeln.

Berücksichtigen Sie bei einem solchen Gespräch, dass die Erwartungen von Männern und Frauen sich manchmal stark unterscheiden. Frauen haben häufiger das Bedürfnis, über ihre Gefühle und ihre persönlichen Probleme zu sprechen. Sie wollen sich über ihre eigene Situation und über sich selbst klar werden. Männer hingegen sind oftmals eher auf Ergebnisse aus. Ihnen ist nichts lieber als eine Lösung, die sie in die Tat umsetzen können. Die gegenseitigen Erwartungen von Männern und Frauen sollten beide Partner immer im Blick haben.

Kommunikation in der neuen Familie

Es gibt Partner, die es sich in ihrem Eheleben oder ihrer Beziehung zur Gewohnheit gemacht haben, sich immer mal wieder Zeit für eine gemeinsame Besinnung und ein bewusstes Gespräch miteinander zu nehmen.

> Kurts und Katriens Beziehung baute auf ihrer ausdrücklichen Vereinbarung auf, sich vollkommene Entfaltungsfreiheit zu lassen. Sie beließen es nicht bei vagen Versprechungen. Ein- oder zweimal im Jahr zelebrierten sie ein Essen, bei dem sie sich der Frage stellten, inwieweit sie ihren Zielen treu geblieben waren und wie gut es ihnen noch in ihrer Beziehung ging. Beider Ausgangspunkt bestand darin, dass ihnen das Glück des Partners ebenso wichtig war wie ihr eigenes Wohlergehen.

Das ging lange gut. Doch irgendwann war es vorbei. Ein Zusammenspiel verschiedener Umstände führte dazu, dass Katrien sich in einen anderen verliebte. Da sie es gewohnt waren, wichtige Dinge nicht voreinander zu verheimlichen, konnten sie sich sogar darüber verständigen, ohne sich zu streiten oder sich gegenseitig zu verletzen.

Paare mit solchen Prinzipien, die den Mut haben, regelmäßig Bilanz zu ziehen, besitzen einen großen Vorsprung. Sie gehen ihre Beziehung von Anfang an mit dem Vorsatz ein, ehrlich zueinander zu sein. Erfolgreiche Kommunikation wird dadurch sehr einfach.

Die meisten verhalten sich anders. Ehepaare halten solche Gespräche vielleicht nicht mehr für wichtig. Sie gehen fälschlicherweise davon aus, sie nicht nötig zu haben, da ja alles festgelegt sei: Es gibt bestimmte Regeln, an die man sich zu halten hat. Basta. Und wer sich nicht daran hält, begeht eben einen Fehler. Das ist doch ganz simpel? Simpel ja, aber auch gefährlich.

Bei der Suche nach kreativen Lösungen bei einer Trennung gibt es keine festen Spielregeln. Man muss gemeinsam vereinbaren, wie es von nun an weitergehen soll. Eine regelmäßige Bewertung der aktuellen Situation ist daher ebenso unverzichtbar wie gute Kommunikation.

Damit die neue Familienform, für die Sie sich entschieden haben, gut funktioniert, ist sehr viel mehr konstruktive Kommunikation nötig als in durchschnittlichen Partnerschaften. Und noch mehr Kommunikation ist zwischen Ihnen und Ihren Kindern erforderlich. Je nachdem, welches Thema man anspricht und ob man getrennt oder zusammen wohnt, ist dabei einiges zu berücksichtigen.

Gemeinsam unter einem Dach

Wer sich dafür entscheidet, weiterhin gemeinsam unter einem Dach zu wohnen, entscheidet sich meistens auch dafür, häufig zusammen zu essen. Wenn es etwas zu bereden gibt, wird das doch spontan zur Sprache kommen, würde man denken. Und oft ist das auch der Fall, dabei geht es jedoch meistens eher um banale Dinge. Was wirklich problematisch ist, wird häufig nicht angesprochen.

Die veränderte Familiensituation ist für alle neu. Deshalb kommt es darauf an, aufmerksam zu sein und zu bleiben. Es könnte günstig sein, sich hin und wieder gezielt zusammenzusetzen, um zu besprechen, wie es in der Schule, zu Hause oder mit den Freunden so läuft. Dann und wann ist es vielleicht auch besser, mit einem der Kinder kurz einmal alleine zu sprechen. Gehen Sie in jedem Fall davon aus, dass das Bedürfnis nach einem guten Gespräch größer sein kann als in zurückliegender Zeit.

Das größte Risiko von Familien, die nach dem Ende der Partnerschaft weiter unter einem Dach wohnen, liegt darin, dass sie häufig zu spät kommunizieren – das betrifft weniger die Kinder als die Eltern. Der Versuch, die Kinder zu beschützen und sie noch nicht mit bestimmten Dingen zu belasten, ist dabei nicht immer die beste Lösung.

»Als die Kinder noch ziemlich klein waren«, erzählt Kris, »verliebte ich mich zu meiner eigenen Überraschung in einen Mann. Damit brach für meine Frau wie auch für mich selbst eine Welt zusammen. Meine neu entdeckte Sexualität verwirrte mich völlig.

Nach einem schwierigen Jahr voller Schmerz und Unsicherheit entschieden wir uns, zusammenzubleiben, in unserem Haus ein Nest für uns alle zu schaffen und unsere Ehe in eine Beziehung umzuwandeln, in der unsere Freundschaft ebenso viel Raum hatte wie zuvor, nur anders. Meine Frau und ich trennten uns als Ehepaar, aber für alle Außenstehenden, auch für unsere Kinder, waren wir so etwas wie eine ideale Familie.

Mit unseren Kindern wollten wir eigentlich darüber reden, wenn sie in der Pubertät ihre eigene sexuelle Identität entdeckt hatten. Doch weil es mir sehr lange schwerfiel, meine Schuldgefühle zu verarbeiten und meine wahre Identität zu akzeptieren, schoben wir es immer wieder auf. Bis es plötzlich zu spät war…«

»Durch einen unglaublichen Zufall fiel mir ein Brief an seinen Ex-Freund in die Hände«, ergänzt seine Tochter Gella. »Damals war ich siebzehn. Ich hatte das Gefühl, den Boden unter den Füßen zu verlieren. Ich wäre am liebsten weggelaufen. Doch zum Glück war Mama da und konnte mich von dem Gedanken abbringen.

Die Tatsache, dass mein Vater homosexuell ist, war für mich beileibe nicht der größte Schock. Ich hatte mit vierzehn selbst entdeckt, dass ich lesbisch bin, das half mir vermutlich leichter damit fertigzuwerden. Aber die Tatsache, dass meine Eltern mir so lange ein falsches Bild von sich vorgegaukelt hatten, das überhaupt nicht mit der Wirklichkeit übereinstimmte, tat mir weh. Das war damals für mich unerträglich.«

Es ist manchmal überraschend, wie Kinder das, was man zu ihnen oder zu Dritten sagt, aufnehmen und welche Schlussfolgerungen sie daraus ziehen. Oft erahnen sie etwas, auch wenn sie vielleicht noch zu jung sind, um alles richtig zu verstehen.

»Es gab allerdings einen Moment, in dem Mama mich, ohne es zu merken, ins Grübeln gebracht hat«, erzählt Gella. »Als ich acht oder neun Jahre alt war und mit ihr über die Ehe redete und darüber, wie es ist, verheiratet zu sein, entschlüpfte ihr die Bemerkung: ›Tja, wenn ich das alles vorher gewusst hätte …‹ Das ist bei mir hängen geblieben.

Als ich sie später nach einmal darauf ansprach und fragte, was sie eigentlich damit gemeint hatte, hatte sie sofort eine Erklärung parat: ›Na ja‹, sagte sie, ›als wir erst kurz verheiratet waren, hatten wir einmal einen Riesenstreit über die Farbe der Gardinen.‹ Vielleicht weil sie sich sonst nie stritten, nahm ich ihr das ab und ließ mich davon beruhigen. Ich weiß noch, dass ich damals dachte: Wenn das alles ist …«

In der Kommunikation spielen nicht nur die Worte, sondern auch die Körpersprache eine wichtige Rolle. Eltern, die nach dem Ende ihrer Partnerschaft noch zusammenwohnen, können ihren Kindern zwar erklären, dass sie nun keine Partner mehr sind, dieser Unterschied ist für die Kinder jedoch nicht immer deutlich. Vor allem wenn sie noch sehr klein sind, werden sie die Tragweite dieser Aussage kaum begreifen.

Dass dieser Zustand nur vorübergehend sein und bald wieder alles gut werden möge, ist oft ihr sehnlichster Wunsch. Schon der kleinste Hinweis wird ihre Hoffnungen nähren. Und obwohl es richtig ist, weiterhin freundlich miteinander umzugehen, wird auch das ihre Hoffnungen bestärken. Und wenn ihre Eltern dann auch noch Zärtlichkeiten miteinander austauschen, werden sie erst recht davon überzeugt sein, dass sich ihre Träume erfüllen werden.

Daher raten Therapeuten dazu, in der ersten Zeit besonders darauf zu achten, sich im Beisein der Kinder nicht zu umarmen. Gehen Sie freundlich und respektvoll, aber unmissverständlich miteinander um, so dass Ihre Kinder nicht in ein Wechselbad unterschiedlichster Gefühle und Erwartungen geraten. Nutzen Sie sich bietende Gelegenheiten, um zu zeigen, dass sie nun keine Partner mehr sind, und führen Sie ihnen den Unterschied vor Augen. Das ist eigentlich der wichtigste Punkt.

Als Nachbarn zusammenwohnen

Eine räumliche Aufteilung in zwei separate, wenn auch nahe beieinanderliegende Wohnungen macht die Trennung spürbarer. Auch in dieser Wohnsituation werden die Kinder noch eine Zeitlang auf eine Wiedervereinigung der Familie hoffen, aber die Grenze ist hier deutlicher. Für die Kinder ist die Distanz zwischen den Eltern von nun an unübersehbar.

Durch diesen räumlichen Abstand entsteht nun allerdings das umgekehrte Problem: Die Kommunikation sowohl zwischen den Eltern als auch zwischen Eltern und Kindern ergibt sich nicht mehr spontan. Wenn die Beteiligten an unterschiedlichen Orten wohnen, müssen sie die Kommunikation auf die eine oder andere Weise neu organisieren.

Wer einen dritten Weg wählt, hat viele Möglichkeiten, in anderer Weise miteinander ins Gespräch zu kommen. Warum nicht bei einer allwöchentlichen Verabredung zum Essen? Das ist eine ideale Gelegenheit, alle möglichen praktischen Informationen auszutauschen. Auch den Kindern sind solche regelmäßigen Treffen wichtig. So entstehen für die neue Familie auch neue Familienrituale. Anfangs wird man solche Gelegenheiten noch arrangieren müssen, aber die Chance, dass alle sie schon bald als schöne Möglichkeit sehen, spontan über Dinge zu reden, die sonst vielleicht nicht zur Sprache kämen, ist groß.

> Chantal: »Jeden Mittwoch essen wir abends zusammen. Abwechselnd bei Jan oder bei mir. Wir reden dann immer kurz über die vergangene Woche. Thema ist vor allem, was so in der Schule gelaufen ist. Das kommt normalerweise zuerst zur Sprache. Durch das Gespräch über die Erlebnisse in der Schule kommen oft auch andere Dinge zur Sprache. Meistens ist es ein gemütlicher Abend. Manchmal ist die Atmosphäre besser als früher, vielleicht weil es nun eher etwas Besonderes ist, ein richtiges ›Ereignis‹.
>
> Wir haben auch eine gemeinsame Fahrradtour in der Heide

gemacht. Eine ganze Woche waren wir von einem kleinen Hotel ins andere unterwegs. Jan und ich hatten separate Zimmer, aber den ganzen Tag waren wir mit den Kindern zusammen. Es war unglaublich, wie viel offener die Atmosphäre war und über was wir alles gesprochen haben. Ich hatte den Eindruck, das hätten wir bei uns zu Hause nie so gut hingekriegt.«

Wenn Ihnen ein allwöchentliches Essen oder eine gemeinsame Reise zu weit geht oder aus irgendeinem Grund nicht möglich ist, gibt es noch viele andere kreative Möglichkeiten. Hin und wieder einen gemeinsamen Ausflug zu machen oder ab und zu ein Barbecue zu organisieren, kann zu demselben Ergebnis führen. Vorausgesetzt, die Eltern halten sich auch sonst regelmäßig über die Kinder auf dem Laufenden.

Noor: »Die Kommunikation zwischen uns ist gut, wir mailen, telefonieren oder gehen kurz beim anderen vorbei. Die Jungs wissen, dass ich mit ihrem Vater alle wichtigen Dinge abstimme und wir einander informieren. Sie spüren sehr wohl, dass wir eine Einheit bilden. Beim Wechsel von einer Wohnung in die andere geben wir nicht einfach ihre Sachen ab. Wenn es möglich ist, trinken wir kurz eine Tasse Kaffee zusammen und unterhalten uns. Elterngespräche in der Schule planen wir immer gemeinsam.«

Die räumliche Trennung bringt es automatisch mit sich, dass die Kinder sich abwechselnd in einer der beiden Wohnungen aufhalten. Daher ist eine gute Aufenthaltsregelung unentbehrlich. Wer sich für einen dritten Weg entscheidet, wird diese Regelung flexibel handhaben. Es kommt allerdings vor, dass ein Kind zu einer gewissen Zeit lieber bei einem der beiden Elternteile sein will. Das kann für den anderen, zu dem es das Kind momentan weniger hinzieht, ein herber Schlag sein.

Mieke: »Kristof wollte häufiger bei seinem Vater sein. Das war für mich erst mal ein Schock. Ich hatte mich am meisten um ihn gekümmert und einen Moment lang fühlte ich mich als Mutter zurückgewiesen. Dieses Gefühl habe ich jedoch für mich behalten und mich offen für seinen Wunsch gezeigt. Wir haben abgemacht, zu dritt darüber zu reden. Weil Kristof seinen Vater vor allem an den Wochenenden sieht, haben sie viel Zeit für schöne Unternehmungen. Frits hat ihm erklärt, dass das an normalen Werktagen anders sein würde. Letztlich schien es uns allen besser, es so zu lassen, wie es war. Auch Kristof sah das ein. Und wenn er seinen Vater mehr sehen will, ist das möglich.«

Mieke hat hier nach der bestmöglichen Lösung gesucht. Statt ihre Stacheln auszufahren und defensiv zu reagieren, ging sie zum Angriff über. Aber nicht aggressiv. Sie wollte ihren Sohn zur Einsicht bringen und ihn dadurch überzeugen. Den Vater einzubinden, war eine ausgezeichnete Idee. Sie wusste, dass Kristofs Vorstellung, bei seinem Vater zu wohnen, unrealistisch war. Statt dieses Argument gleich selbst anzuführen, zog sie Kristofs Vater hinzu. So konnten sie eine Konfrontation vermeiden und ihre Kommunikation effektiv gestalten.

Übrigens: Wenn Sie ihrem Ex-Partner etwas Wichtiges mitzuteilen haben, sagen Sie es ihm selbst. Lassen Sie nie etwas über die Kinder ausrichten. Das gute Einverständnis zwischen Ihnen kann Ihnen womöglich den falschen Eindruck vermitteln, dass dies unproblematisch sei. Doch Sie sollten nie die Loyalitätsgefühle Ihrer Kinder außer Acht lassen, die ihnen oft Probleme bereiten, ohne dass Sie es merken. Und das hat manchmal wenig mit dem Inhalt der Botschaft oder mit dem Alter des Kindes zu tun.

Mark und Lieve wohnen in zwei benachbarten Häusern.

Mark: »Eines Tages im Sommer waren die Kinder bei Lieve. Als Levina kurz zu mir in den Garten kam, hatten wir spontan die Idee zu grillen, Levina durfte mitessen. Sie hätte das selbst mit Lieve regeln können. Doch ich spürte, wie schwer ihr das fiel. Selbst in diesem Alter hatte sie noch mit einem Loyalitätskonflikt zu kämpfen, sie wollte Lieve nicht zurücksetzen. Für Lieve selbst war das übrigens überhaupt kein Problem.«

Die Kommunikation und die neuen Partner

In unseren Gesprächen haben wir festgestellt, dass die Kommunikation zwischen Eltern, die sich für den dritten Weg entschieden haben, und den neuen Partnern ihrer früheren Lebensgefährten viel besser funktioniert als bei Eltern, die sich auf klassische Weise getrennt haben. Das trifft stärker noch auf die Kommunikation der neuen Partner mit den Kindern zu.

Dieser Unterschied kann auf zwei Faktoren beruhen. Für Eltern, die sich dafür entschieden haben, weiterhin gemeinsam für ihre Kinder zu sorgen, wird bei der Wahl eines neuen Partners auch dessen Einstellung zu den Kindern wichtig sein – wichtiger womöglich als für Eltern, die sich auf klassische Weise getrennt haben. Zudem sorgt der intensivere Kontakt sowohl der Eltern zueinander als auch zwischen den Eltern und ihren Kindern dafür, dass die Rolle der Bonuseltern recht begrenzt bleibt. Ihnen bietet sich weniger die Möglichkeit, in die Elternrolle zu schlüpfen. Gleichzeitig werden sie auch spüren, dass sie das auch gar nicht müssen. Es ergibt sich eine Win-win-Situation.

Studien haben erwiesen, dass bei einer klassischen Trennung die Kommunikation der Eltern über die Erziehung ihrer Kinder sehr spärlich ist. Das Thema kommt bestenfalls noch sporadisch zur Sprache. Für die meisten Eltern ist der neue Partner der bevorzugte Gesprächspartner, auch wenn es um die Kinder geht.

Seltsamerweise hat die Einführung des Paritätsmodells daran kaum etwas geändert. Bonuseltern sind vor allem eine willkommene Hilfe, wenn die Kommunikation zwischen den Eltern scheitert. Nachteilig daran ist allerdings, dass die Eltern auf diese Weise möglicherweise zwei Erziehungsstile ausbilden, die sehr unterschiedlich sein können. Für die Kinder kann das verwirrend sein.

Wenn Sie sich für den dritten Weg entscheiden, wird der Einfluss der Bonuseltern viel begrenzter sein, da Sie als Eltern an der Erziehung Ihrer Kinder beiderseits stärker beteiligt sind. Die Bonuseltern werden sich stärker in das Erziehungsmodell, für das Sie sich entschieden haben, integrieren müssen. Daher sollten diese über die Entscheidungen, die Sie treffen, gut informiert sein. Die Kommunikation zwischen diesen drei oder vier Erwachsenen sollte daher auch sehr intensiv sein.

Sorgen Sie dafür, dass die verstärkte Kommunikation nicht zu mehr Meinungsverschiedenheiten führt, denn Konflikte können sich auf Ihre Beziehung zu Ihrem Ex-Partner, aber auch zu Ihrem neuen Partner negativ auswirken. Bringen Sie Differenzen rechtzeitig zur Sprache und lassen Sie sie nicht so groß werden, dass sie Ihre Beziehungen gefährden.

Wenn Sie dies beherzigen, steht Ihre Entscheidung, »nach der Trennung als Eltern zusammenzubleiben«, einer neuen Partnerbeziehung gewiss nicht im Weg. Im Gegenteil, der neue Partner kann hervorragend einen ergänzenden Part übernehmen. Doch das muss harmonisch geschehen. Gute und beständige Kommunikation ist der einzige Weg zu dieser Harmonie.

Tipps:

- Versuchen Sie, anders miteinander zu kommunizieren. Wagen Sie es, alte Muster in Zweifel zu ziehen.
- Beginnen Sie damit, dem, was Ihr (Ex)-Partner Ihnen zu sagen hat, gut zuzuhören. Respektieren Sie dabei, dass er oder sie anders ist als Sie selbst.
- Zügeln Sie Ihre negativen Emotionen. Gelingt Ihnen das nicht, suchen Sie sich am besten professionelle Hilfe.
- Entwickeln Sie für Ihren Ex-Partner Respekt, als Elternteil und als Mensch.

6. Wie sage ich es meinen Kindern?

Mit der Geburt beginnt unsere Entdeckungsreise auf dieser Erde. Eine Reise, auf der wir von unseren Eltern begleitet werden. Sie bilden eine Konstante, auf die wir uns bestenfalls immer verlassen können. Von Anfang an haben Kinder zu ihren Eltern eine besondere Bindung. Die Trennung der Eltern kann sie in ihren jungen Jahren urplötzlich auf eine Achterbahn befördern, von der sie nicht wissen, wie und wann sie zu stoppen ist.

Eltern haben die Wahl, auf welche Weise und zu welchem Zeitpunkt sie ihren Kindern mitteilen, dass sie sich trennen werden. Diese Entscheidung beeinflusst in nicht unerheblicher Weise, wie ihre Kinder den weiteren Trennungsprozess erleben werden. Das gilt natürlich für alle Eltern, die sich trennen, auch für solche, die bei ihrer Trennung einen traditionellen Weg einschlagen. Einen guten Moment zu wählen und den Kindern gleichzeitig damit zu signalisieren, dass Vater und Mutter auch zukünftig für sie da sein werden, kann diesen schwierigen ersten Schritt beträchtlich erleichtern.

> Die heute fünfzehnjährige Manon, die jüngste von drei Geschwistern, erlebte die Ankündigung der Scheidung auf folgende Weise: »Eigentlich war es für meine Brüder und mich ein ganz normaler Freitagabend, der letzte Abend vor den Weihnachtsferien – bis uns unsere Eltern zusammenriefen. Ich weiß nicht mehr genau, was sie gesagt haben, doch für mich ist in diesem Moment die Welt zusammengebrochen. Ich war am Boden zerstört und wollte möglichst schnell vor allem und jedem fliehen, aber das ging natürlich nicht.
>
> Wir waren alle drei so durcheinander, dass wir kaum Fragen stellten. Wir fragten nur: ›Warum?‹ Sie wollten sich trennen, sagten sie, nicht weil es jemand anderen gäbe, sondern weil sie sich einfach völlig auseinandergelebt hätten. Sie hätten beide sehr hart gearbeitet, aber nichts mehr miteinander unternommen und sich viel zu viel über alles Mögliche gestritten. Letzteres hatten wir natürlich auch bemerkt. Das war so, sagten sie, weil sie lange noch gehofft hätten, es würde doch irgendwie funktionieren – für uns.

Am nächsten Tag sind wir dennoch gemeinsam in die Ferien gefahren. Wir wohnten gemeinsam mit Oma und Mama in einem Hotel, Papa übernachtete in einem anderen Hotel. Jeden Tag durften wir wählen, mit wem wir Ski fahren und den Tag verbringen wollten. Im Nachhinein, würde ich sagen, waren es tolle Ferien, auch weil meine Cousine mit dabei war. Sie war mir eine sehr große Hilfe.

Wenn Sie den dritten Weg wählen, entscheiden Sie sich für einen langsamen Weg, und das hat gewisse Konsequenzen. Natürlich kann man diesen Weg zum Zeitpunkt der Trennung nicht unbedingt in allen Einzelheiten überblicken. Es ist daher keineswegs ungewöhnlich, wenn Sie Ihren Kindern mehrmals Mitteilungen machen werden. Doch sollten Sie sie bei jedem dieser Schritte möglichst gut begleiten.

Da Sie als Eltern zusammenbleiben, ist der Unterschied zur früheren Familiensituation, in der Sie noch als Paar zusammen waren, für die Kinder vielleicht nicht klar erkennbar. Daher kommt es darauf an, Ihren Kindern die Nachricht sehr klar und deutlich sowie altersgerecht zu vermitteln.

Kinder fühlen sich bei ihren Eltern normalerweise sicher. Die Eltern-Kind-Beziehung ist eine Abhängigkeitsbeziehung. Diese Abhängigkeit macht ein Kind verletzlich. Daher ist es so wichtig, den Kindern zu zeigen, dass Ihre Trennung nichts an Ihrer Elternrolle ändern wird. Erklären Sie Ihren Kindern, dass sie sich darauf verlassen können, dass Sie auch in Zukunft für sie da sein werden. Erklären Sie ihnen ehrlich, was sich verändern wird und wie Sie diese Veränderungen gemeinsam meistern werden. Sie können ihnen durchaus sagen, dass Sie selbst auch noch nicht wissen, wie alles werden wird, dass Sie aber immer gut auf sie achten werden. Wenn Kinder die Erfahrung machen, dass sie sich auf ihre Eltern verlassen können und diese tun, was sie ankündigen, stärkt dies ihr Vertrauen in ihre Eltern. Da Sie als Eltern kooperieren wollen, liegt es nahe, mit den Kindern gemeinsam über Ihre Entscheidung zu sprechen. Die Trennung ihrer Eltern ist für Kinder ein so einschneidendes Ereignis, dass sie sich daran ihr ganzes Leben lang erinnern werden. Daher ist es wohl der Mühe wert, dieses Gespräch gemeinsam gut vorzubereiten.

Der große Vorteil Ihres Zusammenbleibens als Eltern liegt darin, dass Sie Ihre Kinder beruhigen können: An Ihrer Bindung zu Ihren Kindern wird sich ja nichts ändern. Ihre Kinder können weiterhin auf Sie beide als Eltern zählen.

Erklären Sie Ihren Kindern unmissverständlich, dass sie nicht an Ihrer Trennung schuld sind. Kinder neigen stark dazu, die Verantwortung bei sich selbst zu suchen. Sie können Ihren Kindern auch ruhig zeigen, wie traurig Sie selbst über die Trennung sind. Das ermutigt sie vielleicht dazu, auch ihre eigene Traurigkeit zu zeigen. Sagen Sie ihnen, dass sie traurig und wütend sein dürfen und Sie dafür Verständnis haben.

Erklären Sie Ihren Kindern, dass sie nicht nur in diesem Moment, sondern auch noch in den nächsten Tagen auf die Trennungsnachricht reagieren können und dass Sie ihre Fragen ehrlich beantworten werden. Sie sollten sich auf Fragen nach den Ursachen für Ihre Entscheidung vorbereiten, vor allem wenn die Kinder nicht mehr ganz klein sind. Beantworten Sie diese Fragen ehrlich, ohne sich in Details zu verlieren. Eine einfache sachliche Antwort ist besser als eine gründliche Analyse. Dass Sie Ihren Partner dabei nie in einem schlechten Licht erscheinen lassen sollten, versteht sich von selbst.

Hören Sie Ihren Kindern zu. Behalten Sie sie im Blick. Sie können ihnen nicht oft genug sagen, wie sehr Sie sie lieben. Zeigen Sie ihnen, dass Sie sich als Vater und Mutter zukünftig ebenso respektieren werden wie in der Vergangenheit. Geben Sie Ihren Kindern Zeit, sich an diese Vorstellung zu gewöhnen, und bieten Sie ihnen genügend Raum und Zeit, um Ihnen ihre Wünsche mitzuteilen. Was Kinder wünschen, wird ihnen manchmal erst einige Zeit später bewusst. Sorgen Sie dafür, dass Sie auch dann für sie da sind.

Der richtige Moment

Bei den meisten Eltern ist die Sorge, unnötige Belastungen möglichst von den Kindern fernzuhalten, ziemlich ausgeprägt. Daher scheint es nur logisch und verantwortungsvoll, den Zeitpunkt, an dem man die Kinder über alles informiert, hinauszuzögern. Das ist jedoch nicht immer die richtige Entscheidung. Kinder haben ein sehr feines Gespür für die häusliche Atmosphäre und wissen manchmal früher, als man denkt, dass »etwas im Busch ist«. Oft versuchen sie zu signalisieren, dass sie etwas auf dem Herzen haben. Die Eltern sind meistens viel zu viel mit ihren eigenen Problemen beschäftigt, um das zu bemerken. Doch die Lehrer in der Schule nehmen das manchmal wahr.

> »Die Lehrkräfte registrieren Veränderungen bei den Kindern. Zwar informieren uns die Eltern über Todesfälle in der Familie oder wenn es Probleme mit ihren Kindern gibt. Doch sie ziehen uns nicht ins Vertrauen, wenn der Haussegen aufgrund von Beziehungsproblemen oder einer bevorstehenden Scheidung schief hängt. Wir nehmen wahr, wenn sich ein Schüler oder eine Schülerin mehr und mehr von den anderen zurückzieht oder besonders viel Aufmerksamkeit verlangt. Dafür kann es unterschiedliche Ursachen geben und in den meisten Fällen können wir auch in Erfahrung bringen, um welche Ursachen es sich dabei handelt.
>
> Die häuslichen Probleme bleiben allerdings oft außen vor. Zumal es uns auch nicht leichtfällt, die Eltern auf mögliche Probleme in ihrer Beziehung anzusprechen. Wir sprechen ihnen gegenüber jedoch die Verhaltensänderung an, die wir bei ihren Kindern beobachten. Oftmals bestätigte sich dann später unser Verdacht. Wir haben den Eindruck, dass wir die Kinder besser begleiten könnten, wenn wir früher informiert würden.«

Anis und Petra haben erlebt, wie positiv sich die Mitteilung ihrer Trennung auf ihre Kinder auswirkte. Sie gab den Kindern eine gewisse Ruhe, die das Gefühl quälender Unsicherheit ablöste.

> Als ihr Plan konkrete Formen angenommen hatte, erzählten Anis und Petra ihren (damals 10, 8 und 3 Jahre alten) Kindern gemeinsam, dass sie sich trennen würden. Die älteren Kinder hatten schon das Gefühl gehabt, dass ihre Beziehung nicht gut lief. Wie sie zukünftig wohnen würden, war für beide die wichtigste Frage. Nachdem Anis ausgezogen war, war sofort eine andere Stimmung im Haus. Die Atmosphäre war nicht mehr so angespannt.

Manchen Eltern ist auch aus eigenem Interesse daran gelegen, das Gespräch mit ihren Kindern hinauszuzögern. Denn sobald die Kinder von der bevorstehenden Trennung wissen, dringt die Nachricht schnell nach draußen. Dann wird die Entscheidung »öffentlich« und dazu sind die Eltern vielleicht selbst noch nicht bereit.

Den umgekehrten Weg zu gehen, ist allerdings ganz sicher keine gute Idee. Reden Sie nicht zuerst mit Ihren Freunden über Ihre Trennung, denn dann besteht die Gefahr, dass Ihre Kinder die Neuigkeit zuerst von anderen erfahren. Damit würde das unabdingbare Vertrauen zu Ihnen sicherlich stark erschüttert werden. Und wenn Ihre Kinder selbst irgendwie dahinterkommen, wird es sehr schwierig für Sie, ihr Vertrauen wieder zurückzugewinnen.

Im vorigen Kapitel konnten wir sehen, wie bestürzt Gella, die Tochter von Kris und Françoise, über »die Entdeckung« war, dass ihre Eltern ihr etwas vorgemacht hatten. Diese Geschichte zeigt, wie schwierig es für Eltern sein kann, den richtigen Moment zu wählen. Bei Kris und Françoise war es besonders schwierig, weil sie die ganze Zeit zusammenwohnten und sogar das Bett teilten. Die Kinder waren also völlig ahnungslos und witterten keinerlei Gefahr. Umso größer war ihr Schock und umso stärker ihr Gefühl, hinters Licht geführt worden zu sein. Überraschenderweise zieht Gella dennoch das folgende Fazit:

> »Es ist wirklich merkwürdig. Wenn man mich heute fragen würde, ob ich es besser gefunden hätte, wenn meine Eltern es mir früher gesagt hätten, muss ich eine definitive Antwort schuldig bleiben. Heute habe ich mich vollkommen damit ausgesöhnt. Ich kann auch verstehen, warum es ihnen damals so schwergefallen ist, dafür den besten Zeitpunkt zu finden. Vielleicht gab es einfach keinen besten Zeitpunkt.«

Eine solche Erfahrung können Kinder natürlich auch machen, wenn ihre Eltern nicht mehr zusammenwohnen, aber dann ist die Situation anders gelagert. Denn dann sind sie wenigstens schon über die Trennung informiert, auch wenn sie nicht genau wissen, wie es weitergeht. Dann haben sie die Trennung im Grunde schon registriert.

Für Eltern, die sich für das Nestmodell entscheiden oder in zwei getrennte Wohnungen ziehen, liegt die Wahl des geeigneten Zeitpunkts nahe: Sie sollten ihren Kindern am besten von ihrer Trennung erzählen, bevor sie das Nestmodell umsetzen oder in eine andere Wohnung umziehen. Bei Kindern, deren Eltern weiterhin zusammenwohnen, gestaltet sich die Wahl des richtigen Zeitpunkts viel schwieriger. Der Zeitpunkt, an dem sie zwei getrennte Schlafzimmer einrichten, ist wohl die beste Gelegenheit.

Wenn das klärende Gespräch, wie in Gellas Familie, auch dann nicht stattgefunden hat, besteht nur noch die Möglichkeit, sich damit am Entwicklungsfortschritt der Kinder zu orientieren, doch das ist nicht immer einfach.

> »Ich hatte mir vorgenommen, meinen drei Kindern erst dann etwas von meinem neuen Partner zu erzählen, wenn sie im richtigen Alter wären, um es zu verstehen. Bei meinem ältesten Sohn hat das perfekt funktioniert. Und was meine Beziehung angeht, hat er seinen Geschwistern gegenüber wie ein Grab geschwiegen. So lief es auch mit meinem zweiten Sohn. Doch bei meiner Tochter, der Jüngsten, habe ich den richtigen Moment verpasst. Ich habe mir nicht bewusst gemacht, dass Mädchen für diese Dinge früher »reif« sind und auch offener darüber reden. Obwohl das die Beziehung zu meiner Tochter nicht negativ beeinflusst hat, tut mir meine eigene Dummheit heute noch leid.«

Machen Sie sich bewusst, dass Sie vielleicht nicht auf alle Fragen zur zukünftigen Situation eine Antwort haben werden. Allerdings sollte alles, was Sie Ihren Kindern erzählen, für sie nachvollziehbar und ihrem Alter angemessen sein.

Wie überbringe ich die Nachricht?

Als Eltern sind Sie sich bewusst, dass Sie mit Ihrer Nachricht die heile Welt Ihrer Kinder erschüttern werden. Diese Mitteilung erfordert Mut. Auch wenn Sie sich für den richtigen Zeitpunkt entschieden haben: Wie sollen Sie es ihnen nur sagen? Sie können Ihren Kindern Ihren eigenen Kummer ruhig zeigen, allerdings nicht in einer Weise, die Ihre Kinder glauben lässt, Sie trösten zu müssen. Wenn es in Ihrer Familie mehrere Kinder gibt, wird sicher jedes Kind diesen Augenblick anders erleben. Kleinere Kinder lassen ihren Gefühlen in aller Regel eher freien Lauf. Gestehen Sie ihnen das getrost zu. Wenn Sie im Zweifel sind, ob es Ihren Kindern gut geht, versuchen sie diese Frage nicht selbst zu beantworten, sondern fragen Sie Ihre Kinder danach.

Petra Vollinga[19] bietet in *Het grote co-ouder doe boek* eine ausgezeichnete Grundlage für ein »Gespräch über schlechte Neuigkeiten« in fünf Schritten:

Schritt 1: Halten Sie die Einleitung möglichst knapp. »Komm, setz dich mal kurz zu uns«, reicht völlig aus, wenn Ihre Haltung und Ihr Blick deutlich machen, dass eine unangenehme Neuigkeit bevorsteht.

Schritt 2: Am besten rücken Sie sofort mit der unangenehmen Nachricht heraus. Danach können Sie weiterreden. Über das *Wie* und *Warum* sollten Sie jetzt also nicht allzu viel reden. Ein paar Gründe genügen.

Schritt 3: Der schwierigste Schritt: Helfen Sie Ihren Kindern dabei, die Nachricht zu verdauen, obwohl Sie sie vielleicht selbst noch nicht ganz verarbeitet haben. Gehen Sie nicht weiter auf Ihre eigenen Probleme ein, sondern befassen Sie sich mit dem Kummer, der Wut und der Verwirrung Ihrer Kinder.

Schritt 4: Wenn Sie ihnen über den ersten Schock hinweggeholfen haben, können Sie zur Lösung übergehen. Je überzeugender es Ihnen gelingt, Ihre Kinder ehrlich zu beruhigen, desto besser. Je konkreter Sie dabei sind, desto wirkungsvoller wird Ihre Beruhigung sein. Der Vorteil der Paare, die sich dafür entscheiden, als Eltern zusammenzubleiben, ist an diesem Punkt mehr als deutlich.

Schritt 5: Treffen Sie Vereinbarungen. Erklären Sie Ihren Kindern gleich, was in den nächsten Tagen passieren wird, wie Sie dafür sorgen werden, dass sie nicht auf Sie als Eltern verzichten müssen, und was Sie auch zukünftig sicher noch gemeinsam unternehmen werden. Je klarer Sie darin sein können, desto besser.

Klar zu sein bedeutet: die Wahrheit sagen. Vor allem über die Gründe der Trennung gibt es oft Heimlichtuerei. Die Begründung »Wir haben uns auseinandergelebt« ist vielleicht wahr, sie sagt Ihren Kindern jedoch nichts. Das soll nicht heißen, dass Sie bis ins kleinste Detail gehen sollen, aber Aussagen wie »Wir haben uns zu viel gestritten« oder »Ich haben deinen Vater / deine Mutter belogen« ist für Kinder viel verständlicher.

Und wenn es notwendig ist, sollte es auch kein Tabu sein zu sagen, dass Papa oder Mama sich in jemand anderen verliebt hat. Man muss als Elternteil akzeptieren, dass man die Geschichte nicht schöner machen kann, als sie in Wirklichkeit ist. Und es ist besser, seinen

Partner in diesen Gesprächen eher zu entschuldigen, als ihn zu beschuldigen.

Zusammen unter einem Dach

Eine Scheidung oder eine Trennung bedeutet für Kinder eine große Veränderung, auch wenn alle nach wie vor zusammenwohnen. Das Risiko, dass Kinder von anderen bereits Negatives über eine Scheidung gehört haben, ist groß. Dass ein derart unheilvolles Ereignis nun auch in ihrer eigenen geschützten Welt stattfindet, können sie kaum fassen. Grund genug, ihnen sofort zu versichern, dass das bei Ihnen alles anders verlaufen wird.

Eltern, die weiterhin unter einem Dach wohnen, haben gute Chancen, ihre Kinder zu beruhigen. Dass die Wohnung der neuen Situation oft angepasst werden muss, ist dabei eigentlich eine gute Sache. So wird die Veränderung für die Kinder nachvollziehbar. Denn es ist zu befürchten, dass sie glauben, mit dem Gespräch über die Trennung wären schon alle Probleme beseitigt.

Ihnen als Eltern ist nach dem Gespräch vielleicht eine Last von den Schultern gefallen, weil Sie sich nun nicht mehr gezwungen sehen, eine Beziehung aufrechtzuerhalten, die nicht mehr Ihrem Gefühl füreinander entspricht. Aber für die Kinder sieht die Sache ganz anders aus: Sie stehen erst am Anfang des Weges und fragen sich nun, welche konkreten Konsequenzen diese Trennung für sie haben wird.

Daher ist von entscheidender Bedeutung, Ihren Kindern ans Herz zu legen, dass sie mit ihren Fragen immer zu Ihnen kommen können. Und selbst wenn die Kinder keine Fragen stellen, ist es sinnvoll, hin und wieder auf das klärende Gespräch zurückzukommen. Das muss nicht im Rahmen eines eigens organisierten Gesprächs sein wie beim ersten Mal. Ergreifen Sie einfach die Gelegenheit, wenn sich – bei bestimmten Bemerkungen oder in einem vertrauten Moment – die Möglichkeit dazu ergibt. Sprechen Sie mit Ihren Kindern über Dinge, die Sie im Gegensatz zu früher nicht mehr gemeinsam machen. Dass ihre Eltern nicht mehr im selben Bett schlafen, wissen die Kinder inzwischen zwar, aber sie fragen sich vielleicht, was sonst noch damit verbunden ist, dass ihre Eltern nun »kein Paar mehr sind«. Werden sie auch in Zukunft zusammen in die Ferien fahren, oder nicht? Gehen sie noch miteinander essen? Gehen Papa oder Mama nun auch alleine aus? Sprechen Sie mit Ihren Kindern möglichst über ganz konkrete Dinge, die für Sie typisch sind.

Reden Sie mit ihnen auch über die Veränderungen der Wohnsituation. Ist ein Umbau nötig, damit jeder sein eigenes Zimmer haben kann? Verändert sich dann auch etwas an den Zimmern der Kinder und dürfen sie darüber mit entscheiden? Nutzen Sie die Gelegenheit und machen Sie aus der Umgestaltung für die Kinder etwas Angenehmes, worüber sie sich freuen können. So wird das Projekt der Eltern zu einem Projekt der ganzen Familie, vor allem wenn es auch für die Kinder Vorteile hat. Außerdem nehmen die Kinder stärker den Unterschied zwischen der alten und der neuen Situation wahr.

Ihre Rollenverteilung wird wahrscheinlich in vielerlei Hinsicht gleich bleiben (Wer bringt die Kinder zur Schule? Wer begleitet sie zum Sportverein?). Erklären Sie Ihren Kindern, dass sich viele Dinge nicht ändern werden. Das wird sie beruhigen.

Erklären Sie ihnen auch, wann die neue Situation eintritt. Vermutlich wird das schon sehr bald sein, und das ist auch gut so. Wenn Sie auch in Zukunft zusammenwohnen werden, spielt der formale Zeitpunkt der Scheidung oder die Zustimmung eines Richters für die Aufenthaltsregelung kaum eine Rolle. Wenn Sie bereits getrennt zusammenwohnen, also schon zu Ihrer neuen Lebensform übergegangen sind, gibt es eigentlich keinen triftigen Grund, das nicht auch ehrlich und offen zuzugeben.

Vielleicht haben Sie bisher noch keinen neuen Partner. Aber es ist nicht sicher, ob das so bleiben wird. Je nachdem wie alt Ihre Kinder sind, werden sie dazu vielleicht Fragen stellen. Wenn Sie in diesem Punkt noch unsicher sind, gestehen Sie den Kindern ruhig ein, dass Sie selbst noch nicht wissen, wie sich die Situation entwickeln wird, und dass das von vielen Faktoren abhängt. Sagen Sie ihnen aber auch, in einem seien Sie sich ganz sicher: Sie werden in jeder Situation eine Lösung suchen, bei der Ihre Kinder immer auf Sie beide zählen können.

Die Entscheidung der Eltern, sich weiterhin eine Wohnung zu teilen, wirkt sich für Kinder in der Baby- und Kleinkindphase sehr günstig aus, da sich in dieser Zeit die Bindung zu den Eltern aufbaut. Kinder haben bei ihren ersten Schritten in die Welt ein Bedürfnis nach körperlicher Geborgenheit, Fürsorge und Unterstützung. Sie sollten nicht davon ausgehen, dass Ihre schlechte Nachricht an jüngeren Kindern spurlos vorbeigeht. Vor allem Wörter wie »Schmerz« und »Verlust« werden sie wörtlich nehmen und körperlich nachempfinden. Seien Sie daher vorsichtig in Ihrer Wortwahl. Ansonsten kann sich, wenn Sie sich zu Hause wenig streiten, der Übergang zur neuen Situation für Kinder in diesem Alter relativ unproblematisch gestalten.

Im Grundschulalter erweitert sich der Horizont der Kinder. Sie verbringen nun weniger Zeit in ihrem vertrauten Elternhaus und mehr Zeit mit ihren Freunden und Freundinnen in der Schule. Kinder sind sich in diesem Alter viel stärker bewusst, was bei einer Scheidung passiert. Zu viele Veränderungen würden ihr Leben auf den Kopf stellen. Daher ist die Entscheidung ihrer Eltern, auch zukünftig zusammenzuwohnen, auch für sie sicherlich die günstigste Lösung. Es kann sich allerdings als sinnvoll erweisen, gemeinsam mit ihnen darüber nachzudenken, wie sie ihren Freunden in der Schule diese »spezielle« Situation erklären können, falls sie dort darauf angesprochen werden.

Jugendliche in der Pubertät und der Adoleszenzphase sind auf der Suche nach sich selbst, sie sind dabei, sich von ihren Eltern zu lösen, und suchen nach ihrer eigenen Identität, nach ihren eigenen Normen und Werten. Das führt manchmal zu Konflikten mit den Eltern. Ein wesentlicher Vorteil dieser Wohnsituation besteht für diese Jugendlichen darin, dass der direkte Draht zu ihren Eltern nicht ganz abreißt. Was allerdings nichts daran ändert, dass ihre Loyalität nun nicht mehr nur ihren Eltern, sondern auch, und manchmal auch in erster Linie, ihren Freunden oder ihrer ersten Liebe gilt. Das ist Teil ihres Ablösungsprozesses. Machen Sie sich bewusst, dass diese Einstellung nichts mit Ihrer Scheidung zu tun hat. Wenn Sie sie über Ihre Trennung informieren, werden sie sicherlich wissen wollen, wie ihr eigener »Spielraum« in Zukunft aussehen wird, und sich wünschen, dass ihr Leben möglichst so weitergehen kann wie bisher.

Das Nestmodell

Wenn Sie Ihren Kindern bei der Mitteilung, dass Sie sich trennen werden, versprechen können, dass sie in ihrer vertrauten Wohnung und Umgebung bleiben können, nehmen Sie ihnen schon die größte Angst vor Veränderung. Für sie ist es zwar schlimm, dass ihr Vater und ihre Mutter nun abwechselnd abwesend sein werden, doch kann der Erhalt der gewohnten Umgebung die Situation für sie wesentlich entspannen.

Erklären Sie ihnen gleich, wie sie mit dem jeweils abwesenden Elternteil Kontakt halten können. Seien Sie großzügig mit diesen

Kontaktmöglichkeiten. Je freier sich ein Kind im Umgang mit beiden Eltern fühlt, desto glücklicher ist es. Wenn man es geschickt angeht, werden die Kinder die Erfahrung machen, dass trotz der Scheidung vieles beim Alten bleibt. Und das kann eine große Erleichterung darstellen.

Besprechen Sie in Ihrem ersten Gespräch mit den Kindern noch nicht alle Regelungen im Detail. Dafür werden sie zu diesem Zeitpunkt noch keinen Sinn haben. Gleichwohl wird sich in Ihrem Haushalt einiges ändern. Sicherlich hatten Sie als Eltern bisher eine bestimmte Aufgabenverteilung, die Sie in Ihrer neuen Lebenssituation nicht beibehalten können. Reden Sie miteinander darüber, was Sie voneinander erwarten, und erklären Sie Ihren Kindern möglichst bald die Spielregeln, die sie betreffen.

Wenn Sie das Nestmodell praktizieren, kann bei den Kindern das Gefühl aufkommen, die Familie falle auseinander. Das Wir-Gefühl wird in Frage gestellt und es ist daher Ihre Aufgabe, Ihren Kindern deutlich zu machen, was Sie als Familie noch zusammen unternehmen werden und was nicht. Werden Sie vielleicht einmal in der Woche zusammen essen? Oder gemeinsam Fahrrad fahren? Beziehen Sie Ihre Kinder in die Veränderungen mit ein, indem Sie sie am Nachdenken über solche gemeinsamen Unternehmungen beteiligen.

Kinder wollen natürlich wissen, wo ihre Eltern wohnen, wenn sie nicht bei ihnen sind. Wie weit ist es zu der neuen Wohnung? Dürfen sie jederzeit einfach mal vorbeikommen, wenn sie das möchten? Machen Sie Ihren Kindern deutlich, was möglich ist und was nicht.

In der Baby- und Kleinkindphase hat das Nestmodell zur Folge, dass Vater oder Mutter nicht immer in unmittelbarer Nähe der Kinder sind. Der Vorteil liegt allerdings darin, dass Streitigkeiten oder heftige Gefühlsausbrüche der Eltern seltener werden und die Kinder von dieser Ruhe profitieren. Zum Aufbau der Eltern-Kind-Beziehung sollten beide ausreichend Zeit mit den Kindern verbringen: Zwei halbe Tage und ein Wochenende pro Woche sind das Minimum. Ein Wechsel in kürzeren Intervallen ist vorzuziehen.

Im Grundschulalter sind Kinder sich bewusster, was bei einer Scheidung passiert, und projizieren das manchmal auch auf sich selbst. Es ist daher sehr ratsam, ihnen zu erklären, dass die Scheidung nichts mit ihnen selbst zu tun hat und man sie noch genauso lieb hat wie vorher. Für Kinder in diesem Alter ist es außerordentlich wichtig, in ihrer vertrauten Umgebung bleiben zu können und auf keinen der beiden Elternteile allzu lange verzichten zu müssen.

Auch Jugendliche in der Pubertät und junge Erwachsene werden sehr froh sein, wenn sie zu Hause wohnen bleiben können, vor allem aus praktischen Gründen. So müssen sie nicht ständig ihre Siebensachen hin- und herräumen, und ihre Freunde und Freundinnen wissen immer, wo sie zu finden sind. Wann welcher Elternteil mit ihnen zusammenwohnt, ist für sie nicht so entscheidend. Vor allem dann nicht, wenn sie nach wie vor alles Mögliche mit ihrem Vater oder ihrer Mutter unternehmen können. Durch die Scheidung lösen sich Teenager manchmal schneller von ihren Eltern. Zeigen Sie ihnen, dass Sie als Eltern an einem Strang ziehen und sich einig sind.

> Daan (15) findet es zwar ziemlich blöd, dass sein Vater immer gleich Bescheid weiß, wenn in der Woche, die er mit seiner Mutter verbringt, etwas passiert. Aber diese Einigkeit zwischen den Eltern gibt ihm auch Klarheit.

Andererseits macht man die Erfahrung, dass Jugendliche in diesem Alter immer mehr lernen, auf eigenen Füßen zu stehen und ihre Angelegenheiten selbst mit dem Elternteil zu regeln, den sie gerade betreffen. Loben Sie Ihre Kinder dafür! Es sei denn, es handelt sich um Dinge, die Ihrer Auffassung nach beide Eltern angehen. Klären Sie rechtzeitig, bei welchen Angelegenheiten dies der Fall ist.

Wohnen in der Nachbarschaft

Das Nestmodell ist meistens von begrenzter Dauer: Das Hin- und Herpendeln wird für die Erwachsenen zu aufreibend, es zieht zu hohe Kosten nach sich oder es verkompliziert neu entstehende Beziehungen. Doch diese Phase sollte auch nicht zu kurz sein. Das Nestmodell dient dem Zweck, den Kindern die Verarbeitung dieser schwierigen Phase zu erleichtern und sie in Ruhe auf den nächsten Schritt vorzubereiten.

Der nächste Schritt besteht meistens darin, dass sich ein Elternteil ein Haus oder eine Wohnung in der Nachbarschaft sucht und dort auch dauerhaft wohnt. Manchmal ist es auch möglich, in zwei Doppelhaushälften oder nebeneinanderliegende Wohnungen zu ziehen, in denen die Kinderzimmer so angeordnet sind, dass sie von beiden Häusern bzw. Wohnungen her zugänglich sind. In diesem Fall ist der

Unterschied zu einer gemeinsamen Wohnung zwar gering, aber doch bedeutsam.

Als sich für Mark und seine neue Partnerin die Möglichkeit ergab, neben Marks Ex-Frau einzuziehen, hielten das alle für eine ideale Lösung.

Mark: »Es ermöglicht uns, für die Kinder eine Einheit zu schaffen. Diese Einheit entsteht in unserem Fall aus zwei miteinander verbundenen Wohnhäusern, in denen die Kinder über ihre Zimmer im ersten Stock in beide Häuser gelangen können.«

Levina und Peter haben ihre eigenen Zimmer und brauchen nicht mehr hin- und herzupendeln, ganz gleich wer sie gerade betreut. Sie können ihren Plunder lassen, wo er ist. Im gemeinsamen Flur hängt ein schwarzes Brett, auf dem alle wichtigen Informationen über die Schule oder andere Dinge vermerkt werden. Den eigenen Kram in der anderen Wohnung vergessen? Das Problem kennen sie nicht mehr. Außerdem haben Levina und Peter so die Möglichkeit, trotz des Altersunterschiedes zu ihren Halbgeschwistern, den neuen Kindern ihres Vaters, eine echte Beziehung aufzubauen. Das ist eine Bereicherung für sie.

Zwei separate Wohnungen machen deutlicher, dass Sie sich nun wirklich getrennt haben. Die Kinder verstehen also eher, was passiert (»das ist normal, wenn man sich trennt«), doch gleichzeitig bringt dieser Umzug auch größere Veränderungen für sie mit sich. Wenn ihre Eltern weiterhin in der Nachbarschaft wohnen, fühlen sich die Kinder sicherer: Papa und Mama sind zwar nicht mehr zusammen, aber sie sind doch noch in der Nähe.

Um die Frequenz und die Dauer der Phasen, die Vater und Mutter mit den Kindern verbringen, gut zu regeln und die Eltern-Kind-Bindung nicht zu gefährden, bedarf es in der Baby- und Kleinkindphase einer gewissen Sorgfalt. Wenn Eltern nicht mehr zusammenwohnen, sind dazu vermehrt Absprachen nötig. Wenn Ihre Kinder alt genug dafür sind, erklären Sie ihnen genau, was gleich bleiben und was sich ändern wird. Vielleicht können Sie dazu auch Spiele oder Bilderbücher verwenden, in denen es um dieses Thema geht.

Im Grundschulalter denken Kinder oft, die Trennung sei nur vorübergehend und alles werde sich schon wieder einrenken, wenn sie nur brav genug sind. Der Ferienanfang ist daher der ideale Zeitpunkt für die nötigen Veränderungen. Denn dann haben Sie als Eltern wirklich Zeit, sich Ihren Kindern zu widmen und ihre Gedankengänge zu korrigieren, wenn es nötig ist. Gleichzeitig können Sie sie in dieser Zeit auch besser auf den Zeitpunkt vorbereiten, an dem sie in der Schule eventuell auf die Situation angesprochen werden oder selbst darüber reden möchten.

Bereiten Sie die Kinder darauf vor, dass ihre Freunde und Klassenkameraden vielleicht nicht glauben wollen, dass ihre Eltern sich getrennt haben und trotzdem noch gut miteinander auskommen. Denn ebenso wie Erwachsene haben auch Kinder damit oft ihre Schwierigkeiten. Sie können Ihren Kindern ruhig sagen, dass sie auf das gute Einverständnis zwischen ihren Eltern stolz sein können. Denn es zeigt, dass Ihnen als Eltern sehr viel an Ihren Kindern liegt. Vor allem wegen Ihrer Kinder möchten Sie gut befreundet bleiben. Der nächste Schritt, Ihren Kindern zu erklären, dass diese Freundschaft keine Rückkehr zu den alten Familienverhältnissen bedeutet, ist dann schnell getan.

Für Aurelie war das alles etwas verwirrend. Sie ist heute zehn Jahre alt und ihre Eltern wohnen fünf Minuten voneinander entfernt. Sie essen regelmäßig miteinander, gehen zu dritt in die Stadt und haben gemeinsam viel Spaß. Dieser enge Kontakt brachte sie auf den Gedanken, dass ihre Eltern doch auch wieder zusammenwohnen könnten. Vielleicht würden sie ja bald wieder zusammenziehen, hoffte sie.

Zum Glück hatte die Freundin ihres Vaters eine Bemerkung dazu aufgeschnappt. Sie verstand sich gut mit Aurelie und das Mädchen hatte ihr eine ihrer Fantasien anvertraut, in der ihre Eltern in den nächsten Ferien mit ihr nach Spanien fuhren. »Fährst du dann auch mit?«, hatte sie sie gefragt.

Als ihr Vater das hörte, reagierte er zunächst verärgert und wollte seine Tochter zur Rede stellen. Doch seine Freundin brachte ihn davon ab. Er sollte seiner Tochter besser erklären, dass ihre Eltern ihretwegen gemeinsam etwas unternahmen, schlug sie vor. Dass sie überhaupt nicht mehr ineinander verliebt seien und daher sicher nicht mehr zusammenziehen würden.

Für Jugendliche und junge Erwachsene kann die Nachricht, dass ihre Eltern sich trennen, verwirrend sein. In ihrem eigenen Leben gibt es schon so viele Veränderungen, und nun kommt das noch hinzu. Die Nachricht, dass ihre Eltern zukünftig nicht mehr zusammenwohnen werden und sie ihr Lager nun in zwei Wohnungen aufschlagen sollen, wird sie nicht gerade begeistern. Wenn die Distanz zwischen beiden Orten nicht zu groß ausfällt, ist das allerdings ein Vorteil, den sie sicherlich zu schätzen wissen. Wenn sie etwas in einer der Wohnungen vergessen haben, ist das keine Katastrophe. Außerdem sind ihre Freunde weiterhin in der Nähe.

Geben Sie ihnen die Möglichkeit, selbst praktische Lösungen für diese neue Lebenssituation zu finden, und loben Sie sie dafür. Geben Sie ihnen auch möglichst viel Mitspracherecht bei der Gestaltung ihres eigenen Zimmers. Sorgen Sie dafür, dass sie in beiden Wohnungen möglichst den gleichen Komfort haben. Wenn ein Elternteil einen größeren finanziellen Spielraum hat, ist es sicherlich eine gute Idee, dass er oder sie sich an den Einrichtungskosten der anderen Wohnung beteiligt. Das ist für die Kinder viel angenehmer als eine Situation, in der sie von einem extrem luxuriösen Umfeld in eine Wohnung pendeln, die nur mit dem Allernotwendigsten ausgestattet ist.

Elle hatte nach fünfzehn Ehejahren mit Gerd, aus denen zwei Kinder (von 11 und 9 Jahren) hervorgegangen waren, die Scheidung eingereicht. Sehr gegen den Willen von Gerds Eltern. Diese hatten immer alles für ihn geregelt und auch für die prächtige Villa gesorgt, in der er mit seiner Frau und seinen Kindern gewohnt hatte.

Bei der Scheidung hatte Gerds Vater wieder einmal das Heft in die Hand genommen. Seine Sorge galt einzig der Wahrung des »Familienbesitzes«, selbst wenn dies auf Kosten des Lebensstandards der Mutter und ihrer Kinder ging. Denn die Kinder waren Elle zugesprochen worden, Gerd hatte nur ein Besuchsrecht erhalten. Elle gelang dennoch in einer sehr bescheidenen Wohnung ein Neuanfang.

Der Versuch, die Kinder durch allerlei Luxus zu ihrem Vater und dessen Eltern zu locken, scheiterte. Und als dessen neue Freundin die Kinder zu sehr bemutterte, wandten sie sich noch mehr von ihm ab. Sie verübelten es ihrem Vater auch, dass er sich nie darum bemüht hatte, seinen Komfort mit ihnen zu teilen und ihrer Mutter das Leben etwas zu erleichtern.

Die Kinder wissen Bescheid, und jetzt?

Sich für zwei separate Wohnungen zu entscheiden, ist wahrscheinlich die beständigste Lösung. Aber die Sicherheit, dass diese Entscheidung definitiv ist, hat man nie. Die Vorstellung, die Kinder könnten ihr gewohntes Leben wieder aufnehmen, sobald die Scheidung formal vollzogen wurde, ist utopisch. Gehen Sie besser davon aus, dass möglicherweise immer wieder gewisse Anpassungsschritte notwendig sein werden. Sie werden immer wieder nach dem besten dritten Weg suchen und immer wieder mit Ihren Kindern klärende Gespräche führen müssen.

Gerade für Kinder sind Offenheit, Ehrlichkeit, Geduld und gegenseitiger Respekt von großer Bedeutung. Jetzt, in der Trennungsphase ihrer Eltern, ebenso wie in ihrem späteren eigenständigen Leben. Ein besseres Rollenmodell können Eltern ihren Kindern schwerlich bieten.

Tipps:

- Zu wissen, was sich konkret für sie ändert und was nicht, ist für Kinder viel bedeutsamer als die Details Ihrer Trennung.
- Ihre Kinder zu beruhigen und sie davon zu überzeugen, dass sie immer auf beide Eltern zählen können, ist wichtiger, als auf jede ihrer Fragen eine angemessene Antwort zu haben.
- Sprechen Sie mit einer Stimme, so dass die Kinder spüren, dass Sie als Eltern partnerschaftlich zusammenarbeiten.
- Was auch geschehen mag, gehen Sie in Gegenwart der Kinder immer respektvoll miteinander um.

7. In der Nähe Abstand gewinnen – ist das möglich?

Wenn man darüber redet, wie man Abstand gewinnt, denkt man für gewöhnlich an eine Art Abschied, an ein Loslassen. Das fällt vielen schwer. Von Menschen, denen es gelingt, zu ihrem Partner Abstand zu gewinnen, können wir daher eine Menge lernen.

Bei unseren Recherchen mussten wir allerdings feststellen, dass uns diese Menschen auf unsere Frage »Wie ist es Ihnen gelungen, Distanz zu gewinnen?« meist eine Antwort schuldig blieben. Einige waren sogar überrascht, weil sie diesen Vorgang nicht als bewussten Prozess wahrgenommen hatten. Andere gestanden uns ein, wie schwer es ihnen gefallen sei, doch auch sie konnten uns nicht erklären, wie es ihnen letztlich gelungen war. Daher mussten wir schließlich selbst nach einer Antwort Ausschau halten.

Zum Glück zog sich durch ihre Erfahrungsberichte ein roter Faden. Wie gut man Abstand gewinnen kann, hängt offensichtlich von dem Maß ab, in dem das eigene Leben und das eigene Glück nach einer gewissen Zeit wieder Kontur annehmen.

Diese simple Feststellung stellt für eine Trennung eine große Herausforderung dar. Solange man während des Trennungsprozesses mit so vielen Emotionen, praktischen Problemen und Unsicherheiten konfrontiert ist, scheint kaum Raum für ein »eigenes Leben« zu sein. Dennoch ist eine gewisse Distanz nicht nur bei einer Trennung, sondern auch in jedem Stadium einer Beziehung sinnvoll. Wenn man sich dafür entscheidet, als Eltern »zusammenzubleiben«, bekommt das Bemühen um Distanz eine ganz eigene Dimension, wobei die emotionale Distanz offenbar wichtiger ist als der räumliche Abstand.

Sauerstoff für jede Beziehung

Alfons Vansteenwegen, der Autor von *Liefde is een werkwoord,* sagt dazu: »Emotionalen Abstand zu gewinnen, ist für das Gelingen einer langfristigen Beziehung eine Notwendigkeit.«[20] Seiner Auffassung nach wird das Gelingen einer Beziehung auch wesentlich davon bestimmt, inwieweit die Partner dazu fähig sind, unabhängig voneinander eine eigenständige Identität zu wahren. Viele Paare lassen das allerdings außer Acht, was nicht nur ihre Beziehung, sondern auch ihre Trennung ausgesprochen erschwert.

Grundsätzlich sollte jede Beziehung den Sinn haben, dass es beiden Partnern in ihr besser geht. Das heißt, sie sollten beide Kraft aus ihr schöpfen und Freude an ihr haben. Wenn sich einer der Partner in der Beziehung besser, der andere aber schlechter fühlt, ist die Beziehung unausgewogen und daher ungesund. Diese Unausgewogenheit stellt die größte Gefährdung für eine gute Beziehung dar.

Ich hatte früher einmal eine Beziehung zu einer Frau, die sehr stark wirkte. Sie hatte gerade eine strittige Scheidung hinter sich. Sie hatte all ihre Kraft dafür aufbringen müssen, die Scheidung durchzusetzen. Jedes Problem, in das sie mit ihrem Mann verstrickt war, konnte sie schließlich lösen. Und das, obwohl sie gleichzeitig noch einen verantwortungsvollen Job hatte. Dadurch ist ihr Selbstvertrauen sehr gewachsen. Ich fand es wunderbar, mit einer so selbstbewussten Frau zusammenzuleben.

Als sie nach einer gewissen Zeit Probleme bekam, nahm ich das als Herausforderung, diese für sie zu lösen. Ich betrachtete es als Chance, ihr meine Liebe zu zeigen, bedachte dabei aber nicht, dass ich damit ihr Selbstbewusstsein untergraben könnte. Nach einiger Zeit erwartete sie von mir, jedes ihrer Probleme zu lösen. Ich tat das bereitwillig, ohne mir einer Schuld bewusst zu sein, bis sie sich schließlich in allem auf mich verließ. Zu meiner Schande und meinem Verdruss muss ich mir heute eingestehen, dass ich mit jeder Lösung, die ich für sie fand, ihr Selbstbewusstsein immer stärker unterminiert habe. Bis nichts mehr davon übrig war. Bis unsere Beziehung völlig aus dem Gleichgewicht geraten war. Und zwar ein für alle Mal.

Viele Beziehungen geraten mit der Zeit aus dem Gleichgewicht. Dann fühlt sich ein Partner stark und der andere schwach. Normalerweise neigt der vermeintlich schwächere Partner dazu, sich aus Furcht oder aus einem Gefühl von Machtlosigkeit ganz auf den anderen zu verlassen. Während dieser sich unter einen beklemmenden Druck gesetzt fühlt. Es entsteht ein Teufelskreis, der letztlich genau zu dem Bruch der Beziehung führt, den man um jeden Preis vermeiden wollte.

Paare, denen es innerhalb ihrer Beziehung nicht gelungen ist, Distanz zu wahren, geraten bei einer Scheidung oft in eine paradoxe Situation. Sie wissen zwar, dass sich zwischen ihnen eine Kluft aufgetan hat, aber je größer diese Kluft wird, desto mehr klammert sich der Schwächere an die Beziehung – aus Angst, den Partner zu verlieren.

Diese Angst ist lähmend und hindert ihn oder sie daran, Distanz zu gewinnen: Man hat Angst davor, alleine zu sein, eine neue Zukunft zu beginnen oder Fehler zu machen, und man fürchtet sich vor den Reaktionen des Partners. Kurzum: Man hat Angst davor, sich von der Sicherheit zu verabschieden und sich auf die Unsicherheit einzulassen.

In dieser schizophrenen Situation gibt es nur einen einzigen Ausweg: Man muss loslassen. Das ist allerdings leichter gesagt als getan, vor allem wenn man sich unsicher fühlt. Aus diesem Grund gilt es zunächst, an dieser Unsicherheit zu arbeiten. Der einzige Rettungsring für Menschen, denen das Wasser bis zum Halse steht, ist das Wiedererlangen des Schwimmvermögens, anders ausgedrückt: Sie müssen ihr Selbstvertrauen stärken.

Eine Beziehung, in der man sein Selbstvertrauen und seine Identität einbüßt, kann nicht gut für einen sein. Das ist die erste Einsicht, die reifen muss. Der Fortbestand dieser Beziehung kann nur noch größeres Leid heraufbeschwören. Erst wenn man sich dieser Tatsache klar bewusst ist, kann man mit dem Wiederaufbau des eigenen Selbstvertrauens beginnen. Langsam wird man dann zu seinen eigenen Qualitäten zurückfinden und Schritt für Schritt mehr Vertrauen in die eigene Zukunft entwickeln.

Vielleicht fällt es Ihnen schwer, diese beiden Schritte allein zu gehen. Führen Sie sich vor Augen, dass es neben Ihrem Partner auch noch andere Menschen gibt. Menschen, die an Sie glauben, etwa Ihre Eltern, Verwandten, Freunde und Freundinnen. Zögern Sie nicht, notfalls auch professionelle Hilfe in Anspruch zu nehmen. Halten Sie nicht nach Menschen Ausschau, die sich mit Ihnen an Ihre Klagemauer stellen, sondern nach Verbündeten, die Ihnen helfen, wieder aus diesem tiefen Tal herauszufinden. Erst wenn das Wort »Trennung« für Sie nicht mehr nach Leiden, sondern nach Befreiung klingt, sind Sie in der Lage, für sich und Ihre Kinder die besten Entscheidungen für die Zukunft zu treffen.

Doch dazu brauchen sie, je nachdem wie tief dieses Tal ist, mehr oder weniger Zeit. Zeit, die Ihnen Ihr Partner oder Ihre Partnerin zugestehen sollte.

Auf Distanz zusammenbleiben

Wer in seiner Beziehung seine Identität gewahrt hat, kann bei einer Trennung leichter eine andere Art von Abstand gewinnen. Denn nun geht es nicht um die Angst vor dem möglichen Verlust des Partners, sondern darum, wie man mit dem unwiderruflichen Verlust am besten fertigwird. Es geht darum, die realen Probleme anzugehen, anstatt sich von Angstgefühlen einengen zu lassen.

Akzeptanz braucht Zeit

Wenn beide Partner nicht gleichzeitig zu dem Entschluss kommen, bei ihrer Beziehung den Stecker zu ziehen, braucht es eine gewisse Zeit für den Trennungsprozess. Wer als Erster erkennt, dass es so nicht mehr weitergehen kann, hat innerlich oft schon einen Parcours von Abwägung, Zweifel, Schmerz und Kummer durchlaufen, bei dem schließlich das Negative überwogen hat. Während der andere bis zu diesem Zeitpunkt vielleicht noch nichts davon weiß oder noch nichts davon wissen will. Daher trifft ihn die Neuigkeit besonders hart. Er fühlt sich zurückgewiesen und sieht sich als Opfer. Es wäre naiv und unverantwortlich zu glauben, in einem solchen Moment wäre man in der Lage, vernünftig über die Zukunft nachzudenken, Abstand zu gewinnen oder Entscheidungen zu treffen.

Die Ursache vieler ausufernder Scheidungskriege liegt darin, dass der Partner, der sich zuerst für eine Trennung entschieden hat, zu schnell auf eine Lösung drängt. Oft hat er beziehungsweise sie schon einen kompletten Scheidungsplan dafür parat, wodurch sich der andere noch stärker übergangen und missachtet fühlt. Der andere Partner verdient aber zunächst einmal Zeit, um den nächsten Schritt zu gehen – Zeit, um die Trennung akzeptieren zu können, Zeit, um zu einer konstruktiven Mitarbeit an der Trennung fähig zu sein, und Zeit, um eine gemeinsame Lösung zu finden, mit der es allen besser geht.

Bert und Bea haben drei Söhne. Nach langem Hin und Her traf Bert die Entscheidung, sich scheiden zu lassen. Er ging davon aus, dass Bea in ihrer Beziehung auch nicht glücklich war und dass diese Entscheidung daher für beide eine gute Sache wäre. Zu seiner großen Überraschung schlug seine Nachricht bei ihr wie eine Bombe ein.

Sie entschieden sich zunächst für das Nestmodell. Oder besser gesagt: Bert schlug vor, dieses Modell auszuprobieren, und Bea ließ sich darauf ein.

»In der ersten Zeit nach diesem Gespräch«, erinnert sich Bert, »hatten wir beide die besten Absichten, uns wegen der Kinder um eine harmonische Regelung zu bemühen. Nach vier Monaten sagte Bea, mit dem Nestmodell käme sie nicht zurecht. Danach blieb von den guten Absichten, nach einem dritten Weg zu suchen, kaum noch etwas übrig. Die Scheidung mussten wir also in der gemeinsamen Wohnung durchstehen.« Aus Berts Sicht bemühte sich Bea zu wenig darum, die Trennung aktiv zu verarbeiten. Sie suhlte sich immer mehr in der Opferrolle. So war es nur logisch, dass die Kinder immer mehr mit ihr sympathisierten.

»Vielleicht war es auch mein Fehler«, denkt Bert heute, »denn anfangs wollte ich für zu vieles, was schiefgelaufen war, die Schuld übernehmen. Im Nachhinein ist mir nun klar, dass ich damals den Umstand, dass Bea noch keine Zeit gehabt hatte, die Trennung zu akzeptieren, unterschätzt habe. Für mich war es völlig klar, dass unsere Beziehung nicht mehr funktionierte. Ich konnte nicht verstehen, wieso sie das anders sah. Wir haben diesen Konflikt leider nie ganz bereinigen können.«

Bert spricht aus seiner Enttäuschung heraus, ihm ist aber auch bewusst, dass er Beas Gemütslage damals zu wenig Beachtung geschenkt hatte. Die Kombination von beidem hat schließlich ihre destruktive Wirkung entfaltet.

Um schrittweise und konstruktiv an einer gemeinsamen Elternschaft nach der Trennung zu arbeiten, muss man sich Zeit nehmen. Das Wort »gemeinsam« hat auch in diesem ersten zarten Anfangsstadium seine Berechtigung. Eltern müssen sich auch dann gemeinsam auf die Suche nach ihrem dritten Weg machen, wenn das bedeutet, dass einer zunächst eine Weile »stillstehen« und auf den anderen warten muss.

Die größte Herausforderung

Die größte Herausforderung bei dem Bemühen, nach einer Trennung als Eltern zusammenzubleiben, liegt darin, gleichzeitig Distanz zueinander zu gewinnen und eine neue Form des »Zusammenlebens« aufzubauen. Die Zeit scheint bei diesen beiden Aktivitäten in entgegengesetzter Richtung zu laufen. Bei einer Trennung herrscht meist Verständnislosigkeit und Feindseligkeit zwischen den Beteiligten, den dritten Weg kann man jedoch nur mit gegenseitigem Verständnis und Vertrauen einschlagen. Wie ist es möglich, Verständnislosigkeit und Feindseligkeit bei einer Trennung möglichst schnell auszuräumen und Raum für Verständnis und Vertrauen zu schaffen?

Im Allgemeinen geht man davon aus, dass es mehrere Jahre dauern kann, bis man ausreichend Abstand zueinander gefunden hat. Für Eltern, die sich für den dritten Weg entscheiden, ist das zu lange. Diskussionen darüber, wann und warum die Beziehung gescheitert ist und vor allem wer daran schuld ist, verstellen oft beharrlich den Blick in die Zukunft. Viele fühlen sich in der ersten Phase der Trennung labil oder schuldig oder gar beides. Das ist sicherlich nicht die richtige Atmosphäre, um Entscheidungen für die Zukunft zu treffen.

Es kommt also darauf an, den Schalter möglichst schnell umzulegen. Wer ständig in die Richtung starrt, in der die Sonne untergegangen ist, wird sie nie wieder aufgehen sehen. Unvermeidliches muss man akzeptieren können. Weitere Diskussionen über die Vergangenheit, mit denen man sich im Kreis dreht, sind sinnlos.

Leugnung, Skepsis, Wut, Schuld, Scham und Schmerz sind Konfliktherde, die man offen und vernünftig angehen kann. Konflikte sind bei einer Trennung nicht das notwendige Übel, für das sie gewöhnlich gehalten werden. Unausgesprochene Gefühle, die nicht an die Oberfläche dringen, sind viel problematischer, denn aus ihnen können sich Frustrationen entwickeln, die das empfindliche Gleichgewicht unvermeidlich ins Wanken bringen.

Konflikte kann man hingegen als heilsam betrachten, wenn man gut mit ihnen umgehen kann. Sie können Sie sogar Schritt für Schritt einer endgültigen Lösung näher bringen.

Wir haben in Kapitel 5 schon auf den Nutzen der gewaltfreien Kommunikation hingewiesen. Diese Art der Kommunikation werden Sie in dieser Situation dringend brauchen, wenn Sie vermeiden möchten, dass jeder Konflikt zu einem Streit eskaliert. Streitereien führen zu nichts.

Lieve und Mark waren achtzehn Jahre zusammen und davon elf Jahre verheiratet. Sie hatten viele Reisen unternommen und Erfahrungen mit unterschiedlichsten Kulturen gemacht. Dabei waren ihnen verschiedene Beziehungsformen begegnet. Irgendwann wollte Mark herausfinden, ob es möglich wäre, neben ihrer Ehe noch eine weitere Beziehung zu haben.

Lieve: »Ich hätte mir das nicht ausgesucht, ich bin für Monogamie. Aber dann habe ich mich mehr oder weniger darauf eingelassen, das mal auszuprobieren, und mich auch in einen anderen Mann verliebt. Ich konnte das mit meiner Ehe nicht in Einklang bringen. So sind wir, ohne es zu wollen, in einen existenziellen Konflikt geraten.

Wir haben lange gemeinsam darüber nachgedacht und verschiedene Alternativen erwogen. Letzten Endes habe ich mich dann für den anderen entschieden. Auch für Mark lief das Ganze nicht so, wie er es sich vorgestellt hatte. Wir haben keine übereilte Entscheidung getroffen und uns Zeit gelassen. Heute wohnen wir als Nachbarn nebeneinander, und unsere Kinder wohnen zwischen uns.«

Althergebrachte Rezepte funktionieren nicht

Die klassischen Tipps, die uns lehren sollen, wie man Abstand gewinnt, helfen uns hier nicht weiter. Sie raten dazu, Begegnungen mit dem Ex-Partner auszuweichen, dessen Freunden aus dem Weg zu gehen und sogar seine Lieblingsorte zu meiden. Wenn Sie nach der Trennung als Eltern kooperieren wollen, können Sie diese Ratschläge nur in den Wind schlagen.

Therapeuten raten im Allgemeinen dazu, alle Gegenstände, die der frühere Partner zurückgelassen hat, zu entsorgen. Auch das ist unmöglich, wenn Sie ständig in der Wohnung ihres Ex-Partners ein und aus gehen.

Man müsse mit der Beziehung abschließen, sagen Therapeuten auch. Aber das ist leichter gesagt als getan, wenn man die Beziehung gleichsam zur Hälfte aufrechterhalten muss, um sich gemeinsam um die Kinder kümmern zu können.

Die gemeinsame Erziehung der Kinder nach der Trennung kann daher nur gelingen, wenn man sich von dem Idealbild seines Partners verabschiedet und sich auf seine Qualitäten als Elternteil konzentriert. Die besten Erfolgschancen hat man hierbei, wenn man seinen früheren Partner möglichst nüchtern betrachtet. Er ist nicht der Traumprinz, den Sie mal geheiratet haben. Sie ist nicht die Prinzessin, die sie vielleicht nur in Ihrer Fantasie gewesen ist. Sie sind Menschen aus Fleisch und Blut mit ihren Vorzügen und Fehlern. Betrachteten Sie einander nun so, wie Sie sind.

Statt sich auf die schönen Zeiten zu konzentrieren, die Sie gemeinsam erlebt haben, sollten Sie besser an die weniger guten Momente denken. Später werden Sie von selbst zu einem ausgewogeneren Bild finden. Bis dahin wird Ihnen ein Blick auf die negativen Aspekte den Abschied vom Traumbild Ihres Partners eher erleichtern. Und dieser Abschied ist erforderlich, wenn Sie Ihr Leben schnell wieder in den Griff bekommen wollen. Treffen Sie sich mit Ihren alten Freunden und schließen Sie neue Freundschaften. Dadurch wächst Ihr Selbstvertrauen und Sie merken, dass Sie nicht allein mit Ihren Problemen sind.

Neue Gemeinsamkeit durch gegenseitiges Vertrauen

Als Eltern zusammenzubleiben und als Partner dennoch genügend Abstand zueinander zu finden, lässt sich womöglich noch besser auf einem ganz anderen Wege erreichen. Distanz zu gewinnen ist der negative Aspekt des Ganzen, an der Zukunft Ihrer Kinder zusammenzuarbeiten, der positive. Je stärker man sich auf diesen zweiten Aspekt konzentriert und je weniger auf den ersten, desto schneller wird man spontan Distanz gewinnen.

Zusammen (weiterhin) für die Zukunft Ihrer Kinder zu sorgen, ist nun Ihr gemeinsames Projekt. Dieses Projekt verschafft Ihnen eine neue gemeinsame Zukunft und ist die beste Medizin dafür, das Vergangene ein für alle Mal ruhen zu lassen. Sie müssen Ihre Vergangenheit nicht vergessen, doch Sie sollten sie hinter sich lassen.

In fast allen Erfahrungsberichten erkannten wir dasselbe Prinzip: Eine Lösung, die nicht in erster Linie das Wohl der Kinder im Blick hatte, war keine Option.

> Kurt und Katrien wohnen noch immer zusammen. Im Gegensatz zu Katrien hat Kurt noch keine neue Partnerin. Wenn er eine feste Partnerin fände, könnte die gemeinsame Wohnung zum Problem werden, aber ihre Verantwortung als Eltern würden die beiden auch dann noch wahrnehmen. Sie möchten an ihrem Prinzip festhalten, die Kinder gemeinsam bis ins Erwachsenenalter zu beglei-

ten. Das bedeutet nicht, dass ihr Modell nicht den Umständen angepasst werden könnte, aber diese Anpassung darf nicht auf Kosten des Glücks der Kinder gehen.

Wie für die meisten stand auch für Laura und Wim fest, ihre Elternrolle »gemeinsam« wahrnehmen zu wollen. Davon sind sie nie abgewichen, auch in dem Jahr nicht, in dem sie getrennt gelebt hatten. Daher konnte ihre Tochter beruhigt in die Zukunft blicken: »Ich hatte das Gefühl, dass es immer genug Raum für mich geben würde, was auch immer geschehen würde«, vertraute sie uns an.

Zwischen Eltern, die sich getrennt haben, ist immer, auch in der Phase, in der noch Chaos herrscht, eine »Kinderbrücke« notwendig. Im Idealfall bildet die dauerhafte emotionale Verbindung zwischen den Eltern diese Brücke, auf der sich die Kinder frei, unbelastet und ohne Bedenken hin und her bewegen können.

Diese Brücke so zu erhalten, wie sie in der Zeit der Partnerschaft bestanden hat, geht vielen Eltern zu weit. Aber das muss auch nicht sein. Eine Minimalversion der Kinderbrücke sollte allerdings immer erhalten bleiben. Eltern müssen ihren Kindern zugestehen, auch mit dem anderen Elternteil glücklich zu sein, und ihnen aufrichtig das Gefühl vermitteln, ihnen dieses Glück auch zu gönnen. Ist diese Bedingung erfüllt, fühlen sich Kinder bei jedem Elternteil »frei« und stehen damit außerhalb des Konflikts. Ist sie nicht erfüllt, beginnen die Kinder ihre eigene Brücke zu bauen. Aufgrund der Konflikte bildet sich dann eine Kluft zwischen den Eltern, die die Kinder nicht mehr überbrücken können. Sie stürzen ab oder lassen notgedrungen einen Elternteil los.

Eltern, die sich für den dritten Weg entscheiden, möchten natürlich mehr als nur eine Notbrücke errichten. Sie bauen auf den alten Fundamenten einfach eine neue Brücke, die ihre neuen Lebenswelten miteinander verbindet. Über diese Brücke finden die Kinder ihren eigenen neuen Weg zu ihren Eltern.

Indem sie das Glück ihrer Kinder an erste Stelle setzen, schieben diese Eltern bewusst einen Teil ihrer eigenen Interessen und Konflikte beiseite. Was ihnen gelingt, weil sie zu dem anderen als Elternteil ein Vertrauen haben, das sie zu ihm als Partner verloren haben. Sie wissen: »Wir beide haben dasselbe Ziel: das Glück unserer Kinder.«

Und in der Praxis?

Aus dem bisher Gesagten sollte deutlich geworden sein, dass Zeit und Abstand für das elterliche Zusammenwirken nach der Trennung entscheidend sind. Die Kombination dieser beiden Aspekte stellt uns vor zwei wichtige Entscheidungen. Bei der Trennung stellt sich zunächst die Frage: Praktizieren wir das Nestmodell oder wohnen wir einfach weiter zusammen? Später stellt sich dann die zweite Frage: Sollen wir in einer oder in zwei getrennten Wohnungen wohnen? Meistens treffen Eltern diese beiden Entscheidungen in dieser Reihenfolge.

Zum Zeitpunkt der Trennung lässt sich unmöglich überblicken, welche Alternative in ein oder zwei Jahren die beste sein wird. Und selbst wenn es möglich wäre, würden die Spannungen und Emotionen, die eine Trennung unvermeidlich begleiten, es sehr schwer machen, eine definitive Entscheidung zu treffen. Nehmen Sie sich Zeit und schließen Sie erst einmal Waffenstillstand. Treffen Sie lieber gute und klare Vereinbarungen für einen bestimmten Zeitraum und nehmen Sie sich die Zeit, sowohl Ihre individuelle Zukunft als auch Ihre gemeinsame Zukunft als Eltern zu gestalten.

Nestmodell oder ›getrennt zusammenwohnen‹?

Als Clara das Gefühl hatte, ihre Ehe sei in eine Sackgasse geraten, war sie eine andere Beziehung eingegangen.

Sie war der Auffassung, dass alle Regelungen schriftlich fixiert sein sollten, bevor man sich scheiden lässt. Davon würden vor allem die Kinder profitieren, war ihre feste Überzeugung. Denn sie wären schließlich die Opfer eines dauerhaften Zwists zwischen ihrem Vater und ihrer Mutter.

Clara beschreibt ihren dritten Weg als einen Weg des Wartens, der Geduld und des Respekts für Karel und seine Gefühle. Sie war es, die die Initiative ergriffen hatte, also musste sie warten, bis Karel bereit war, an der Scheidung mitzuarbeiten. Karel findet seinerseits, dass sich der ganze Prozess zu lange hingeschleppt und zu viel Gewicht bekommen hatte. Dennoch ist er davon überzeugt, dass diese Zeit vielleicht der beste Ratgeber war, um ihren eigenen dritten Weg zu finden.

Als sie die Scheidung einreichten, entschieden sie sich dafür, der Kinder wegen während des Scheidungsverfahrens weiterhin zusammenzuwohnen. Über die zukünftige Regelung im Hinblick auf die Kinder waren sie sich schnell einig. Über andere Dinge gab es langwierigere Diskussionen. Später jedoch zeigte sich, wie wichtig es war, dass sie sich die Zeit genommen hatten, Regelungen zu finden, mit denen sie beide einverstanden waren. Diese Regelungen bildeten das Fundament ihrer dauerhaft guten Elternbeziehung.

Da Clara überwiegend für die Versorgung der Kinder zuständig war, wäre es nicht schwer gewesen, sie auf ihre Seite zu ziehen und sie auf diese Weise im Kampf gegen ihren Papa zu instrumentalisieren, denkt Clara. »Für die Kinder wäre das ein doppelter Verlust gewesen«, glaubt sie. Im Hinblick auf Clara selbst, die sie von ihrem Vater ferngehalten hätte, und im Hinblick auf Karel, da die Kinder das Gefühl gehabt hätten, sie seien ihrem Vater nicht wichtig genug, um für sie zu kämpfen.

»Mütter müssen einsehen, dass der Vater für die Kinder ebenso wichtig ist wie die Mutter«, ist ihre Überzeugung. »Kinder können und dürfen keinen von beiden entbehren.«

Nachdem sie geschieden worden waren, lebten sie noch fünf Monate zusammen – ein guter Zeitraum, um für Clara eine Wohnung zu suchen.

Seither ist Ruhe eingekehrt und sie leben nach ihren neuen Vereinbarungen.

Clara findet, dass Karel seine Vaterrolle hervorragend ausfüllt. Er ist daran gewachsen. Früher verließ er sich zu sehr darauf, dass Clara für die Kinder sorgte.

Die Zeit war hier der Schlüssel zum dritten Weg: die Zeit, um nachzudenken, sich zu entscheiden und alles zu verarbeiten. Aber auch die Zeit, um Vertrauen aufzubauen oder wieder zurückzugewinnen. Mit der Zeit entstand ein neues Gleichgewicht. Sowohl Karel als auch Clara glauben, dass sie, wenn einer von ihnen energisch vorgeprescht wäre, um schnell zu einer Regelung zu kommen, vielleicht einen langen und schmerzlichen Scheidungskrieg geführt hätten. Sie schätzten ihre Partnerschaft damals unterschiedlich ein. Für Clara war die Beziehung schon längst zerbrochen, während Karl noch lange die Hoffnung hegte, ihre Ehe retten zu können, nachdem Clara ihre außereheliche Beziehung beendet hätte.

Da sie den Zustand ihrer Beziehung so unterschiedlich einschätzten, entschieden sie sich dafür, diese schwierige Zeit gemeinsam durchzustehen. Vermutlich war das für sie die einzige Möglichkeit, zur Besinnung zu kommen, auch wenn es gewiss nicht der einfachste Weg war.

Hätte Clara mit Karel über eine Scheidung gesprochen, bevor sie eine neue Beziehung eingegangen war, oder hätte Karel eingesehen, dass sich hinter Claras Abenteuer ihre eigenen Beziehungsprobleme verbargen, dann hätten sie womöglich besser daran getan, räumlich mehr Abstand zu suchen. Getrennt zu wohnen und das Nestmodell zu praktizieren, hätte sie viel schneller zur Ruhe kommen lassen. Und ihnen die Chance gegeben, schon zu Anfang herauszufinden, ob sie gute Eltern bleiben können, während sie versuchen, ihre Partnerschaft hinter sich zu lassen.

Es mag sich eigenartig anhören, aber wer noch die Hoffnung hat, es könnte sich alles noch einmal einrenken, sollte sich besser dafür entscheiden, nicht so nah zusammenzubleiben. Denn andernfalls gewinnen die Konflikte meist die Oberhand und die Lage spitzt sich eher zu. Für eine Weile räumlich auf Distanz zu gehen, kann Ruhe in die ganze Angelegenheit bringen, zu neuen Einsichten führen und vielleicht auch wieder das Verlangen nach dem Partner wecken.

Eine oder zwei Wohnungen?

Für eine längerfristige Lösung gilt dasselbe Grundprinzip: Je geringer der emotionale Abstand ist, desto stärker muss der physische Abstand dies kompensieren. Wenn bei der Entscheidung für die Trennung dann noch eine dritte Person mit im Spiel ist, wird selbst das größte Haus schnell zu eng. Clara und Karel haben die schwierigste Phase (als sie beide Geliebte hatten) zwar gut überstanden, aber es wäre nicht klug gewesen, ihren dritten Weg unter einem Dach fortzusetzen.

Bei der Entscheidung, ob man zukünftig zusammenwohnt, sollten finanzielle Erwägungen möglichst nicht den Ausschlag geben. Denn wenn der Rest nicht funktioniert, hält man das nicht durch. Und letztlich kann das Zusammenwohnen dann mehr kosten, als man (vorübergehend) eingespart hat.

Zu Beginn des dritten Weges ist es sicherlich am günstigsten, der französischen Redeweise *reculer pour mieux sauter* zu folgen und einen Schritt zurückzutreten, um einen größeren Sprung nach vorne zu ermöglichen.

Obwohl sie das nicht beabsichtigt hatten, lief es auch bei Laura und Wim darauf hinaus. Statt sich auf uferlose Diskussionen einzulassen, einigten sie sich darauf, dass Laura bei ihrem neuen Partner einziehen sollte. Wim setzte auf die Zeit als guten Ratgeber und blieb weiterhin in ihrem großen Haus wohnen. Ihre Tochter war ebenso oft bei ihrem Vater wie bei ihrer Mutter.

Schon bald plagten Laura Schuldgefühle. Vielleicht auch, weil sie als Kind die alles andere als friedlich verlaufene Scheidung ihrer Eltern miterlebt hatte. Das, was sie damals erlebt hatte, wollte sie ihrem Kind auf keinen Fall antun. Ihre Tochter Marthe hatte mit der neuen Situation die geringsten Probleme. Sie verstand sich gut mit dem neuen Partner ihrer Mutter und fühlte sich beiden Eltern gleich eng verbunden.

Nach einem Jahr beendete Laura ihre neue Beziehung. »Um meiner Mutterrolle gerecht werden zu können, ist es wohl am günstigsten, ›in anderer Weise‹ und in einer anderen ›Funktion‹ wieder in das frühere Haus zurückzukehren«, dachte sie. Wim war damit einverstanden. Seither leben sie mehr als zehn Jahre als getrenntes Paar zusammen in einem Haus.

Welche Distanz die richtige ist, ist eine sehr persönliche Frage. Hierzu eine allgemeine Regel zu formulieren, ist unmöglich. Sicherlich kann es hilfreich sein, sich selbst und den früheren Partner gut einschätzen zu können. Doch das ist nicht immer einfach. Wie steht man heute zu dem Menschen, mit dem man gestern noch in einer Partnerschaft verbunden war? Wenn man seinen Ex-Partner insgeheim noch auf den Mond schießen könnte, ist es sicher nicht ideal, in seine Nachbarschaft zu ziehen. In einem solchen Fall sollte man sich allerdings auch nicht für den dritten Weg entscheiden.

Es hängt einiges davon ab, ob man sich wirklich im Klaren darüber ist, was man selbst verkraften kann und was nicht. Desgleichen ist es wichtig herauszufinden, was der Partner bewältigen kann. Hören Sie zu, was Ihr Partner Ihnen zu sagen hat. Nicht um ihm etwas zu erwidern, sondern um zu wissen, was er wirklich fühlt. Seine wirklichen Gefühle müssen nicht unbedingt den Gefühlen entsprechen, die Sie bei ihm vermuten. Viele Menschen, die behaupten, ihren Partner in- und auswendig zu kennen, irren sich in diesem Punkt gewaltig. »Gemeinsam« seine Beziehung neu zu gestalten, ist vor allem eine Frage des Zuhörens.

Tipps:

- Weil es nur möglich ist, Distanz zu gewinnen, wenn Ihr eigenes Leben und Ihr eigenes Glück wieder an Kontur gewinnen, sollten Sie mehr in sich selbst investieren.
- Zeigen Sie Verständnis, wenn Ihr (Ex-)Partner noch nicht so weit ist wie Sie selbst. Geben Sie ihm bzw. ihr die Chance und die Zeit, Ihren Standpunkt zu verstehen.
- Vergessen Sie das Idealbild Ihres (Ex-)Partners. Sehen Sie ihn bzw. sie als Mensch mit Fehlern, ohne dabei seine bzw. ihre Qualitäten aus dem Blick zu verlieren.
- Je weniger emotionalen Abstand Sie zu Ihrem früheren Partner finden können, desto mehr räumlichen Abstand brauchen Sie.

8. Mit dem Herzen oder mit dem Verstand?

Eine Trennung ist ein Prozess, der mit vielen starken Gefühlen einhergeht. Manche können hilfreich sein, die meisten machen es uns allerdings sehr schwer, die richtigen Entscheidungen zu treffen. Zum Glück verebben diese Gefühle meistens ziemlich rasch. Im Nachhinein sind wir oft froh, wenn wir nicht aufgrund unserer anfänglichen Gefühle impulsiv reagiert haben. Denn in Situationen, in denen uns unsere Gefühle überwältigen, ist unser Entscheidungsvermögen nun einmal getrübt.

In seinem Buch *Gelukkiger leven* schreibt Gerbert Bakx dazu Folgendes: »In emotionalen Krisen fällt man häufig impulsive Entscheidungen, die nicht viel mit Liebe zu tun haben und die man später bedauert. Oft sagt man in Momenten überschäumender Wut Sachen, wirft man anderen Vorwürfe an den Kopf oder tut aus Rachegelüsten Dinge, die tiefe Wunden hinterlassen und die Beziehung letzten Endes mehr schädigen als das eigentliche Geschehnis.«[21]

Wie können wir dafür sorgen, dass bei einer Scheidung diese Gefühle die gute Elternbeziehung nicht gefährden? Bestimmte Gefühle gehören bei einer Scheidung offenbar zum »Standard«. Sie sind stetige Hürden auf jedem dritten Weg.

Wenn Ihnen an einer »guten« Scheidung gelegen ist, sollten Sie nie zulassen, dass diese negativen Gefühle den Ton angeben.

> Kris: »Ich möchte hier nicht weiter auf die erste schwierige Phase eingehen, in der mir meine Frau Vorwürfe machte, in der ich Schuldgefühle hatte und mit meinen Eltern nicht darüber reden konnte. Ja, ich habe mir Selbstvorwürfe gemacht und Tag und Nacht geweint. Mit der Zeit hatte ich das Gefühl, nur noch innerlich zu weinen.
>
> Letztlich sind wir es rational angegangen. Meine Frau hat mich noch sehr lange geliebt und sehr lange gehofft, dass ich mich ihr emotional noch einmal zuwenden würde. Das Haus, dessen Pläne wir wegen unserer Ehekrise erst einmal in die Schublade gelegt hatten, haben wir schließlich doch noch gemeinsam ge-

baut, und wir sind dort auch zusammen mit den Kindern eingezogen.

Wir haben uns mit diesem Haus ein Heim geschaffen und unsere Beziehung in ein Verhältnis umgewandelt, in dem es ebenso viel Raum für Freundschaft gab wie bisher, nur auf andere Weise.«

Trotz all ihrem Kummer, ihren Schuldgefühlen und ihrer Verzweiflung war es Kris und Françoise gelungen, ihre Situation in Angriff zu nehmen. Sie fällten ihre Entscheidungen nicht aufgrund ihrer anfänglichen Emotionen, sondern hatten den Mut, die Zeit wirken zu lassen und selbst zur Besinnung zu kommen.

Das ist nur möglich, wenn man seine negativen Gefühle in den Griff bekommt und den konstruktiven, hilfreichen Gefühlen wieder Raum geben kann.

Lassen Sie uns einige Gefühle, die uns bei einer Trennung überwältigen können, kurz einmal näher betrachten. Wir gehen hier ganz bewusst nicht auf alle Gefühle ein. Zum einen, weil uns das in diesem Rahmen einfach nicht möglich ist, zum anderen aber auch, weil sich bestimmte Gefühle wie Rachsucht oder Groll überhaupt nicht mit der Suche nach einem dritten Weg vereinbaren lassen.

Gefühle, die uns in die Quere kommen (können)

Diese Gefühle zu kennen und sie bei uns selbst wahrzunehmen, ist ein erster Schritt. Zu wissen, wie man mit ihnen umgehen und sie beherrschen kann, ist ein weiterer und natürlich der wichtigste Schritt.

Angst und Furcht

Hartnäckig auf einer vorgefassten Meinung zu beharren, ist oft ein Ausdruck von Angst. Auch hinter Wut, Ungerechtigkeit und übertriebener Dramatisierung verbirgt sich oft ein Gefühl der Angst oder Unsicherheit. Dies führt allerdings zu dem Problem, dass andere nicht die Angst, sondern die Wut und den Ärger wahrnehmen und entsprechen mit Gegenwehr und damit ebenfalls mit Wut reagieren können. Und ehe man sichs versieht, eskaliert der Konflikt weiter.

Wo Angst vorherrscht, braucht das Herz dringend den Verstand. Je stärker die Emotionen im Vordergrund stehen, desto mehr wird sich der Konflikt entzünden. Und je mehr ein Konflikt eskaliert, desto wahrscheinlicher bewegt man sich auf ein Scheitern zu.

Angst lässt sich nur schwer eindämmen, zum einen, weil sie sich in einem Trennungsfall auf eine undefinierbare Gefahr richtet, zum anderen, weil wir unsere Angst meistens nicht nur vor anderen, sondern auch vor uns selbst verbergen. Wer unter manifesten Angstgefühlen leidet, sollte besser professionelle Hilfe suchen.

Sind die Ängste nicht so extrem ausgeprägt, hilft eine Realitätsprüfung. Sind die Befürchtungen, die ich in Bezug auf eine Scheidung und ein mögliches Alleinsein habe, wirklich realistisch? Wie wahrscheinlich ist es, dass ich die Situation vielleicht nicht in den Griff bekomme? Und welche Stärken, ähnliche Krisenerfahrungen, Hilfsangebote von Freunden stehen zur Verfügung? Gegen Angst helfen konkretes Handeln und die Erfahrung, dass die Situation nach und nach zu meistern ist. Außerdem sind die meisten Sorgen, die sich auf die Kinder beziehen, bei Paaren, die sich für den dritten Weg entscheiden, wahrscheinlich unbegründet. Denn wer weiterhin gemeinsam für die Kinder sorgt, wird den anderen auch nicht im Stich lassen, wenn er in Schwierigkeiten gerät.

> Von Clara wissen wir zum Beispiel, dass der dritte Weg anfangs Geduld von ihr erforderte und seine Höhen und Tiefen hatte. Jetzt, im Nachhinein, ist ihr bewusst, dass die Konflikte zwischen Karel und ihr und ihr gegenseitiges Misstrauen während des gesamten Scheidungsprozesses größtenteils auf Angst beruhten. Angst davor, dass sie Zugeständnisse machen würde, sich letztlich aber doch mit Karls Weigerung konfrontiert sehen würde, seinen finanziellen Verpflichtungen nachzukommen.

Claras Furcht sollte sich später als völlig unbegründet erweisen. Bei Martine liegt der Fall allerdings anders. Nachdem sie Luc und seine Freundin in ihrem Haus angetroffen hatte und bei ihr die »Sicherungen durchgebrannt waren«, sah sie bald ein, dass ihre Angst um die Einbindung ihres Sohnes Igors in diese neue Beziehung Ihres Ex-Mannes unbegründet gewesen war. Doch sofort rückte eine andere Furcht an diese Stelle:

»Meine größte Angst bezog sich damals darauf, ob ich es vermeiden könnte, dass Igor die Situation schlimm fand. Zum Glück war das nicht der Fall. Dennoch habe ich auch heute noch Angst, dass es irgendwann nicht mehr so gut läuft oder dass er sagt: »Ich will lieber zu meinem Papa.« Ich weiß, dass das Risiko sehr gering ist und ich mich gegen meine Angst zur Wehr setzen muss, aber tief in meinem Innern bleibt ein ungutes Gefühl.«

Trotz ihrer Angst hat Martine doch gut reagiert. Sie weiß, dass sie sich gegen ihre Angst wehren muss. Da sich ihre Furcht auf etwas Konkretes bezieht, kann sie auch nüchtern damit umgehen: Wie groß ist das Risiko denn eigentlich, das sie nun selbst schon als »gering« bezeichnet? Und wann könnte diese Situation eintreten, in zehn Jahren vielleicht? Dann wäre sowieso nichts mehr so, wie es jetzt ist, weder ihre Lebensweise noch ihr Gefühl. Und selbst dann würden sich wohl Lösungen dafür finden lassen. Warum soll sie sich dann heute darum Sorgen machen?

Wer sich dafür entscheidet, nach einer Trennung als Elternpaar zusammenzubleiben, muss allerdings flexibler sein als andere Paare. Wer sich vor der Zukunft fürchtet und in andere und vor allem in seinen Ex-Partner zu wenig Vertrauen hat, wird sich mit diesem Weg schwertun. Garantien dafür, dass sich der gewählte Weg auch zukünftig als der beste erweisen wird, gibt es nicht. Es ist eher zu erwarten, dass Anpassungen notwendig sein werden. Man kann sich zwar wappnen, indem man von vornherein möglichst weit vorausdenkt, aber alles vorherzusehen, ist nicht möglich.

Das alles stellt die zentrale Idee des dritten Weges nicht in Frage, im Gegenteil, es bekräftigt sogar die Philosophie, die dahintersteht. Sie sollten es immer wieder als Herausforderung betrachten, dem Ziel näher zu kommen, das sie sich gemeinsam gestellt haben und das sie auch gemeinsam erreichen wollen.

Mea culpa

Die Gerichte befassen sich heute bei einer Scheidung nicht mehr mit der »Schuldfrage«. Auch die Gesellschaft, in der wir leben, schließt sich dieser Tendenz langsam an. Und es reift die Einsicht, dass Menschen, die sich scheiden lassen, weder schlecht noch schuldig sind, dass es sinnlos ist, von Schuld zu reden. Denn am Gelingen oder Scheitern einer Beziehung sind immer zwei Personen beteiligt. Und dennoch kommen bei Partnern, die sich scheiden lassen, oft Schuldgefühle auf: weil die Beziehung in die Brüche ging, weil man einen Schlussstrich gezogen hat, weil die Kinder leiden oder man nicht länger einer Modellfamilie entspricht.

Wir haben gesehen, wie schwierig das erste Jahr nach Lauras und Wims Scheidung war. Laura hatte vor allem mit Schuldgefühlen zu kämpfen, weil sie es gewesen war, die sich entschieden hatte, das Haus zu verlassen und eine neue Beziehung einzugehen. Diese Schuldgefühle waren mit ein Grund dafür, ihre Mutterrolle in ungewöhnlicher Weise zu interpretieren: Sie kehrte in ihr Haus zurück und unternahm den Versuch, in anderer Form mit ihrem Ex-Partner zusammenzuleben.

Laura: »Als mich damals die Schuldgefühle überfielen, habe ich mir einen Therapeuten gesucht. Das hat mir sehr geholfen und mir Selbsterkenntnis gebracht. Ich erkannte, dass meine Schuldgefühle viel mit meiner Vergangenheit zu tun hatten, und lernte, dass viele kleine Dinge im Leben zusammengenommen viel wichtiger sein können als das ›eine große Glück‹ oder die ›eine große Liebe‹.«

Laura scheint sich also vor allem schuldig gefühlt zu haben, weil sie als Erste einen neuen Partner gefunden hatte und weil sie die Entscheidung getroffen hatte, das Haus der Familie zu verlassen. Auch ihre negativen Erfahrungen mit der Scheidung ihrer Eltern haben dabei eine Rolle gespielt.

Eltern, die getrennt leben, entwickeln oft Schuldgefühle, weil sie für ihre Kinder als Partner keine liebevollen Vorbilder sind. Vielleicht beschäftigt sie das gerade deshalb, weil sie besonders stark auf ihre Kinder fokussiert sind. Immer wenn Eltern über diese Schuldgefühle sprachen, fragten wir auch gleich bei ihren Kindern nach. Wir erhielten eigentlich immer ähnliche Antworten wie bei Kris und Françoise und ihren Kindern.

Kris: »Wir haben uns nie gestritten, nicht wenn wir miteinander allein waren und auch nicht vor den Kindern. Aber die Kinder haben uns auch nie miteinander schmusen oder herumalbern sehen. Und ich habe noch immer Bedenken, dass wir ihnen in dieser Hinsicht kein gutes Vorbild waren.«

»Diese Bedenken sind wirklich unnötig«, beruhigt ihn (die heute 26-jährige) Gella sofort. »Ich hätte es schlimm gefunden, wenn ihr nicht mit mir geschmust hättet. Aber dass ihr nicht miteinander geschmust habt, fand ich normal. Ich kann mich nicht daran erinnern, dass die Eltern von Freunden je vor meinen Augen miteinander geschmust hätten oder ich je etwas davon gehört hätte. Ich glaube auch, dass Eltern, die eine normale Familie haben und schon viele Jahre zusammen sind, im Allgemeinen selten miteinander schmusen. Und bestimmt nicht im Beisein ihrer Kinder. Mir war wichtig, dass ihr euch nicht gestritten habt.«

»Da bin ich ganz deiner Meinung«, pflichtet ihr (heute 23-jähriger) Bruder Edgar bei. »Als Kind will man geliebt werden und sich wohlfühlen. Den Grad der Zuneigung, den sich meine Eltern entgegenbrachten, habe ich nie als ungewöhnlich empfunden.«

Bei einer Scheidung entspringen Schuldgefühle oft auch einem übertriebenen Empfinden, dabei versagt zu haben und gescheitert zu sein, seine Ehe aufrechtzuerhalten oder seinen Kindern eine Familie zu bieten.

Der Psychologe Maarten Vansteenkiste schreibt dazu: »Hierbei müssen wir uns die Frage stellen, ob wir wirklich so schuldig sind, wie wir uns fühlen. Schuldgefühle lasten auf manchen schwer wie ein mit Steinen beladener Rucksack. Manchmal würde man nichts lieber tun, als diese Schuldgefühle einfach am Wegesrand abzuladen. Doch der einzige richtige Umgang damit besteht darin, den Rucksack zu öffnen und nachzusehen, welche Steine wirklich einem selbst gehören.

Man kann Schuldgefühle auch als ein Alarmsignal ansehen, das uns die Möglichkeit eröffnet, mit mehr Überzeugung Prioritäten zu setzen. Schuldgefühle sind eine Art der Selbstevaluation. Sie fordern uns dazu auf, uns die Frage zu stellen, ob wir unser Tun auch wirklich verantworten können. Sie zeigen uns, dass wir in unserem Tun nicht unseren eigenen Bedürfnissen und Wünschen entsprechen. So gesehen können sie uns auch dabei helfen, in unserem Leben Prioritäten zu setzen.«[22]

Eifersucht

Eifersucht ist etwas, das wir anderen schnell vorwerfen, uns selbst gestehen wir ein solches Gefühl selten zu. Können und vor allem dürfen wir auf jemanden eifersüchtig sein, mit dem wir nicht mehr als Partner zusammenleben? Warum bringt uns die Konfrontation mit der Tatsache, dass der andere sein Leben weiterlebt, noch so aus der Fassung? Das sind verwirrende Gefühle, die uns manchmal hart und unerwartet treffen.

Dass Eifersucht dem Bemühen, nach der Trennung als Eltern zusammenzubleiben, ausgesprochen hinderlich ist, ist eine Untertreibung. Wer ohne Streitereien weiter gemeinsam für seine Kinder sorgen will, muss dieses Gefühl überwinden können. Nicht ohne Grund haben wir auch in dem vorangehenden Kapitel schon betont, wie wichtig es vor allem ist, emotionale Distanz zueinander zu gewinnen.

Eifersucht hat noch nie etwas Positives, aber schon viel Leid gebracht. Viele bringen Eifersucht mit Liebe in Verbindung, aber dieser Zusammenhang ist sehr umstritten. In der Regel legt sich die Eifersucht, wenn es gelingt, dem eigenen Leben unabhängig vom Ex-Partner wieder Sinn zu verleihen. Wer selbst wieder zufriedener ist, kann auch dem anderen sein Glück gönnen. Auch hier kann professionelle Hilfe ratsam sein.

Sehnsucht

Ein Gefühl des Entbehrens und Vermissens ist vielleicht das, was geschiedene Eltern besonders zu Anfang am stärksten empfinden. Auch wenn man den früheren Partner nicht mehr vermisst, die Kinder vermisst man umso mehr. Das zeigt auch die folgende Klage, die uns schriftlich erreicht hat:

> »Was mir seit meiner Scheidung vor nunmehr drei Jahren in der Literatur zu diesem Thema am meisten gefehlt hat, ist die Behandlung der emotionalen Schwierigkeiten bei einer Trennung. Was bedeutet es, die Kinder eine Woche nicht zu sehen? Was macht das mit einer Mutter? Was macht das mit einem Vater oder einer Bonusmutter? Wie geht man mit den Reaktionen der Kinder um? Ich bin geschieden und habe einen neuen Partner, mit dem ich seit Kurzem zusammenwohne. Wir praktizieren das Paritätsmodell, meiner Meinung nach eine der schlechtesten Regelungen, die je erdacht worden sind.«

Vielleicht stimmen Sie in diese Klage mit ein. Vielen Müttern und Vätern fällt es schwer, regelmäßig eine Woche lang auf ihre Kinder zu verzichten. Manchmal wirkt es so, als bräuchten die Eltern ihre Kinder dringender als die Kinder ihre Eltern.

Dennoch sollte man Verständnis dafür aufbringen, dass Eltern sich erst an die neue Situation gewöhnen müssen, bevor sie dazu in der Lage sind, ihre Vorteile zu sehen.

> Martine: »Anfangs tat ich mich an den Tagen, an denen er bei seinem Vater war, schwer. Hier sitze ich nun also allein, dachte ich. Zum Glück gelang es mir, mich zusammenzureißen und mir klarzumachen, dass ich die drei Tage nutzen sollte, um neue Energie zu tanken. Damit mein Sohn, wenn er zurückkam, eine Mutter vorfand, wie er sie sich wünschte. Eine Mutter, die die Dinge positiv betrachtete und dieses positive Gefühl auch auf ihn übertragen konnte. Seither erkenne ich auch den Vorteil dieser Tage. Sie geben mir die Chance, Dinge zu tun, die ich nicht tun könnte, wenn ich mich immerzu um meinen Sohn kümmern müsste. In unserem neuen Leben eröffnet mir das die Möglichkeit, ohne Bedenken auch einmal an mich selbst zu denken.«

Was das Gefühl angeht, die Kinder zu vermissen, ist der dritte Weg sehr günstig. Denn im Falle einer Scheidung schließt er aus, dass die Kinder – ähnlich wie das Haus, das Mobiliar, das Geld und alles andere – zwischen den Eltern aufgeteilt werden. Die Kinder werden überhaupt nicht unter den Eltern aufgeteilt, sondern sie teilen vielmehr nach wie vor ihr Leben mit ihnen.

Als Luc erfuhr, dass Martine die Kinder in den drei Tagen, die sie bei ihm waren, schmerzlich vermisste, konnte er sie sofort beruhigen: »Wenn du kurz etwas mit Igor unternehmen willst, ist das überhaupt kein Problem, eine SMS genügt.« Das ist der dritte Weg in seiner besten Form.

Gefühle, die uns helfen können

Zum Glück gibt es nicht nur Gefühle, die uns auf unserem Weg in die Quere kommen, sondern auch Gefühle, die uns den Weg ebnen. Jeder von uns hat solche Gefühle. Die Herausforderung besteht allerdings darin, erstere in den Griff zu bekommen und letzteren eine Chance zu geben.

Liebe und Fürsorglichkeit

Die Liebe, die Eltern für ihre Kinder empfinden, lässt sich nur schwer beschreiben. Alle Eltern kennen sie, aber auch sie selbst können sie kaum in Worte fassen. Es ist eine Liebe, die die Fürsorge, das Gefühl, für die Kinder nur das Beste zu wollen, hervorbringt. Es ist kein Zufall, dass diese Liebe und Sorge bei fast allen Ex-Partnern, mit denen wir gesprochen haben, in starkem Maß vorhanden war. Denn dieses Gefühl dient ihnen als Kompass auf dem dritten Weg.

Die Kinder dieser Familien spüren, dass diese Gefühle sowohl bei ihrem Vater als auch bei ihrer Mutter weiterbestehen. Die Scheidung hat daran nichts geändert, sie hat die Gefühle höchstens noch intensiviert.

Manchmal hat sich die Beziehung der Kinder zu ihren Eltern sogar noch vertieft, weil Vater oder Mutter nun häufiger allein mit den Kindern sind. Die Liebe zueinander ist in vielen Fällen gewachsen.

Hoffnung, die sich lohnt

Dass die Liebe zu den Kindern Eltern zusammenschweißt, findet wohl jeder normal. Vielleicht sind Hoffnung und Beharrlichkeit aber nicht weniger wichtig, vor allem wenn sich die Scheidung zunächst sehr schwierig gestaltet.

> Dorien: »Unsere Scheidung war zu Anfang sehr problematisch. Da war die Versuchung groß, einfach unter alles einen dicken Strich zu ziehen. Doch das wollte ich wegen Axel und Amelie auf keinen Fall.
>
> Ich hoffte weiterhin auf eine bessere Zukunft und war bereit, mich dafür voll und ganz einzusetzen. Es war diese Hoffnung, die mich immer wieder dazu bewog, über Kleinigkeiten hinwegzusehen und in die Zukunft zu blicken. Wir hatten unsere Tiefpunkte, an denen wir am Rande der Verzweiflung waren. Es war allein unserer Beharrlichkeit zu verdanken, dass sich ein Funke Hoffnung am Leben erhielt. Da wir diesen Strohhalm ergriffen haben, sind wir heute alle glücklich. Wir feierten vor Kurzem gemeinsam die Kommunion unserer Tochter, wir laden gemeinsam zu Geburtstagsfeiern ein, und manchmal trinken wir auch noch einen Kaffee zusammen, wenn ihr Papa die Kinder abholt und sie noch nicht fertig sind.

Was früher undenkbar schien, ist Realität geworden. Obwohl wir mehr als fünfzig Kilometer voneinander entfernt wohnen, haben wir beide das Gefühl, unsere Kinder gemeinsam zu erziehen. Das hat lange Zeit ganz anders ausgesehen.«

Der bleibende Glaube daran, dass ein anderes, besseres und glücklicheres Leben möglich ist, sorgt dafür, dass sich die Grenzen verschieben. Ein Hochspringer legt die Latte zu Anfang nicht auf zwei Meter. Zentimeter um Zentimeter arbeitet er sich zu seinem Ziel empor. Warum sollten wir es bei der Sorge für unsere Kinder anders machen?

Von Respekt zu einer anderen Form der Freundschaft?

Dass bei einer Scheidung der Respekt für den früheren Partner leidet, ist verständlich, aber überwindbar. Problematisch allerdings wird es, wenn Sie den Respekt vor ihm als Elternteil verloren haben. Denn um den dritten Weg erfolgreich beschreiten zu können, müssen Sie zumindest der festen Überzeugung sein, dass Ihr Ex-Partner ein guter Vater oder Ihre Ex-Partnerin eine gute Mutter ist. Aber das allein genügt nicht immer.

Wenn Sie zum Beispiel den Respekt vor Ihrem Mann zu einem gewissen Teil verloren haben, weil er ständig Chaos in der Wohnung verbreitet, während Sie auf Ordnung und Sauberkeit bedacht sind, dann ist es vielleicht keine gute Idee, weiterhin mit ihm zusammenzuwohnen. Entscheiden Sie sich in diesem Fall besser für zwei Wohnungen. Und fühlen Sie sich auch nicht dazu berufen, hin und wieder bei ihm nach dem Rechten zu sehen – mit der Entschuldigung, dass die Kinder in einem derartigen Chaos nicht leben können.

Je mehr Respekt Sie noch füreinander empfinden, desto besser. Wenn es auf Messers Schneide steht, sollten Sie herauszufinden versuchen, wo Ihr Problem liegt. Bitten Sie Ihren Ex-Partner nötigenfalls, etwas zu ändern, und zeigen Sie selbst auch die Bereitschaft, Dinge zu vermeiden, die ihn sehr stören. Vielleicht werden Sie überrascht feststellen, dass Ihnen das nach Ihrer Scheidung besser gelingt als zuvor.

Ähnlich war es bei Clara, deren Scheidung alles andere als reibungslos verlaufen war:

»Seit wir wirklich geschieden sind, ist wieder Ruhe eingekehrt. Fast unmittelbar danach begann für uns ein neues Leben: ein

> Leben der gemeinsamen Überlegungen, des Respekts und der geteilten Verantwortung. Das Vertrauen in den anderen als Elternteil ist ausschlaggebend. Und dieses Vertrauen ist nun wieder völlig hergestellt. Bei uns beiden.«

Nicht selten entsteht aus diesem Respekt eine neue Form der Freundschaft zwischen den Eltern. Darüber sind sie selbst sehr froh und die Kinder erst recht.

> Berenice: »Alles hat sich mittlerweile stabilisiert. Paul und ich haben langjährige neue Beziehungen. Die Kinder verstehen sich sehr gut mit ihren beiden Bonuseltern, so dass wir ab zu alle zusammen ein Fest feiern können. Die Tatsache, dass die beiden neuen Partner keine Kinder haben, macht unser ›Bündnis‹, das man ruhig eine Freundschaft nennen könnte, einfacher. Unsere Kinder, James und Annemie, können das nur aus vollem Herzen bestätigen.«

Eine solche Freundschaft ist ein schönes Geschenk, das man gerne annimmt. Aber sie ist keine Notwendigkeit. Für Respekt gilt das allerdings schon.

Die Gefühle der Kinder

Die bei einer Scheidung unvermeidlichen Gefühle der Eltern haben wir mittlerweile kennengelernt. Die Gefühle der Kinder sind uns hingegen nicht immer ganz so deutlich. Sie lassen sich an ihrem Verhalten, ihrer Haltung und an dem, was sie sagen, ablesen. Doch was wirklich in ihnen vorgeht, können wir oft nur erahnen. Eltern erfahren vielfach erst im Nachhinein, wie ihre Kinder die Scheidung wirklich erlebt haben.

In vielen Familien, die wir besucht haben, gab es schon ältere Kinder, die wir nach ihren Erfahrungen befragen konnten. Das Ergebnis war, dass sich von den negativen Konsequenzen, die man im Allgemeinen bei Scheidungskindern findet, wenig erkennen ließ. Das soll nicht heißen, dass diese Kinder nicht Ängste oder Unsicherheiten, Wut oder Kummer kannten. Doch durch die Verbundenheit ihrer Eltern nahmen diese Gefühle nicht überhand. Auch hier erfahren

Kinder Angst und Schmerz, doch davon bleiben keine Narben zurück.

Angst und Verwirrung durch Unsicherheiten

Je mehr sich die Ängste und Spannungen in der Beziehung der Eltern verstärken, desto unsicherer werden auch die Kinder. Wenn die Eltern eine Phase eskalierender Konflikte durchleben, werden die Kinder unweigerlich daran Anteil nehmen.

> In der Phase, in der Karel und Clara noch zusammenwohnten und nach außen hin und den Kindern gegenüber die Fassade aufrechterhielten, lebten Viktor, Henri und Isa in Ungewissheit. Obwohl sie nichts von Claras Entscheidung, sich scheiden zu lassen, wussten, spürten sie doch, dass etwas vor sich ging. In dieser Phase verhielten sich die Kinder auffallend brav.
>
> Clara sagt heute, im Nachhinein habe sie eingesehen, dass die Entwicklung der Kinder in dieser Zeit gelitten habe, weil sie als Eltern zu sehr mit sich selbst und ihrem Streit beschäftigt gewesen waren.
>
> »Henri war offensichtlich der Stärkste: Er beklagte sich nie und war das ›ideale Kind‹. Erst Monate nach der tatsächlichen Scheidung setzte bei ihm der Verarbeitungsprozess ein, der von Ängsten begleitet wurde. Es hatte den Anschein, als hätte er gewartet, bis Viktors von Wutausbrüchen und Weinkrämpfen geprägter Verarbeitungsprozess überstanden war.
>
> Clara fragt sich, ob sie Henris Verhalten vielleicht unbewusst gefördert hat, indem sie seine Tüchtigkeit zu sehr herausgestrichen hat, wenn Viktor wieder mal Schwierigkeiten machte.

Das Einzige, was die Angst und Verwirrung der Kinder beseitigen kann, ist Klarheit darüber, was sich in Zukunft abspielen wird.

Wenn Sie Ihren Kindern dann auch noch erklären können, dass Sie auch in Zukunft gemeinsam für sie sorgen werden und sich in ihrem Leben wenig verändern wird, werden sie sich schon bald wieder sicher fühlen.

> Für Arno, Tims und Siens kleinen Sohn, ist seine jetzige Wohnsituation nicht ganz durchschaubar. Papa wohnt oben und Mama ist in das untere Stockwerk gezogen, das sie früher vermie-

tet hatten. Tim fragt sich, ob das für Arno wirklich eine gute Regelung ist. Er und Sien haben sich erst kürzlich getrennt und sie wissen selbst eigentlich noch nicht so genau, wie es weitergehen soll. Ihre derzeitige Situation betrachten sie als Zwischenlösung. Daher beantworten sie Arnos Fragen nicht alle so ganz ehrlich.

Es ist nur logisch, dass Arno verwirrt und ängstlich reagiert. Fragen der eigenen Kinder zu beantworten, auf die man selbst noch keine Antwort kennt, ist schwierig. Doch hinter den meisten ihrer Fragen steckt die eine entscheidende Frage: Werdet ihr beide weiterhin für mich da sein, kann ich auf euch zählen? Werde ich euch nicht verlieren? Diese Frage können Sie jederzeit beantworten.

Wut

Wenn es Ihnen gelingt, Ihren Kindern Ihre neue Lebensweise gut zu erklären, wird bei ihnen selten Wut aufkommen. Sie werden spüren, wie sehr Sie sich um sie bemühen und dass Sie nach der besten Lösung für sie suchen. Wütende Reaktionen sind eher zu erwarten, wenn Sie ihr Vertrauen verletzt haben.

Eltern verschweigen oft bestimmte Dinge, um ihre Kinder zu schützen. Doch wenn Kinder die Wahrheit schließlich selbst herausfinden, ist ihr Vertrauen zerstört. Was sie trifft und wütend macht, ist dann weniger ihre neue Erkenntnis als die Tatsache, dass ihre Eltern sie nicht für voll genommen haben. Das Verschweigen ist schlimmer als der eigentliche Kummer.

Wir haben zum Beispiel gesehen, dass Gella, die Tochter von Kris und Françoise, nicht darüber wütend war, dass ihre Eltern wegen Kris' Homosexualität nicht mehr als Paar zusammenlebten, sondern darüber, dass ihre Eltern ihr jahrelang ein falsches Bild von ihrer Beziehung vorgegaukelt hatten. Das war für sie zunächst unerträglich.

Schuldgefühle und Loyalität

Kinder denken oft, der Grund für die Scheidung ihrer Eltern zu sein. Wenn die Familie auch nach der Trennung der Eltern noch unter einem Dach zusammenwohnt, werden sich solche Schuldgefühle selten ergeben. Das Gleiche gilt für die Kinder von Eltern, die das Nestmodell praktizieren oder sie gemeinsam erziehen, während sie separat wohnen.

Da die Eltern noch eng miteinander in Kontakt stehen, ergeben sich weniger Loyalitätsprobleme. Auf die Loyalitätsgefühle der Kinder sollten Sie allerdings aufmerksam achten, denn sie sind besonders stark und kommen bei der geringsten Gelegenheit ins Spiel.

Weil sie gehört hatten, dass Karolien, die neue Freundin ihres Vaters, mit ein Grund für die Scheidung ihrer Eltern gewesen war, hatten Lut und Wout sich vorgenommen, sie zu hassen. Als sie sie dann kennenlernten, fanden sie sie eigentlich ganz nett. Deshalb hatten sie ihrer Mutter gegenüber Schuldgefühle.

Ihre Mutter gesteht, dass sie zunächst etwas Zeit gebraucht hat, um Karolien einen Platz einzuräumen und sie zu akzeptieren. Aber als Lut ihr nach einer gewissen Zeit deutlich machte, dass den Kindern diese Haltung Schwierigkeiten machte, entschied sie sich, sich anzustrengen.

Wenn Kinder Schuldgefühle haben, können Vater und Mutter ihnen diese emotionale Last nehmen, indem sie ihnen versichern, dass sie sich auch bei dem anderen Elternteil wohlfühlen dürfen.

Vergebliche Hoffnung

Wenn es *ein* Gefühl gibt, auf das man bei seinen Kindern besonders achten sollte, so ist es ihre Hoffnung, dass alles wieder gut wird. Sie als Eltern können die Lage zwar einschätzen, doch sollten Sie nicht zu schnell davon ausgehen, dass Ihre Kinder die Situation genauso sehen.

Das Risiko, dass ihre Hoffnung weiterlebt, ist beim dritten Weg größer als bei einer klassischen Scheidung. Die Kinder verstehen nicht, wo die Elternbeziehung endet und die partnerschaftliche Beziehung beginnt, vor allem wenn Eltern wie Sylvie und Joris unter einem Dach wohnen.

Sylvie bedauert sehr, dass Joris und sie Julie das Ende ihrer Beziehung zu lange verschwiegen haben. Sie betrachten das heute als einen ihrer größten Fehler. Sie hatten Julie lange Zeit zu sehr beschützen wollen und ihr daher eher suggeriert, dass sie zusammenbleiben würden. Das hatte Julies Sehnsucht nach einer Wiedervereinigung der Familie sehr genährt und ihr viel Kummer bereitet.

Schließlich erklärten sie ihr die Situation: Mama und Papa lassen sich scheiden, werden aber weiterhin in einem Haus zusammenwohnen. Es hatte den Anschein, als hätten sie Julie damit eine gewaltige Last von den Schultern genommen, denn nun wusste sie endlich, was sie Außenstehenden erzählen sollte.

Doch der Wunsch, die Familie wieder zusammenzubringen, ist bei Julie und ihrem Bruder nach wie vor vorhanden. Deshalb fordern sie Sylvie und Joris manchmal dazu auf, sich zu umarmen, wenn sie dicht beieinanderstehen. Und wenn sie mal zu viert etwas gemeinsam unternehmen, wollen die Kinder immer Fotos machen, auf denen ihre Eltern zusammen abgebildet sind.

Den Sinnspruch »Der Mensch lebt von der Hoffnung« sollten Eltern aus dem Wortschatz ihrer Kinder verbannen. Jedenfalls, was die Hoffnung auf eine Wiedervereinigung der Familie angeht. Hoffnung auf ein erreichbares Ziel ist motivierend, vergebliche Hoffnung jedoch führt nur zu Enttäuschung und wirkt destruktiv. Eltern, die den dritten Weg wählen, müssen solchen vergeblichen Hoffnungen gegensteuern.

Wer eine Scheidung durchlebt und seinen Weg positiv weitergehen will, muss eine ganze Reihe widersprüchlicher Gefühle durchstehen. In dieser Situation nur auf sein Herz zu hören, ist sicherlich nicht »vernünftig«.

Doch damit soll keineswegs gesagt sein, dass wir unseren Gefühlen keine Chance geben dürfen. Unsere Gefühle sollten wir ganz sicher nicht unterdrücken, denn das führt nur zu Ärger und Verdruss. Wenn wir unsere Schuldgefühle offenbaren, können wir sie konstruktiv nutzen. Wenn wir die Ängste hinter unserer Wut erkennen, können wir unserer Wut die Grundlage entziehen. Wenn wir Respekt und Freundschaft mehr Raum zugestehen als Eifersucht und Missgunst, steht uns der Weg in eine bessere Zukunft offen.

Wenn wir blindlings den Gefühlen folgen, die zuerst in uns aufkommen, werden wir nie unser Ziel erreichen. Denn dann werden diese Gefühle die Führung übernehmen und über den Lauf der Dinge entscheiden. Ein Fortschritt ist so nicht möglich. Um wirklich zu erkennen, was für uns das Beste ist, und die richtigen Entscheidungen zu treffen, sollten wir unbedingt unseren Verstand einschalten.

Tipps:

- Mit Gefühlen, die Ihnen Probleme bereiten, sollten Sie sich auseinandersetzen. Gelingt Ihnen das nicht, sollten Sie sich Hilfe suchen.
- Allein auf sein Herz zu hören, ist nicht sinnvoll. Entscheiden Sie nie aufgrund Ihrer ersten Emotionen.
- Erkunden Sie, welche Angst hinter Ihren Wutanfällen, Ihren Gefühlen, zu kurz zu kommen, oder Ihrem Drang, die Opferrolle einzunehmen, steckt. Um eine Lösung zu finden, müssen Sie diese Angst über Bord werfen.
- Schützen Sie Ihre Kinder vor der vergeblichen Hoffnung, dass alles wieder gut wird.

9. Unser Umfeld, Hilfe oder Hemmnis?

In unserer Gesellschaft geht es ständig um Flexibilität und Kreativität. Daher könnte man vermuten, dass kreative Neuerungen begeistert begrüßt würden. Aber Menschen, die den dritten Weg ausprobieren, begegnet man eher mit großer Skepsis und mit Bedenken wie: »Das ist für die Kinder zu verwirrend«, »Das ist für die meisten Menschen doch unmöglich«, »Das schafft ihr nie«, »Verhaltet euch doch einfach normal«. Die ausgetreten Wege zu verlassen, scheint vielen Außenstehenden zu gewagt.

Wir sind daran gewöhnt, Menschen in Schubladen zu stecken und sie danach zu beurteilen. Jeder, der keiner bestimmten Gruppierung angehört, ist anders. Paare sind also entweder getrennt oder zusammen. Das Sprichwort »Man schätzt nur, was man kennt« gilt leider auch in Bezug auf Beziehungen. Sagen Sie einmal zu jemandem: »Ja, wir sind geschieden, aber wir wohnen noch im selben Haus und erziehen unsere Kinder weiterhin gemeinsam.« Und Sie werden sehen, wie gering die Chance auf die Antwort »Wow, das ist ja toll, dass Ihre Familie so noch zusammenbleibt« ist.

Inzwischen gilt allgemein die Vorstellung, dass ein Paar, das es wirklich nicht mehr miteinander aushält, auch nicht mehr zusammenbleiben muss. Doch wenn Kinder im Spiel sind, wird eine Trennung allgemein kritischer gesehen.

Und was wird dann von den Paaren erwartet? Dass sie sich vollkommen trennen, auch als Eltern? Dass sie sich völlig vom Partner abwenden, selbst wenn er ein guter Vater beziehungsweise sie eine gute Mutter ist? Bei wie vielen Schwiegereltern ist denn der Ex-Schwiegersohn oder die Ex-Schwiegertochter nach der Scheidung noch herzlich willkommen, mögen sie ihn beziehungsweise sie vorher noch so sehr geschätzt haben? Die Tatsache, dass Paare nach einer Scheidung nach alternativen Lebensformen suchen, lässt vermuten, dass die heutigen Normen nicht mehr genügen.

Paul Verhaeghe verteidigt in seinem Buch *Und ich?* die These, unser Umfeld präge weitgehend, wer wir sind. Er zeigt auf, dass wir zwischen Trennungsangst (der Angst, aus der Gruppe ausgestoßen zu werden) und Intrusionsangst (der Sehnsucht nach Autonomie) eingezwängt sind: »Wir wollen zum großen Ganzen gehören, aber gleichzeitig streben wir nach Unabhängigkeit.«[23]

Während wir uns in der Pubertät gewöhnlich gegen die allgemeine Norm abgrenzen und unsere Individualität entdecken, passen wir uns als Erwachsene allmählich wieder an. Denn wir möchten nun mal gerne akzeptiert und geschätzt werden.

Fest steht allerdings, dass jede ungewöhnliche Form des Zusammenlebens auf Widerstand stößt und von ihrem Umfeld kritisch kommentiert wird. Der dritte Weg bildet hier keine Ausnahme. Doch es wäre bedauerlich, wenn Sie ihn aus diesem Grund ablehnen würden. Verantworten müssen Sie sich schließlich nur vor einem ganz begrenzten Kreis an Menschen: Vor sich selbst, Ihrem Partner und Ihren Kindern. Solange Sie diese Menschen im Blick behalten, können Sie wenig falsch machen.

Dennoch ist es gut, sich darauf einzustellen, dass Ihnen Gegenwind selbst aus Richtungen entgegenschlagen kann, aus denen Sie ihn am wenigsten erwartet haben. Dann sind Sie besser darauf vorbereitet und eher dafür gewappnet, Misstrauen zu begegnen.

Man kann das Ganze natürlich auch völlig anders sehen. Vielleicht ist es eher die Aufgabe der Gesellschaft, ihre Normen zu korrigieren, und vielleicht braucht sie dazu Menschen wie Sie, die den Mut aufbringen, neue Gedanken einzubringen, von denen sie überzeugt sind. Bemerkenswert ist die Begeisterung für den dritten Weg bei der jüngeren Generation. Wout und Frans, deren Eltern schon jahrelang das Nestmodell praktizieren, haben es uns ähnlich geschildert wie Marthe, deren geschiedene Eltern noch immer unter einem Dach wohnen.

> »Die meisten Freunde oder Freundinnen, denen ich erzählt habe, was bei uns Sache ist, bewunderten meine Eltern dafür, dass sie es geschafft hatten, ihr Problem auf diese Weise zu lösen. Eigentlich fand ich es nie schwierig zu erklären, wie sie ›getrennt zusammenlebten‹.«

Wenn nur genug Menschen nach ihrer Trennung als Eltern weiter zusammenleben würden, wäre der dritte Weg bald eine gesellschaftlich akzeptierte Norm neben anderen. Paare, die diesen Weg in Zukunft gehen möchten, werden Ihnen dankbar sein, dass Sie den Mut hatten, hierin Vorreiter zu sein.

Unser unmittelbares Umfeld

Was andere über uns denken, braucht uns natürlich nicht zu interessieren. Es sei denn, es handelt sich um Menschen aus unserem unmittelbaren Umfeld, bei denen wir Unterstützung und Bestätigung suchen. Doch gerade sie machen uns manchmal das Leben schwer. Wofür es auch seine Gründe gibt.

Je näher Ihnen jemand steht, desto eher vermutet er, Sie besser zu kennen, und desto eher glaubt er zu wissen, was gut für Sie ist. Das Problem bei der Sache besteht allerdings darin, dass niemand – so gut er Sie auch kennen mag – weiß, wie Ihre Beziehung wirklich aussieht und was sich genau zwischen Ihnen als Partnern abspielt oder gerade nicht mehr abspielt.

Eltern

Wenn Schwierigkeiten auftauchen, sind unsere Eltern oft die ersten Ansprechpartner. In bester Absicht bemühen sie sich zu helfen. Doch sie können auch urteilen oder verurteilen. Gerade weil unsere Beziehung zu ihnen so eng ist, sind sie nicht immer die besten Ansprechpartner, um zu klären, was nun zu tun ist. Außerdem gehören sie einer anderen Generation an und sind oft noch den Normen und Gewohnheiten ihrer Zeit verhaftet. Manchmal haben Sie dann wenig Verständnis für nicht konforme Lösungen.

> »Mein Vater hat wenig Aufhebens davon gemacht«, sagt Berenice. »Aber meine Mutter war aus Sorge um die Kinder sehr unglücklich und wollte mich daher ständig vor allem Möglichen warnen. Ich habe sie damals besucht und zu ihr gesagt: ›Sieh mal, Mama, für Paul und mich stehen die Kinder nach wie vor an erster Stelle. Wir werden alles dafür tun, um die Dinge für sie möglichst gut zu regeln. Aber was Besuchsrecht, Finanzen und solche Dinge angeht, will ich wirklich keinen Kommentar von dir.‹ Mein Vater hat mich hierin unterstützt, so dass sich der Gegenwind bald gelegt hat.«

Es ist zwar sicher nicht leicht, diesen Schritt zu gehen, auch wenn er oft der beste ist. Setzen Sie übertriebenen äußeren Einmischungen schnell eine klare Grenze. Eltern können ihren erwachsenen Kindern die größte Hilfe sein, indem sie einfach für sie da sind, wenn sie gebraucht werden, und ihnen einen Rat geben, wenn sie darum gebeten werden. Wenn die Eltern jedoch selbst das Heft in die Hand nehmen, die Angelegenheiten auf ihre Weise regeln oder gar Öl ins Feuer gießen wollen, beschleunigen sie oft gerade, was sie verhindern wollen: den Zerfall der Familie.

Berenice reagierte nicht nur gut auf die Einmischungen ihrer Mutter, sondern fand später auch ihrer Schwiegermutter gegenüber den richtigen Ton, so dass diese letztlich erkennen musste, sich gewaltig geirrt zu haben.

> Berenice: »Meine Schwiegermutter hatte mein Verhalten in den zwei Jahren, in denen noch niemand wusste, dass ihr Sohn homosexuell war, heftig kritisiert. Sie hatte einige Male auf die Kinder aufgepasst, während ich ausgegangen war, und glaubte zu wissen, was bei uns los war.
>
> Als sie später hörte, wie die Situation wirklich gewesen war, nahm sie sich das sehr zu Herzen. Die Lage zu akzeptieren, wurde für sie dadurch noch schmerzlicher. Wir setzten uns zusammen wie zwei vernünftige Menschen und haben uns ausgesprochen. Seither sind wir wieder ›eine Familie‹, genau wie früher.
>
> Ich konnte ihr die Kritik nicht wirklich übel nehmen: Sie hatte ihren Sohn so lange unterstützt, bis sie die Wahrheit traf wie ein Schlag. Ich wusste, wie schmerzhaft das für sie war. Das bisschen Kritik war nichts gegen den Kummer, den sie erlitten hat.«

Wir müssen akzeptieren, dass Eltern aus Liebe und Besorgnis reagieren. Daher sind sie nur selten objektiv und können uns nicht immer das bieten, was wir brauchen. Natürlich macht es Sinn, sich ihre Ratschläge anzuhören. Erfahrung ist schließlich ein kostbarer Schatz. Als wirklich hilfreich erweist sie sich allerdings nur, wenn man auch den Mut hat, sie zur Diskussion zu stellen. Ein gut gemeinter Rat ist nicht immer ein guter Rat.

Leider kommen in einigen elterlichen Reaktionen weniger Liebe und Besorgnis als mangelndes Verständnis und autoritäres Gehabe zum Ausdruck. Manche fürchten sich auch einfach vor den Reaktionen ihrer Umgebung: Was wohl die Leute von uns denken?

In den meisten Gesprächen, die wir geführt haben, kam zur Sprache, dass sich mindestens ein Elternteil auf die eine oder andere Weise quergestellt hatte.

Noor: »Niemand hat unsere Scheidung kommen sehen. Meine Eltern wussten überhaupt nicht, wie sie damit umgehen sollten. Sie waren wütend und befürchteten, dass man in ihrem Umfeld Anstoß daran nehmen würde. Sie waren auch tief enttäuscht. Ein Kontakt zu ihnen war von da an nicht mehr möglich. Wir hatten gehofft, dass sie für unsere Jungen da sein würden, aber das war leider nicht der Fall. Erst ein halbes Jahr später kam wieder ein Kontakt zustande, den wir behutsam ausbauten.«

Martine: »Meine Mutter und ihr Partner haben unsere Entscheidung für diese Lebensform ebenso akzeptiert wie meine Ex-Schwiegereltern. Bei ihnen habe ich mit Igor zusammen sogar das Nikolausfest gefeiert. Die Familie meines Vaters verhielt sich anders. Von ihnen hatte niemand den Mut, mit uns darüber zu reden oder einmal nachzufragen. Seltsam.«

Petra: »Anis' Eltern haben auf die Scheidung sehr ungehalten reagiert. Sie haben uns vorgehalten, dass unsere Kinder nun wohl in der Gosse landen würden. Das traf uns ziemlich hart. Wir haben jetzt wieder Kontakt zu ihnen, aber der bleibt zurückhaltend.«

Erstaunlicherweise hängt es nicht immer von verwandtschaftlichen Beziehungen ab, gegen wen sich die Ablehnung wendet. Manche Eltern ergreifen auch für ihren Schwiegersohn oder ihre Schwiegertochter Partei, häufig weil sie nach einem Schuldigen für die Misere suchen, die sie seither durchmachen müssen. Ihr eigener Sohn oder ihre Tochter hat ihren Traum zerschlagen, daher schließen sie nun dessen Partner in die Arme. Andere Eltern weigern sich dagegen, die Fehler ihres eigenen Kindes einzusehen und suchen nach Gründen, das Scheitern dem Schwiegersohn oder der Schwiegertochter in die Schuhe zu schieben.

Bei ihrer Suche nach einem Schuldigen bewegen sich Eltern und Freunde manchmal ganz auf einer Linie. Wer fremdgegangen ist, lässt sich hierbei am leichtesten als Übeltäter hinstellen. Ähnlich formuliert es auch Martine:

»Wenn einer von beiden fremdgeht, ist es für die Außenstehenden klar: Er oder sie ist im Unrecht. Die unzähligen größeren und komplexeren Probleme, die einer Scheidung zugrunde liegen, sind weniger deutlich und werden daher ignoriert.«

Jan und Nicole empfanden die Reaktionen der Außenstehenden eher als Last denn als Hilfe. Vor allem Nicole hatte darunter zu leiden. Wenn sie Hilfe suchte, um ihren eigenen Kummer zu verarbeiten, musste sie manchmal alle Kraft aufwenden, um Jan als Vater zu verteidigen. Gut gemeinter Beistand aus dem Umfeld wirkte sich manchmal vollkommen gegenteilig aus. Einmal wurde ihr sogar vorgehalten, dass sie ihre Kinder im Stich lassen würde. Und dass sie sich von Jan, der sie finanziell übervorteilen wolle, auf der Nase herumtanzen ließe.

Sogar nach der Erinnerung ihre Tochter Lut hatte ihr Vater seine Familie für eine andere Frau im Stich gelassen und Mama deshalb die Kinder »bekommen«. Lut hatte diese Version so oft gehört, dass sie sie schließlich verinnerlichte. Letztlich hat Nicole die notwendige Hilfe eher bei einem Therapeuten als in ihrem Umfeld gefunden.

Freunde und Bekannte

Vor allem von unseren Freunden erwarten wir viel. Und das zu Recht. Denn zwischen ihnen und uns besteht keine Generationenkluft und sie identifizieren sich wahrscheinlich weniger mit der Situation als unsere Eltern. Daher können sie mehr Distanz dazu einnehmen und uns besser unterstützen.

Manche von ihnen haben allerdings Loyalitätsprobleme und halten sich komplett aus dem Konflikt raus. Andere springen ab, halten sich fern oder ergreifen, manchmal sehr voreingenommen, Partei. Mit solchen Freunden kommen Sie keinen Schritt weiter.

Freunde, die Ihnen wirklich beistehen, erkennen Sie daran, dass sie gut zuhören und auch ein offenes Ohr für die Argumente oder Probleme Ihres Partners haben. Freunde haben auch den Mut, Sie darauf hinzuweisen, wenn Sie sich verrennen oder Fehler machen. Hilfreich sind Freunde, die nicht in Ihre Klage einstimmen, sondern Ihnen helfen, nach Lösungen zu suchen, die für alle gut sind.

Wenn Sie dann noch nach unausgetretenen Wegen suchen, brauchen Sie Freunde mit einer offenen Einstellung. Freunde, die sich nicht davor fürchten, nach kreativen Lösungen zu suchen, die noch nicht allgemein akzeptiert sind. Solche Freunde gibt es wirklich, zum Beispiel bei Berenice und Paul:

»Von unseren Freunden kamen nur positive Reaktionen. Eigentlich hat sich niemand aufgeregt. Im Gegenteil. Viele haben mich wirklich unterstützt und Verständnis gezeigt.«

Oder bei Kurt und Katrien: »Unter unseren Freunden gibt es viele, die das, was wir tun, bewundern und uns unterstützen. Andere finden, dass wir doch wohl ziemlich großes Glück hatten. Aber dafür haben wir auch einiges getan.«

Andere, die den dritten Weg wählten, haben mit ihren Freunden weniger angenehme Erfahrungen gemacht. Oft auch deshalb, weil diese einer stereotypen Vorstellung von einer Scheidung anhingen und davon überzeugt waren, dass sich hinter dem dritten Weg eine Menge Probleme verbargen, die keiner wahrhaben wollte.

Martine: »Am schlimmsten fand ich die Reaktionen mancher Freundinnen. Einige wollten einfach nicht akzeptieren, dass es zwischen uns vorbei war. Sie glaubten, dass wir eigentlich unbewusst noch ineinander verliebt wären, da wir noch so gut miteinander auskamen. Andere sahen in unserem Verhalten eine Flucht vor den Konsequenzen der Scheidung, denen wir uns nicht stellen wollten. Bei manchen spürte ich auch eine Art unterschwellige Eifersucht. So etwa bei einer Freundin, die mit ihrem Mann zusammengeblieben war, obwohl er eine Affäre hatte. Unsere Situation brachte ihre eigene Unzufriedenheit zum Vorschein und daher betrachtete sie meine neu gewonnene Freiheit mit einem gewissen Neid.«

Noor: »Es gab auch Leute, die das Gefühl hatten, sich entscheiden zu müssen. Bart und ich fanden das unnötig. Andere waren der Meinung, ich sollte ganz mit ihm brechen. Sie verstanden einfach nicht, dass ich ihm immer und immer wieder eine Chance gab. Es gab Augenblicke, in denen ich sehr in Versuchung war, ihnen recht zu geben. Ich bin so froh, dass ich in erster Linie auf mich selbst gehört habe.«

Dieser letzte Satz enthält den Kern der Botschaft. Wer kann besser entscheiden, was gut für Sie, Ihre Kinder und Ihren (Ex-)Partner ist, als Sie selbst?

Für Inge und Pepijn war die Antwort darauf ganz eindeutig. Inge: »Wir haben uns nicht von anderen beeinflussen lassen. Das ist manchmal schwierig. Weil wir uns noch sehr nahestehen, sind einige der Überzeugung, wir würden wieder zusammenkommen. Sie wollen es einfach nicht kapieren und manche von ihnen versuchen es immer wieder. Es kommt mir fast so vor, als gäbe es nur zwei Schubladen. Schublade eins: als Paar zusammen sein. Schublade zwei: nichts mehr miteinander zu tun haben.

Als Eltern kommen wir gut miteinander aus und wir mögen uns auch menschlich. So einfach ist das. Natürlich machen uns andere, die uns als Vorbild betrachten, auch Komplimente.«

Inges und Pepijns Situation ist ziemlich speziell. Pepijn war als Jugendfreund bei Inges Familie aufgewachsen. Daher waren sie zunächst eher Freunde als ein Liebespaar. Nach einem schweren Skiunglück und einer langen Genesungszeit hatten sie sich dazu entschlossen, gemeinsam alt werden zu wollen. Neun Monate später wurde Eric geboren und Inge fiel in eine postnatale Depression. Ihre Beziehung bekam erste Risse. Als Inge sich dann in einen anderen verliebte, kamen sie zu der Einsicht, dass ihre Beziehung wohl eher geschwisterlich war. Oder vielleicht auch immer gewesen war.

Von ihrer Paarbeziehung Abstand zu nehmen und ihre geschwisterliche Beziehung beizubehalten, fiel ihnen daher auch nicht schwer. Diese Bruder-Schwester-Beziehung macht es möglich, dass sie jeden Dienstag zusammen essen und auch gemeinsam in Urlaub fahren. Für einige Menschen in ihrem Umfeld geht das offenbar zu weit.

Damit ist keineswegs gesagt, dass Eltern und Freunde es nicht gut mit Ihnen meinen. Sie müssen sich nur dessen bewusst sein, dass jeder von ihnen aus seiner eigenen Perspektive argumentiert. Dass diese subjektiv sein kann, ist völlig logisch. Ebenso logisch ist es, dass die Menschen aus Ihrem Umfeld manchmal auch ihre eigenen Interessen im Blick haben. Sie müssen daher selbst beurteilen, was Ihnen helfen und was Ihnen schaden kann.

Sich in den Wirren einer Scheidung zu behaupten, ist wirklich nicht leicht. Noch schwieriger ist es, den Mut aufzubringen, Menschen, die Ihnen nahestehen, zu sagen, was Sie von ihnen erwarten und wogegen Sie sich verwahren. Halten Sie nicht nach Menschen Ausschau, die Ihnen nur bestätigen, wie recht Sie mit allem haben. Denn diese machen Ihnen zwar Mut, wenn Sie in den Kampf ziehen wollen, stehen Ihnen aber im Weg, wenn Sie auf dem Friedenspfad sind und auch mal die Partei des Ex-Partners ergreifen wollen. Und denken Sie immer daran, dass Sie sich Dritten gegenüber nicht rechtfertigen müssen, selbst wenn Sie Ihnen sehr nahestehen. Sie können davon ausgehen, dass die Skeptiker in den meisten Fällen kapitulieren werden.

Professionelle Helfer

Wenn unser Umfeld uns nicht helfen kann, hoffen wir womöglich, wenigstens in der Welt der professionellen Helfer Zustimmung und Unterstützung zu finden. Sie haben schließlich Erfahrung und kennen sich mit Scheidungen und deren Folgen für die Kinder aus. Und tatsächlich besteht hier eine reelle Chance, adäquate Hilfe zu finden.

Um aus Ihrem Tief herauszukommen, können Sie sich an einen Therapeuten wenden, der Ihnen hilft, Ihr verlorenes Selbstvertrauen wieder zurückzugewinnen und zu stärken. Ein Vermittler kann Sie durch das Wirrwarr von Widersprüchen, in dem Sie keinen Weg mehr sehen, lotsen. Und ein Rechtsanwalt ist der perfekte Beistand, um Ihnen zu Ihrem Recht zu verhelfen. Ihnen auf Ihrem dritten Weg zu helfen, kann allerdings auch für professionelle Helfer eine Herausforderung sein. Dafür sollten Sie sich professionelle Helfer suchen, die den Mut haben, ausgetretene Wege zu verlassen, und bereit sind, mit Ihnen gemeinsam kreativ zu denken und Vor- und Nachteile sorgfältig abzuwägen.

Therapeuten

Manche Therapeuten behaupten, der dritte Weg müsse für Kinder verwirrend sein, besonders wenn Eltern auch nach der Trennung noch zusammenwohnen. Kinder brauchten Klarheit über die Beziehung ihrer Eltern, und die Tatsache, dass diese weiterhin zusammenlebten, verunmögliche diese Klarheit.

Fast alle Studien belegen allerdings, dass für Kinder bei einer Scheidung in erster Linie die Konflikte zwischen ihren Eltern belastend sind. Jede Initiative, die darauf abzielt, das gute Verhältnis der Eltern zu wahren, verdient daher unser Vertrauen. Wie Eltern ihre Paarbeziehung gestalten, scheint uns hier von untergeordnetem Interesse. Sollte sich wirklich die Gefahr ergeben, dass Kinder in Verwirrung geraten, sind Eltern gewiss in der Lage, die Unklarheiten auszuräumen.

Es wird auch behauptet, Kinder könnten es als falsches Signal verstehen, wenn sich ihre Eltern weiterhin gemeinsam um sie kümmern, noch regelmäßig miteinander essen, zusammen Ausflüge unternehmen oder gemeinsam in Urlaub fahren. Wenn geschiedene Eltern in diesen Punkten deutlich genug sind, sehen wir darin nur ein geringes Problem. Außerdem gehören solche Missverständnisse zu den Problemen, mit denen sich alle Eltern, die sich trennen, ständig herumschlagen müssen. Denn jedes Kind hegt die Hoffnung, seine Eltern würden sich eines Tages wieder versöhnen. Ob nun die Eltern noch zusammenwohnen oder ob sie wegen der Kinder mit ihnen noch etwas gemeinsam unternehmen, hat damit nichts zu tun. Je geringer die Distanz zwischen den Eltern ist, desto aufmerksamer sollten sie allerdings darauf Acht geben.

Darüber hinaus wird die Auffassung vertreten, dass die Regelungen, die die Kinder betreffen, klar und stabil sein sollten. Ein flexibler Umgang mit Vater und Mutter stände einer solchen Klarheit jedoch im Weg. Aber das macht keinen Sinn. Denn was könnte für ein Kind besser sein als eine Situation, in der Vater und Mutter trotz ihrer Trennung fast ständig für es erreichbar sind.

Es gibt einige professionelle Helfer wie den Kinder- und Jugendpsychiater Peter Adriaenssens, die den Zielen des dritten Weges sehr nahestehen: »Ich glaube, dass jede allgemeine Antwort falsch ist. So falsch, wie es früher war, dem Vater nur alle zwei Wochen ein Wochenende zuzugestehen, so falsch ist es heute zu glauben, wir hätten nun ein anderes magisches Rezept. Die Paritätsmodell mag für viele Jugendliche das Beste sein, aber das gilt sicher nicht für alle Kinder. Eine unserer großen Sorgen sind die Babys und Kleinkinder, die sich noch mitten im Bindungsprozess befinden. Was man mit Babys oder kleinen fünfzehnmonatigen Kindern anstellt, ist manchmal kaum mit anzusehen. Es dauert lange, bis der Begriff ›Zeit‹ für Kinder einen Sinn bekommt. Ein kleines Kind weiß nicht, was es bedeutet, wenn man zu ihm sagt: ›Ich komme in vier Tagen wieder.‹

Versuchen Sie Ihren gesunden Menschenverstand einzusetzen und flexibel zu sein. Ist es normal, wenn ein Kind in den Kalender schauen muss, um zu wissen, zu wem es heute gehen kann? Warum soll es nicht beide Eltern sehen können? Seltsamerweise tun wir bei einer Scheidung mit Kindern manchmal Dinge, die wir sonst nie akzeptieren würden. Aber es gibt natürlich auch sie: Paare, die nur zwei Straßen auseinander wohnen und sich gegenseitig Pflichten abnehmen, wenn es nötig ist. ›Ich habe morgen noch spät eine Versammlung, geh mal zu Papa.‹ Ich finde es auch gut, wenn die bestehende ›Aufgabenteilung‹, das Spiel, das in allen Familien gespielt wird, erhalten bleibt. ›Du regst dich weniger über das Zeugnis auf, also rede du mal mit ihm darüber.‹ Soll man das alles über Bord werfen, nur weil man nun zwei verschiedene Adressen hat?«[24]

Diese Auffassung teilt auch der niederländische Philosoph Joke Hermsen. Auf die Frage, welche Form für geschiedene Eltern wohl die beste sei, um ihre Kinder zusammen zu erziehen, lautet seine Antwort: »Ich denke, dass jeder sich die Form schaffen muss, die am besten zu ihm passt. Ich selbst habe viel für das *Living-next-door-together*-Modell übrig. Jeder hat seine eigene Wohnung, aber man wohnt doch nahe genug zusammen, dass die Kinder nicht zu viel hin- und herpendeln müssen.«[25]

Vermittler

Vielen Eltern gelingt es, ihre Meinungsverschiedenheiten allein zu überbrücken und ihr eigenes Modell zu entwerfen. Andere profitieren von der Hilfe eines Vermittlers, eines neutralen Dritten, der die Interessen beider Eltern und die der Kinder im Blick behält. Ein Vermittler sorgt dafür, dass die Partner (wieder) miteinander kommunizieren, und bringt Ideen ein, die ihnen vielleicht nicht in den Sinn gekommen wären. Er trifft allerdings nie selbst Entscheidungen.

Er wird die Eltern vermutlich nicht von sich aus auf den dritten Weg lenken, diesen aber auch nicht ausschließen. Als offener Mitmensch kann er dafür sorgen, dass ihr Ausgangspunkt ein weißes, unliniertes Blatt ist und kein vorgedrucktes Formular, in dem schon alle möglichen Prinzipien vorgegeben sind.

Die einzige Schwierigkeit kann darin bestehen, dass ihm das Modell des dritten Weges vielleicht noch zu wenig bekannt ist. Dann ist es an Ihnen, ihm diese Idee nahezubringen. Auch bei ihm wird seine mehr oder weniger progressive Haltung mit entscheidend dafür sein, ob er dabei begeistert mitdenkt.

Und dann gibt es noch Rechtsanwälte

Leider sind Scheidungswillige, die ihre guten Vorsätze über Bord werfen, sobald sie ein Rechtsanwalt in »Kampfstimmung« gebracht hat, keine Seltenheit. In der Arbeitswelt von Rechtsanwälten geht es ums Gewinnen und Verlieren. Bei einer Scheidung gibt es jedoch nichts zu gewinnen.

Aber wir wollen nicht von vorneherein alle Rechtsanwälte verdammen. Einige von ihnen nehmen das Kindeswohl durchaus ernst und reagieren selbst allergisch auf das Vorgehen ihrer prozesswütigen, nur von Profitgier getriebenen Kollegen.

Grundsätzlich ist es empfehlenswert, wenn Paare zu Beginn ihrer Trennung oder Scheidung eine Familien- oder Scheidungsberatung aufsuchen, bevor sie sich an einen Rechtsanwalt wenden.

> Clara: »Für eine gute Scheidung war ich zu vielen Zugeständnissen bereit. Aber dabei hatte ich nicht an meinen Rechtsanwalt gedacht. ›Wenn Sie sich scheiden lassen, müssen Sie das durchziehen und nur an sich denken‹, hat er zu mir gesagt. Ich dachte, ich hör nicht richtig. Ich bin nach Hause gegangen und dachte: Das geht doch nicht. Das ist ein Fehler. Das muss auch anders funktionieren. Ich werde nicht noch größeren Streit mit dem Vater meiner Kinder anzetteln. Der Rechtsanwalt hat sogar vorgeschlagen, Karel mit Hilfe einer einstweiligen Verfügung vor die Tür zu setzen. Das ging meiner Ansicht nach viel zu weit.
>
> Der dritte Weg, den ich stattdessen eingeschlagen habe, war ein Weg des Wartens, der Geduld und des Respekts vor Karels Gefühlen. Er hat sich als ziemlich erfolgreich erwiesen. Heute bin ich sehr glücklich, dass ich dem Rat des Rechtsanwaltes nicht gefolgt bin.«

Wer sich scheiden lässt, muss sich sehr bewusst darüber sein, dass jede Aktion eine Reaktion hervorruft und die Wogen des Konflikts zu hoch schlagen können. Hat man sich erst einmal eine Reihe von gegenseitigen Vorwürfen um die Ohren geschleudert, ist die Chance auf eine gute Elternbeziehung schnell vertan.

Sorgen Sie daher immer dafür, das Heft selbst in der Hand zu behalten. Wählen Sie Ihren Rechtsanwalt mit Bedacht. Holen Sie bei ihm die nötigen juristischen Informationen ein, aber entscheiden Sie selbst, wo es langgeht.

Wer seinen eigenen Weg wählt, muss den Mut haben, auf seine eigene Kraft zu vertrauen und selbst zu entscheiden, bei wem und wofür er Beistand suchen will. Das ist manchmal gewiss mühsamer, als in die Fußstapfen anderer zu treten, aber es lohnt sich.

Anna und Gilbert waren zu Beginn ihrer Scheidung übereingekommen, dass ihre Tochter Mia an erster Stelle stehen sollte. Zunächst lief alles etwas mühsam, aber schon bald entwickelte sich die Situation ganz normal. Sie fanden ihren eigenen dritten Weg. Sie feiern und unternehmen viel zusammen und gehen zusammen essen. Bis vor einem Jahr sind sie auch noch gemeinsam in Urlaub gefahren.

Sie haben auch die Vereinbarung getroffen, den Einfluss der Stiefeltern auf Mia zu begrenzen. Anna hat einen Freund, der weiter entfernt wohnt und mit dem sie daher nur die Wochenenden verbringt.

Anna: »Es gab Außenstehende, die die Art, wie wir unsere Situation geregelt haben, argwöhnisch kommentiert haben. Sogar Gilberts Mutter dachte lange, dass ich ihrem Sohn durch die Art unseres Umgangs weiter Hoffnungen machen würde. Das machte es für uns manchmal schwer. Aber wenn ich sehe, wie wohl sich Mia fühlt und wie froh sie ist, dann ist es das mehr als wert.«

Tipps:

- Hören Sie sich die »guten Ratschläge« anderer an, aber gehen Sie Ihren eigenen (dritten) Weg.
- Die Erfahrung anderer kann hilfreich sein, doch Sie haben immer das Recht, diese in Zweifel zu ziehen.
- Meiden Sie Quacksalber, die Ihnen nur bestätigen, wie recht Sie doch haben, ebenso wie solche, die Sie in den Kampf schicken wollen.
- Seien Sie bei Ihrer Suche nach professioneller Hilfe anspruchsvoll und suchen Sie jemanden, der Ihre Ziele teilt.

10. Privatsphäre: die Luft zum Atmen

Jede Familie geht auf ihre eigene Weise mit der Privatsphäre um. Die Möglichkeiten, sie angemessen zu berücksichtigen, hängen oft stark von der Familiengröße und dem verfügbaren Raum ab. Wenn es irgend möglich ist, sorgt man meistens dafür, dass jedes Familienmitglied ein eigenes Zimmer hat – eine Ausnahme bilden hierbei häufig nur die Eltern. Und das ist, wenn es um Trennung geht, oft schon der erste Stolperstein.

Der französische Schriftsteller Henry de Montherlant hat einmal gesagt, dass es um die Ehe gewiss besser bestellt wäre, wenn jeder der Ehepartner über ein eigenes Zimmer verfügte. Vielleicht hat er damit nicht ganz unrecht. In einer traditionellen Familie kann das mitunter ein Arbeitszimmer, ein Hobbyraum oder ein Schlafzimmer sein. Weil wir diesen Ort wirklich unser Eigen nennen können, vermittelt er uns ein Gefühl von Geborgenheit und Ruhe. Doch dieses Gefühl verflüchtigt sich rasch, wenn wir nicht darauf vertrauen können, dass andere unsere Privatsphäre respektieren. Denn letztlich ist der Respekt anderer vor unserer Privatsphäre wichtiger als der Raum selbst.

Stellen Sie sich vor, in einer Wohnung hätte jeder sein eigenes Zimmer, aber einer spionierte darin herum und versuchte ständig, hinter die Geheimnisse der anderen zu kommen oder misstrauisch alles auszukundschaften. Dann würden die Wände bald auch nicht mehr viel nützen.

Wenn man nach einer Trennung zusammenwohnt, erhält der Begriff »Privatsphäre« eine ganz eigene Bedeutung. Je näher mehrere Personen oder mehrere Familien beieinander wohnen, desto weniger räumliche Privatsphäre bleibt dem Einzelnen. Nur der gegenseitige Respekt vor der Privatsphäre der anderen kann diesen fehlenden Freiraum kompensieren.

Wer den Schritt von einer klassischen Familie zu einer Familie auf dem dritten Weg macht, muss den Begriff Privatsphäre neu definieren. Vor allem zwischen den Ex-Partnern werden die Karten nun neu gemischt. Im Grunde hat das Privatleben des einen Ex-Partners den andern nun nicht mehr zu interessieren. Am Privatleben seines früheren Partners nimmt man nun nur noch teil, wenn man dazu aufgefordert wird.

Privatsphäre beim Zusammenwohnen unter einem Dach: ein Balanceakt

Wer sich entscheidet, weiterhin mit seinem Ex-Partner unter einem Dach zusammenzuwohnen, läuft zweifellos die größte Gefahr, früher oder später Probleme mit der Privatsphäre zu bekommen. Da man bei einer Scheidung in aller Regel erst einmal in der Familienwohnung bleibt, gerät die Privatsphäre von einer weiteren Seite her in Bedrängnis. Denn das frühere Leben und die alten Gewohnheiten wird man nicht so schnell los.

Es kostet Mühe, anders miteinander umzugehen und zu erkunden, wo für jeden nun die Grenzen seiner Privatsphäre liegen. Und es braucht auch eine gewisse Zeit, bis man genügend Distanz zueinander gewonnen hat. Die Situation kann zusätzlich dadurch erschwert werden, dass sich Wohnungen häufig nicht so ohne Weiteres der neuen Lebensform entsprechend aufteilen lassen.

> Luc und Martine hatten sehr viel Energie investiert, um ein geeignetes Haus zu finden und nach ihren Vorstellungen einzurichten. Vor allem aus diesem Grund wollten sie trotz ihrer Trennung dort weiterhin zusammenwohnen.
>
> Doch das ging nicht gut. Wie wir gesehen haben, hatte Martine völlig die Fassung verloren, als sie Luc mit seiner neuen Freundin in Igors Beisein dort angetroffen hatte.

Entscheidend war für sie nicht, dass Luc eine Freundin hatte, sondern dass er sich mit seiner Freundin und Igor gemeinsam in ihrem Haus aufhielt. Vor allem die fehlende emotionale Distanz zu Luc machte es für sie unmöglich, räumlich weiterhin so nah mit ihm zusammenzuwohnen.

Auch wenn es nicht einfach ist, muss man bei der Suche nach einer guten Lösung den Mut haben, vorausschauend zu denken. Bei jeder Scheidung sollte man davon ausgehen, dass zumindest einer der zwei Ex-Partner später eine neue Beziehung eingehen wird. Bevor Sie große Veränderungen planen, sollten Sie sich über den Raum für diesen neuen Partner Gedanken machen. Dabei sollten sie sich nicht nur überlegen, ob Sie bereit sind, mit einem neuen Partner im selben Haus zu wohnen, sondern sich auch Gedanken darüber machen, wie der notwendige Raum für ihn gefunden werden könnte.

Als Kurt und Katrien darangegangen waren, ihre gemeinsame Zukunft aufzubauen, hatten sie sich zwei Wohnungen gekauft, die nebeneinanderlagen. Vor zwanzig Jahren hatten sie diese zu einer großen Wohnung für ihre Familie und zu einem Einzimmerappartement umgebaut, das sie zunächst vermieteten. Als ihre Paarbeziehung vor fünf Jahren in die Brüche ging, bauten sie die Wohnungen erneut um. Heute ist der Teil des Wohnbereichs, in dem die Zimmer der Kinder liegen, gemeinsames Territorium. Kurts Basis ist das ehemals vermietete Einzimmerappartement. Trotz des Umbaus vermittelt die ganze Wohnung immer noch den Eindruck, dass die Familie zusammenwohnt.

Der wichtigste Schritt beim Rückbau war zweifellos die Installation eines zweiten Bades. Das verschaffte den beiden Ex-Partnern endlich genügend Privatheit und damit eine Gewähr, dass ihr Zusammenleben gut funktionieren kann. Auch die Vereinbarung, nicht unangekündigt in das »private Terrain« des anderen zu stürmen, bestärkte dieses gute Gefühl.

Wenn Katriens Freund zu Besuch ist, wird die Situation anstrengender. Es ist vielleicht ein Glück, dass er nur am Wochenende Zeit hat. Die Lage würde sich schwieriger gestalten, wenn Kurt ebenfalls eine Freundin hätte, die womöglich auch noch häufiger bei ihm wäre.

Schon seit einigen Jahren läuft hier alles perfekt. Alle kommen gut miteinander aus. Katrien wäre auch bereit, eine neue Partnerin ihres Ex-Partners im Haus zu akzeptieren, und selbst die Kinder wünschen ihrem Vater eine neue Freundin. Aber sie können sich schwer vorstellen, dass ihre Wohnung genug Raum und Privatsphäre dafür bieten würde, es sei denn, sie würden wirklich wieder zwei Wohnungen daraus machen, wobei die Zimmer der Kinder dann eine Art »Niemandsland« wären. Eine fast surreale Idee.

Ist es vielleicht doch zu schwierig, nach dem Ende einer Paarbeziehung noch zusammenzuwohnen? Nicht unbedingt. Vieles hängt stark von der emotionalen Distanz der Ex-Partner zueinander und dem verfügbaren Raum ab. Mit einer positiven Einstellung kann es gelingen.

Viele, die sich darauf einlassen, haben die langfristigen Konsequenzen ihrer Entscheidung allerdings nicht genügend bedacht. Manchmal haben Ex-Partner auch nicht den Mut, genug Risiko einzugehen, um ihrer Zukunft einen stabilen Rahmen zu geben. Zwei der Paare, mit denen wir gesprochen haben, hingen sehr an ihrer Wohnung, sie hatten viel Herzblut in sie investiert und wollten sie nicht verlieren. Das ist verständlich, aber aus diesem Grund in der Wohnung zu bleiben, ist nicht immer die beste Entscheidung.

Cate Cochran[26] berichtet von einem Paar, das den Mut hatte, sich für eine drastische Veränderung zu entscheiden. Sie beschlossen, ihr ursprüngliches Haus zu verkaufen und stattdessen ein viel größeres zu kaufen. Dieser Hauskauf überstieg eigentlich weit ihr Budget, doch ließ sich das neue Haus in vier Wohnungen aufteilen. Durch die Vermietung von zwei Wohnungen konnten sie den hohen Kredit, den sie aufgenommen hatten, zurückzahlen. Die beiden anderen Appartements bezogen sie selbst, wobei ihre Kinder zwischen ihnen wohnten: Das war eine echte Win-win-Lösung. So hatten sie auf einen Schlag genügend Autonomie und Privatsphäre, um vollwertige Eltern zu bleiben und gleichzeitig ihr eigenes Leben zu führen. Sind sie deshalb glücklicher als Kurt und Katrien? Nicht unbedingt, aber sie haben für eine Struktur gesorgt, die wirklich eine dauerhafte Lösung bieten kann.

Die Unsicherheit von Kurts und Katriens Kindern, was wohl passieren würde, wenn ihr Vater eine neue Partnerin fände, besteht in dieser Familie nicht. Und auch nicht Kurts eigene Unsicherheit. Kurt kann weder einschätzen, was geschehen wird, wenn er eine feste Freundin findet, noch wie viel Verständnis er von dieser zukünftigen Partnerin erwarten kann.

Wie viel räumliche Distanz man zueinander braucht, kann sehr unterschiedlich sein. Sie hängt von dem eigenen Wunsch nach Privatheit und der Bereitschaft ab, seinem Ex-Partner Privatsphäre zuzugestehen. An einer Trennung sind immer zwei beteiligt. Daher ist es ratsam, alles auf denjenigen abzustimmen, der am meisten Privatheit einfordert, oder auf denjenigen, der noch am wenigsten Distanz gewonnen hat.

Als ich Laura und Wim besuchte, war ich erstaunt, als ich an ihrer Tür nur eine Klingel ohne Namen fand. Ich dachte zunächst, ich stände vor dem falschen Haus. In ihrem Brief hatten sie mir geschrieben, sie wohnten in einem alten Herrenhaus, das sie in drei Wohnungen aufgeteilt hätten. Wim wohnt oben, Laura im Erdgeschoss und ihre Tochter Marthe (20) in der Mitte.

Als ich sie im Interview fragte, ob es für keinen von ihnen ein Problem wäre, dass es nur eine Klingel gäbe, ergriff Marthe das Wort: »Überhaupt nicht«, sagte sie, »wenn jemand für Papa klingelt, ruft Mama: ›Wim, da ist jemand für dich!‹ Genau, wie sie das bei mir tut.«

Wenn man sich dafür entscheidet, weiterhin unter einem Dach zu wohnen, muss man auch bedenken, dass ein neuer Partner eventuell nicht alleine ist, sondern Kinder hat. Praktiziert dieser Partner dann auch noch das Paritätsmodell, kann die Planung und Nutzung des vorhandenen Raums zu einem echten Puzzle werden.

Gerade wenn man zwei Familien zusammenfügt, ist es sehr wichtig, jedem Kind ein Minimum an Privatsphäre zu lassen. Man kann zwar sehr erfindungsreich sein und sogar ein einziges Zimmer so geschickt teilen, dass mehrere getrennte Bereiche entstehen, dennoch sind der Kreativität dann Grenzen gesetzt.

Wenn ein neuer Partner einzieht, muss auch dessen Gefühl für Privatsphäre berücksichtigt werden. Das ist manchmal eine Herausforderung.

> Frans und Jeanne wohnten erst einige Tage mit Frans' früherer Frau in einem Haus. Beide Parteien hatten zwar jeweils eine eigene Küche und ein eigenes Badezimmer, aber eine wirkliche Trennung bestand nicht.
>
> »Frans war an diesem Tag früher aufgestanden, um die Kinder zur Schule zu bringen«, erzählt Jeanne. »Ich war noch einmal kurz eingenickt und musste mich daher schließlich beeilen, um rechtzeitig zur Arbeit zu kommen.
>
> Als ich unter der Dusche stand, hörte ich Stimmen im Flur, aber ich konnte nicht genau verstehen, was da vor sich ging. Erst als ich aus der Dusche kam, hörte ich, dass sich Frans und seine Ex im Durchgang zwischen dem Bad und dem Schlafzimmer, in dem meine Kleider lagen, miteinander stritten. Ich sah keinen anderen Ausweg, als meinen Kopf aus der Tür zu strecken und sie zu bitten, irgendwo anders zu streiten. Das war mir sehr unangenehm. Nachher konnte ich darüber lachen, aber in dem Moment

> fragte ich mich doch, wie glatt wohl das Eis war, auf das ich mich da gewagt hatte.«

Auch für jemanden, der weniger schamhaft ist und sich in ein Handtuch retten kann, bleibt eine solche Situation peinlich. Dabei zu sein, wenn sich ein Paar streitet, ist schon unangenehm genug, erst recht in Jeannes Position.

Privatsphäre auf Distanz, eine Frage des Vertrauens

Das Thema Privatsphäre spielt sicherlich die größte Rolle, wenn man gemeinsam unter einem Dach wohnt. Aber auch wenn man nicht mehr eine Wohnung miteinander teilt, können Probleme entstehen.

> Jan und Nicole praktizieren das Nestmodell. Jan nimmt es als einen Eingriff in seine Privatsphäre wahr, wenn Nicole in der Woche, in der er bei den Kindern wohnt, unerwartet vorbeikommt. »Sie ist durchaus willkommen«, argumentiert er, »aber ich fände es besser, wenn sie mir vorher Bescheid sagte. Und ich finde es auch unangenehm, wenn ihr Freund ständig Sachen hier zurücklässt. Ansonsten haben wir mit dem Wechsel keine Probleme, wir bemühen uns beide darum, das Haus sauber und ordentlich zu hinterlassen.«

Ob man nun in zwei Häusern nebeneinander oder in einem Haus wohnt, macht im Hinblick auf die Privatsphäre keinen besonders großen Unterschied. Natürlich ist der räumliche Abstand bei zwei Häusern nebeneinander etwas größer, so dass es verlockend sein kann, die Kinder frei durch den Garten hin- und herwechseln zu lassen. Doch auch die Gartennutzung kann die Privatsphäre beeinträchtigen.

> Sylvie hatte das Thema Privatsphäre nie als problematisch empfunden. Bis es Sommer wurde und sie in ihrem gemeinsamen Garten von unerwarteten Besuchern für ihren Ex-Partner überrascht wurde. Seither haben sie für die Gartennutzung eine Regelung, die sie auch in ihre Übereinkunft aufgenommen haben.

Auch unvorhergesehene Umstände können die gerade erst eroberte Privatsphäre wieder gefährden.

Das Areal, in dem Mark und Lieve nebeneinanderwohnen, wird gemeinschaftlich verwaltet. Das lädt geradezu dazu ein, beim anderen anzuklopfen. Zu ihren Wohnungen gelangt man durch eine gemeinsame Haustür, im Flur hat dann jede Wohnung ihre eigene Eingangstür.

Lieve: »Als wir im oberen Stockwerk den Durchbruch zu den beiden Zimmern der Kinder machten, musste ich doch kurz schlucken. Die Vorstellung, dass man nun nicht nur durch die Wohnungstür, sondern auch auf anderem Wege in meine Wohnung gelangen konnte, beeinträchtigte mein Bedürfnis nach Privatheit und Sicherheit. Wir haben dann auch sofort vereinbart, die Wohnung des anderen nur durch die Wohnungstür zu betreten. Die Kinder nutzen hin und wieder allerdings auch die obere Tür. Sobald Levina und Peter aus dem Haus sind, werden wir die alte Wand wieder einziehen.«

Das Gefühl für Privatsphäre ist etwas sehr Persönliches. Es besteht die Gefahr, dass einer der Partner, ohne es zu wollen, nicht den nötigen Respekt für den anderen aufbringt oder gar nicht bemerkt, dass der andere ein ganz anderes Verständnis davon hat.

Boris wohnt in einer früheren Scheune, die zu einer nicht gerade großen, aber gemütlichen Wohnung umgebaut worden ist. Eva, seine Ex-Frau, wohnt mit den Kindern in ihrem ehemaligen großen Haus. Boris ist ein Einzelgänger, er hört gerne Musik und möchte dabei lieber nicht gestört werden. Mittlerweile hat er sich daran gewöhnt, dass seine Kinder unangekündigt vorbeikommen. Das passiert vor allem im Sommer, wenn alle im Garten sind. Doch es ärgert ihn, dass Eva kein Verständnis dafür hat, dass es ihn stört, wenn sie einfach bei ihm hereinschneit. Oder gar die Zeitung oder andere Dinge aus seiner Wohnung mitnimmt, wenn er nicht da ist. Dass sie sich in seiner Abwesenheit an seinen Sachen zu schaffen macht, betrachtet er als Eingriff in seine Privatsphäre: »Zum Essen oder wenn wir etwas zu besprechen haben, ist sie sehr willkommen. Was mich ärgert, ist allerdings ihr mangelnder Respekt für meinen persönlichen Bereich.«

Wem es spontan schwerfällt, die Privatsphäre seines Ex-Partners entsprechend dessen Wünschen zu respektieren, sollte besser mehr Abstand halten oder Maßnahmen ergreifen, um der Verlockung zu widerstehen – zum Beispiel ihm die Schlüssel zu seiner Wohnung zurückgeben.

Wir gehen davon aus, dass Eltern, die sich für einen dritten Weg entscheiden, die besten Absichten haben. Aber auch das ist keine Garantie. Frühere Verletzungen, Enttäuschungen und unerfüllte Sehnsüchte werden oft zu wenig bedacht. Und sogar mit den besten Absichten fällt es manchmal schwer, das neue Glück seines Ex-Partners mit anzusehen. Dieses Glück nicht unmittelbar vor Augen zu haben, kann helfen, es zu ignorieren. Es kann sinnvoll sein, den Schmerz der Konfrontation zu vermeiden.

Für manche ist daher eine Wohnung, die um die Ecke oder zwei Straßen weiter liegt, erträglicher als eine Nachbarwohnung. Bei unseren Gesprächen mit Eltern, die nur einen kurzen Fußweg voneinander entfernt wohnten, um ihren Kindern das Pendeln zu erleichtern, fiel uns auf, dass die meisten einen Schlüssel zur Wohnung ihres Ex-Partners hatten. Dafür gab es gute Gründe: Manchmal waren es die Kinder, die zur Schule gebracht oder abgeholt werden mussten, ein anderes Mal ging es um kleine Reparaturen oder um Pflanzen, die gegossen werden mussten, wenn der Partner im Urlaub war. Oder man hatte den Schlüssel einfach für den Notfall.

Wie stand es in diesen Familien um die Privatsphäre? Anders als von uns befürchtet, stellte das offenbar nie ein Problem dar. Sobald sie in separaten Wohnungen lebten und damit den Schritt in die Unabhängigkeit vollzogen hatten, betrachteten die früheren Partner die Wohnung des anderen nicht mehr als ihr eigenes Territorium. Selbst dann nicht, wenn es die Wohnung war, in der sie früher zusammengelebt hatten.

Seit Luc und Martine nicht mehr zusammenwohnen, sind sie gegenseitig oft in der Wohnung des anderen. Luc kommt, um Igor abzuholen und in die Schule zu bringen, Martine, um ihn an den Tagen, an denen Igor bei seinem Vater bleibt, abends dorthin zurückzubringen.

Martine: »Seit wir in zwei separaten Wohnungen leben, respektieren wir die Privatsphäre des anderen so weit wie nur möglich. Die Tatsache, dass wir den Schlüssel zur Wohnung des anderen haben, ändert daran nichts. Wenn ich bei Luc etwas abgeben muss oder Igor dort absetze, gehe ich nur bis in den Hausflur, wenn sein Vater nicht zu Hause ist. Luc weiß, dass ich gerne ausschlafe. Wenn er samstagmorgens zu mir kommt, um Igors Sachen zu bringen, benutzt er nicht seinen Schlüssel, sondern stellt sie einfach vor der Wohnungstür ab.«

Das Gefühl für Privatheit hat nur zum Teil etwas mit dem realen Abstand zu tun, entscheidend ist eigentlich die Einstellung. Aber natürlich hat ein größerer räumlicher Abstand nicht nur symbolische Bedeutung. Wer sich räumlich trennt, vergrößert auch den emotionalen Abstand.

Wie groß der räumliche Abstand auch sein mag, Kinder überbrücken ihn leicht. Denn wir dürfen nicht vergessen, dass zwischen ihnen und ihren Eltern keine emotionale Distanz besteht. Daher ist es für sie auch schwer, das, was sie bei einem Elternteil erleben, vor dem anderen zu verbergen. Im besten Fall sind sie beiden Eltern gegenüber in gleichem Maße loyal und erzählen, was sie beim anderen Elternteil erlebt haben.

Clara erzählte uns zum Beispiel, wie schwierig sie es findet, dass Karel immer viel von ihr weiß – weil die Kinder ihrem Vater eben alles erzählen. Clara ist sicher nicht die Einzige, die damit Schwierigkeiten hat. Vielleicht kann man den Kindern erklären, dass man sich zwar freut, wenn sie von ihren Erlebnissen erzählen, dass sie aber nur dann etwas über den früheren Partner und seine neue Beziehung erzählen sollen, wenn es um etwas geht, was ihnen wichtig ist. Dass es Unterschiede zwischen Ihnen und Ihrem Ex-Partner gibt, ist doch logisch. Warum wären Sie sonst wohl geschieden? Und diese Unterschiede müssten auch die Kinder respektieren. Das bedeutet auch, dass sie nicht ständig über den anderen Partner reden sollten.

Zu guter Letzt hat der Respekt vor der Privatsphäre des anderen sehr viel mit Vertrauen zu tun. Und Vertrauen beruht auf Ehrlichkeit.

In ihrem Buch *Huwelijk 2.0*[27] spricht sich Pamela Haag für absolute Ehrlichkeit aus. Ihrer Auffassung nach sollte Ehrlichkeit in jeder Beziehung, noch vor Treue, erste Priorität haben. Das bedeutet aber auch, dass man dem eigenen Partner alles sagen kann, ohne dass er oder sie einem gleich die Hölle heißmacht.

Einige Ex-Partner, mit denen wir gesprochen haben, hatten sich während ihrer Beziehung in andere verliebt. Die meisten hatten ihrem Partner ihre Gefühle ehrlich gebeichtet. Das kommt nicht von ungefähr. Denn weitestgehende Ehrlichkeit ist die beste Grundlage für Erfolg auf dem dritten Weg.

Privatsphäre hat auch viel mit Intimität zu tun. Das ist vor allem im Hinblick auf die Kinder sehr wichtig. Denn gelegentlich fällt es ihnen schwer, ihre Eltern als ganz normale Menschen mit ihren eigenen Qualitäten und Mängeln zu sehen – als Menschen, die Fehler machen oder sich verlieben können. Respekt vor der Privatsphäre anderer bedeutet auch, den anderen nicht in seinem Gefühl für Intimität zu verletzen. Eine zärtliche Geste zwischen Ihnen und Ihrem neuen Partner wird die Kinder nicht stören, ein leidenschaftlicher Kuss vielleicht schon.

Darum ist es gut, bestimmte Verhaltensregeln aufzustellen. Je enger man zusammenlebt, desto wichtiger können sie sein. Diese Verhaltensregeln sollten nicht nur für die Kinder, sondern auch für die Eltern gelten. Wenn sich die Eltern angewöhnen, anzuklopfen, wenn sie das Zimmer der Kinder betreten möchten, werden die Kinder das bald auch tun, wenn sie vor ihrem Schlafzimmer stehen.

Das scheinen kleine Dinge zu sein, die manchen unwichtig erscheinen mögen. Doch das sind sie nicht. Privatheit und Intimität entstehen nur, wenn man die Grenzen des andern ständig im Blick behält. Das kann eigentlich jeder. Man muss es nur wirklich wollen.

Tipps:

- Die richtige Einstellung schützt die Privatsphäre besser als Wände und Schlösser.
- Denken Sie immer daran, dass das Gefühl für die Privatsphäre und deren Grenzen bei jedem Menschen unterschiedlich ausgeprägt ist.
- Ohne Vertrauen in den anderen ist Privatsphäre nicht möglich.
- Dieses Vertrauen bauen Sie am besten durch Ehrlichkeit auf.

11. Ein neuer Partner auf Ihrem (dritten) Weg

Auch auf dem dritten Weg kann Ihnen natürlich ein neuer Partner begegnen. Doch werden sich für Sie aus dieser Begegnung andere Konsequenzen ergeben, vor allem dann, wenn die Verbindung zu Ihrem Ex-Partner noch ungewöhnlich stark ist.

Die Einbeziehung eines neuen Partners, der womöglich ebenfalls Kinder hat, ist eine heikle Angelegenheit, die sich auf die Dynamik der ursprünglichen Familie auswirkt. Sie kann diese Dynamik, die durch die Scheidung ohnehin schon gestört worden ist, noch stärker stören und das Familiensystem aus dem Gleichgewicht bringen. Daher sind wir der Überzeugung, dass Eltern, die sich nach der Scheidung für eine gemeinsame Elternschaft entschieden haben, ihre Kinder nicht mit wechselnden Partnern konfrontieren sollten. Selbst wenn man nicht mehr mit seinem Ex-Partner zusammenwohnt, sollte man aus Rücksicht auf die Kinder keine »Eintagsfliegen« mit nach Hause nehmen.

Einen idealen Zeitpunkt für die Vorstellung eines neuen Partners gibt es wohl nicht, besonders ungeeignete Zeitpunkte hingegen schon. Es ist zwar sicherlich angeraten, sich nicht von den nichtsahnenden Kindern bei einem flüchtigen Kuss ertappen zu lassen, doch muss das noch lange kein Drama sein. Schlimmer ist es, den Kindern einen neuen Partner zu präsentieren, bevor sie wirklich für eine solche Neuigkeit bereit sind.

Vielleicht gibt es ja doch so etwas wie ein ideales Szenario. Doch dazu müssen nicht nur der Ex-Partner, sondern auch die Kinder die Scheidung verarbeitet haben. Manche brauchen dazu mehr Zeit als andere.

Für den Ex-Partner bedeutet »die Scheidung verarbeitet haben«, dass er oder sie genug Abstand gewonnen hat.

> Martine: »Heute habe ich kein Problem mehr damit, dass Luc vollkommen glücklich ist. Wenn zu seinem Glück auch eine neue Partnerin gehört, bin ich wohl auch bereit, sie zu akzeptieren. Aber ich fände es schlimm, wenn das für Igor zu schnell ginge oder wenn es eine Frau wäre, die ihn nicht gut behandeln würde.

Ich glaube sogar, dass ich in Igors Interesse ein gutes Verhältnis zu dieser neuen Partnerin aufbauen sollte. Aber dazu gehören natürlich immer zwei, in diesem Fall vielleicht sogar drei.«

Die Kinder haben die Trennung verarbeitet, wenn sie dazu bereit sind, zu akzeptieren, dass es kein Zurück mehr gibt. Von diesem Moment an möchten sie eigentlich nur noch, dass ihre Eltern glücklich sind. Und warum sollte dazu nicht eine neue Frau oder ein neuer Mann in ihrem Leben gehören?

Es kommt also darauf an, die Entwicklung der Kinder aufmerksam zu verfolgen, um möglichst genau zu erkennen, wann sie zu diesem Schritt bereit sind. Vielleicht können Sie Ihrem zukünftigen Partner im Kreise Ihrer anderen Freunde und Bekannten zunächst die Möglichkeit geben, ein freundschaftliches Verhältnis zu den Kindern aufzubauen. So können Sie auch einen Eindruck davon gewinnen, ob er oder sie auch mit Ihren Kindern gut umgehen kann.

Wenn Sie mit Ihrem früheren Partner bestimmte Vereinbarungen über die Einbeziehung eines neuen Partners getroffen haben, sollten Sie diese natürlich berücksichtigen und dabei mit offenen Karten spielen.

Sie sollten nicht vergessen, dass es für Kinder etwas völlig anderes ist, ob sie den neuen Partner ihrer Mutter oder ihres Vaters *akzeptieren* – oder ob sie ihn als ihren Partner *zu Hause aufnehmen.* Dieser Schritt ist meist erst ein bis zwei Jahre nach der Trennung möglich. Aber wir leben nun einmal nicht in einer idealen Welt, und nur wenige werden so lange warten wollen. Zum Glück muss die Einbindung einer neuen Partnerschaft nicht das Ende Ihres dritten Weges bedeuten.

Das gestörte Gleichgewicht

Das Familiensystem, in dem wir aufwachsen und leben, hat großen Einfluss auf unsere persönliche Entwicklung. In diesem Familiensystem stehen alle zueinander in Beziehung. Alle sind voneinander abhängig und beeinflussen einander. Jede Änderung eines Teilbereichs wirkt sich auf die anderen Teile des Systems aus und kann dessen Gleichgewicht stören. Das Einbeziehen einer neuen Person in dieses System ist daher ein einschneidendes Ereignis. Der deutsche

Therapeut Bert Hellinger[28] unterscheidet in Bezug auf das Familiensystem drei Grundprinzipien:

1. Innerhalb der Familie hat jeder seinen eigenen Platz. Für einen Neuankömmling muss ein Platz gesucht werden, der die anderen Beziehungen nicht stört, sondern bestenfalls ergänzt.
2. Dabei besteht normalerweise zwischen den erwachsenen Partnern ein Gleichgewicht des Gebens und Nehmens. Bei der Einbeziehung eines neuen Partners muss ein neues Gleichgewicht gesucht werden.
3. Unter den Kindern gibt es gewöhnlich eine Hierarchie, die in aller Regel vom Alter bestimmt wird. Kinder sehen es nicht gerne, wenn diese Hierarchie in Gefahr gerät.

Aufgrund des unglücklichen Timings von Scheidung und Schwangerschaft fanden diese Prinzipien in Noors und Barts Familie keine Beachtung. Von einem idealen Szenario konnte daher nicht gerade die Rede sein. Und trotzdem gelang es ihnen, durch den respektvollen Umgang miteinander die Wut und den Ärger der Kinder zu beschwichtigen. Dazu hat sicherlich auch die positive Einstellung von Barts neuer Freundin Lucy beigetragen.

> Noor: »Als wir ihnen Lucy vorstellten, war unseren Kindern die Frage wichtig, welchen Platz sie einnehmen würde. Wäre sie auch so etwas wie eine Mutter? Hätte sie den gleichen Status wie ihre eigene Mutter? Wie sollten sie sie nennen?
>
> Wir haben das damals gemeinsam gelöst, indem wir ihnen erklärten, dass Kinder nur einen biologischen Vater und eine biologische Mutter haben und sich diese Rolle durch eine Scheidung nicht ändert. Unser respektvoller Umgang miteinander war für die Kinder ein wichtiges Signal.
>
> Bart erklärte ihnen, dass er sich für eine neue Partnerin, für Lucy entschieden habe, dass sich aber an der Rolle ihres Vaters und ihrer Mutter nichts ändern würde. Die neue Freundin ihres Vater durften die Kinder einfach beim Vornamen nennen.«

Heute reden die Kinder die neuen Partner ihrer Eltern oft mit den Vornamen an. Wenn das nicht der Fall ist, sollten die Kinder am besten mit entscheiden, wie sie sie nennen wollen.

Kinder stellen Fragen zu diesem Thema, weil sie wissen wollen, was mit der jeweiligen Bezeichnung verbunden ist. Für viele hat »Stiefvater« und vor allem »Stiefmutter« einen zu negativen Klang. Deshalb spricht man heute oft auch von »zusätzlichen Eltern« oder – nach einem Vorschlag von Jesper Juul – von »Bonuseltern«. Das ist keine schlechte Idee: Schließlich sind sie diejenigen, die *dazu*kommen.

Das erste Kennenlernen war zwar positiv verlaufen, doch als die Kinder kurz darauf von Lucys Schwangerschaft erfuhren, kippte die Situation. Nun wurden sie richtig wütend. Sie spürten auch, wie schmerzhaft diese Situation für ihre Mutter war. Daan entwickelte eine stellvertretende Wut – als Schutz vor dem Schmerz, unter dem seine Mutter litt. Nach der Geburt seiner Halbschwester war Daan nun nicht mehr das jüngste, sondern das mittlere Kind in der neuen Patchworkfamilie. Es war wichtig, dass sein Vater Daan als den bisher Jüngsten in die neue Familie integrierte. Ebenso wichtig war es, dass Noor ihrerseits die neue Halbschwester der Kinder anerkannte. Ein anderes Verhalten wäre für die Kinder das verkehrte Signal gewesen. Denn dann hätten sie nicht den Mut gehabt, mit ihrer Mutter über ihre neue Halbschwester oder die schönen Erlebnisse mit ihr zu reden.

Heute, ein paar Jahre später, wechseln die Kinder frei zwischen ihrem Vater und ihrer Mutter hin und her, ganz wie es ihnen gefällt. Noor hat inzwischen auch einen neuen Partner, was allen das Gefühl vermittelt, die Familie sei einfach nur größer geworden. Daans achtzehnten Geburtstag feierten sie bei Bart. Zu dem Fest waren auch Freunde und Verwandte von Noor, Bart und Lucy gekommen. Noor stand in der Küche ihrer früheren Wohnung und machte Häppchen. Alle fanden es toll, dass das möglich war.

Wenn man einige Grundregeln beachtet, lässt sich eine Störung des Gleichgewichts innerhalb der Familie leicht vermeiden. Sich und den Kindern genug Zeit zu geben, ist eine dieser Grundregeln, den Kindern seinen neuen Partner nur dann vorzustellen, wenn es einem mit der Beziehung wirklich ernst ist, eine andere.

Das alles kann sich durchaus auch einfacher gestalten, als Sie es sich vielleicht vorstellen. Natürlich sollten Sie Vorbereitungen treffen, um Ihren neuen Partner geschickt bei Ihrer Familie einzuführen.

Aber Sie sollten auch nicht allzu überrascht sein, wenn Ihr Nachwuchs davon weniger überrascht ist, als Sie erwartet haben.

> Petra: »Ich weiß noch, wie verliebt ich war. Ich fühlte mich, als sei ich wieder achtzehn. Ich war total von der Rolle und die Kinder haben das ganz genau gemerkt. Einmal fuhr ich durch einen Kreisverkehr, und statt den Blinker zu setzen, streckte ich die Hand aus dem Autofenster …
>
> Ich schwebte auf Wolke sieben. An solchen spontanen Aktionen erkannten die Kinder, wie verliebt ich war. Bei der ›offiziellen‹ Vorstellung sagten sie dann im Chor: ›Ach, das wussten wir doch schon lange.‹«

Viele Kinder erinnern sich nach einigen Jahren gar nicht mehr daran, wo und wann sie die neuen Partner ihrer Eltern kennengelernt haben.

> Die erste Begegnung muss wohl völlig unproblematisch gewesen sein, denn weder Kristel (18) noch Lucas (16) erinnern sich heute noch daran, wie ihre Eltern ihnen vor fünf Jahren ihre neuen Partner vorgestellt haben. Für sie ist es mittlerweile die normalste Sache der Welt, dass sie zu Hause oft zu fünft oder zu sechst sind. Aus ihrer Sicht bringt die Gegenwart der neuen Partner eher Leben in die Bude. Und sie bemerken auch, dass ihre Eltern jetzt viel glücklicher sind als vorher.

Für die Eltern ist es ratsam, sich bewusst zu machen, dass ihre Kinder je nach Alter unterschiedliche Gefühle gegenüber den neuen Erwachsenen in ihrem Umfeld entwickeln. Babys und Kleinkinder werden in einer sicheren und vertrauten Umgebung gewiss rasch eine Bindung zu dem neuen Partner aufbauen. Wichtig ist es, dass die Eltern auch dann noch einen Großteil der Pflege und Sorge für die Kinder selbst übernehmen. Feste Rituale sollte man besser so lange beibehalten, bis sich die gefühlsmäßige Bindung zwischen dem Kind und dem neuen Partner gefestigt hat.

Ältere Kinder fürchten manchmal, sie könnten die Liebe und Aufmerksamkeit ihrer Eltern verlieren. In diesem Fall sollten sich neue Partner besser eine Weile im Hintergrund halten. Je mehr Raum man einem Kind lässt, desto schneller wird es eine Bindung zu einem neuen Partner aufbauen.

Noch etwas ältere Kinder schämen sich manchmal für ihre verliebten Eltern. Manche suchen auch nach einem Schuldigen für die Trennung ihrer Eltern. Versuchen Sie zu vermeiden, dass die Kinder den Bonuseltern die Schuld für die Trennung in die Schuhe schieben. Nehmen Sie die Kinder ernst und fragen Sie sie, was sie von Ihrer Art des Zusammenlebens halten. Versuchen Sie herauszufinden, worüber sie sich Sorgen machen.

Mit Jugendlichen gibt es selten Probleme. Bei einer klassischen Trennung der Eltern neigen sie zwar dazu, den Elternteil zu verurteilen, der die Familie verlässt, und lehnen oft dessen neuen Partner ab. Da Eltern, die sich für den dritten Weg entschieden haben, jedoch weiterhin für ihre Kinder da sind, sind die Jugendlichen meist eher dazu bereit, deren neue Partner zu akzeptieren.

Mit einem neuen Partner unter einem Dach

Wenn ein neuer Partner mit einzieht, sieht sich der Ex-Partner sehr direkt mit ihm konfrontiert. Gönnen sich die Ex-Partner ihr Glück, werden sie auch einer neuen Liebe im Leben des andern offen gegenüberstehen – zumindest theoretisch. Denn wenn es wirklich dazu kommt, muss sich so mancher an diese Tatsache erst einmal gewöhnen. Urplötzlich wird einem sehr bewusst, dass es kein Zurück mehr gibt.

> Kurts Kinder akzeptieren den neuen Freund ihrer Mutter problemlos. Für Kurt selbst war das anfangs eher schwierig. Er fragte sich: »Warum will sie Bruno und nicht mich?«
>
> »Eigentlich hielt dieses Gefühl so lange an, bis ich erkannte, dass ich Katrien nicht mehr bieten konnte, was sie sich wünschte. Wir haben uns in unterschiedliche Richtungen entwickelt. Als ich eingesehen hatte, dass unsere Beziehung nie wieder so sein konnte wie früher, habe ich mich von der Vergangenheit gelöst und meinen eigenen Weg eingeschlagen.
>
> Da es für mich keine Frage war, dass ihr Glück genauso wichtig war wie mein eigenes, musste ich mir auch eingestehen, dass Bruno Katrien glücklicher machen konnte – und dass auch unsere Kinder durch diese Beziehung bestimmt nicht unglücklicher geworden waren, im Gegenteil.«

Wenn Sie mit Ihrem Ex-Partner zusammenwohnen, sollten Sie Ihren neuen Partner zunächst ihm und erst danach Ihren Kindern vorstellen. Das ist zum einen eine Frage des Respekts, zum anderen ist Ihr Ex-Partner aber auch Ihr bester Botschafter, wenn es darum geht, den Kindern den neuen Partner vorzustellen.

Wenn Sie ihn gemeinsam vorstellen, können Sie vermeiden, dass Ihre Kinder aus Loyalität zu Ihrem Ex-Partner ablehnend reagieren. Für die Kinder ist es beruhigend, sich nicht für oder gegen jemanden entscheiden zu müssen, da der neue Partner von Ihnen beiden akzeptiert wird.

Auch wenn keine wirkliche Vorstellung nötig ist, weil die Kinder den neuen Partner schon länger als Freund der Eltern kennen, ist es gut, wenn sein neuer Status von beiden Eltern gemeinsam angesprochen wird. Wenn der andere Elternteil keine Schwierigkeiten mit dieser Situation hat, macht es das den Kindern wesentlich leichter.

Wir können uns übrigens kaum vorstellen, dass Eltern, die zusammenwohnen, dieses Thema nicht gemeinsam ansprechen. In unseren Gesprächen haben wir festgestellt, dass die meisten Eltern gemeinsam darüber beraten hatten, wie hoch sie die Latte für Kandidaten legen sollten, die als Bonuseltern in Frage kommen. Dann ist es nicht mehr als logisch, dass sie auch den nächsten Schritt gemeinsam gehen.

Wenn Sie mit Ihrem früheren und derzeitigen Partner Ihre gegenseitigen Erwartungen eingehend geprüft haben (siehe nächstes Kapitel) wird die Position eines jeden Mitglieds Ihrer »erweiterten Familie« weitgehend geklärt sein. Natürlich werden auch Ihre Kinder wissen wollen, was die Einbindung Ihres neuen Partners für sie bedeutet. Treffen Sie dazu möglichst schnell klare Vereinbarungen.

Natürlich muss dieser neue »Mitspieler« erst einmal in seine Rolle hineinwachsen. Er sollte seinen neuen Platz am besten schrittweise und behutsam einnehmen. Damit sich für die Kinder möglichst wenig verändert, sollten Sie bestehende Rituale möglichst beibehalten. Wenn Sie bisher jeden Abend eine Gutenachtgeschichte vorgelesen und noch ein Viertelstündchen mit den Kindern geplaudert haben, sollten Sie diese Gewohnheit nicht plötzlich ändern. Bei den Kindern sollte vor allem nicht das Gefühl aufkommen, dass Sie nun weniger für sie da sein werden. Vielleicht sind auch gerade diese Momente am ehesten dazu geeignet, von Ihren Kindern zu erfahren, wie sie über die neue Situation denken.

Halten Sie sich mit Zärtlichkeiten im Beisein der Kinder vorerst zurück. Die Kinder werden ohnedies spüren, wie verliebt Sie sind. Reservieren Sie Küsse, Umarmungen und erotisch angehauchte Telefonate für Momente, in denen Sie unbeobachtet sind.

Wenn Sie sehen, dass sich Ihre Kinder mit Ihrem neuen Partner nicht so gut verstehen, sollten Sie die Sache langsamer angehen und nichts forcieren, denn das hat meist den gegenteiligen Effekt. Vermeiden Sie in den ersten Gesprächen auf jedem Fall »schwere« Themen. Gehen Sie es locker an und tasten Sie sich allmählich vor.

Falls Ihr neuer Partner auch Kinder hat, sollten Sie die Beziehung zu ihnen ebenfalls vorsichtig aufbauen: Er sollte zunächst von ihnen erzählen und sie erst danach vorstellen. Die erste Begegnung sollte möglichst auf neutralem Terrain stattfinden: in einem Zoo, in einem Park, auf einem Spielplatz, bei einem Kinobesuch oder in einer Pizzeria. Besuchen Sie die Kinder erst in *ihrem* Zuhause, wenn Sie von ihnen dazu eingeladen worden sind.

Es kann auch sein, dass die Kinder des einen Partners für ein Kennenlernen bereit sind, die des anderen jedoch nicht. Dann sollten Sie besser noch eine Weile warten, sosehr Sie das auch vielleicht bedauern, weil Sie die Kinder, die im Leben Ihres Partners eine so große Rolle spielen, gerne kennenlernen würden. Zu Ihrem eigenen Besten sollten Sie nichts überstürzen.

Wenn die Kinder Ihres neuen Partners noch hinzukommen, kann das Haus oder die Wohnung schnell zu klein werden. Diese Bedenken werden wohl auch Ihre Kinder haben. Und sie könnten befürchten, dass Sie nun bald bei ihnen ausziehen werden. Versuchen Sie ihnen ihre Ängste zu nehmen und erklären Sie ihnen möglichst bald, wie Sie dieses Problem lösen werden.

Mit einem neuen Partner in einer separaten Wohnung

Beim Nestmodell oder dem Umzug der Eltern in zwei getrennte Wohnungen ist die Grenze für die Kinder deutlich gezogen: Sie wissen, dass ihre Eltern nicht mehr zusammen sind und dass sich daran wahrscheinlich nichts mehr ändern wird.

Das Nestmodell

Das Nestmodell bietet die Chance, einen neuen Partner kennenzulernen, ohne den Rest der Familie darin involvieren zu müssen. Die kinderlose Woche eignet sich hervorragend dafür. In dieser Zeit können Sie beide außerhalb des Blickfelds Ihres Ex-Partners und Ihrer Kinder bleiben, bis die Zeit dafür reif ist, Ihren neuen Partner vorzustellen. Diese Phase eignet sich auch dazu, herauszufinden, wieweit Ihr neuer Partner bereit ist, den dritten Weg, für den Sie sich entschieden haben, mitzugehen.

Eltern, die das Nestmodell praktizieren, treffen oft die Vereinbarung, in die Wohnung, in der die Kinder leben, keine neuen Partner mitzunehmen. Vor allem wenn das Nestmodell nur kurzzeitig praktiziert wird, halten wir diese Entscheidung für sinnvoll. Geben Sie den Kindern die Zeit, Ihre Trennung in aller Ruhe zu verarbeiten.

Das Nestmodell bringt es mit sich, dass die Kinder daran gewöhnt sind, einen Elternteil ganz für sich zu haben. Diese Aufmerksamkeit müssen sie nun mit Ihrer neuen Liebe teilen. Die Kinder werden sich gewiss auch die Frage stellen, wie lange Sie Ihre jetzige Wohnsituation noch beibehalten können und ob sich nun der Kontakt zu Ihnen verringern wird.

Wenn Sie das Glück haben, dass Ihr Ex-Partner und Ihre Kinder schon in der Phase des Nestmodells für Ihren neuen Partner offen sind, kann dieser sich langsam mit ihnen anfreunden. Und was mindestens ebenso wichtig ist: Sie selbst haben die Chance, Ihrem neuen Partner einen Platz in Ihrem Leben einzuräumen.

Getrennt wohnen

Wenn Sie als Eltern getrennt, aber nahe beieinander wohnen, gestaltet sich die Einbeziehung eines neuen Partners nicht viel anders als bei einer klassischen Scheidung. Es gibt jedoch einen wesentlichen Unterschied.

Innerhalb des klassischen Scheidungskontextes herrscht in Bezug auf den neuen Partner im praktischen Umgang miteinander höchstens eine »Duldungspolitik«. Häufig lernen die Kinder den neuen Partner ihrer Eltern zuerst kennen. Dem Ex-Partner wird er oft erst später, manchmal sogar bei einem eher zufälligen Zusammentreffen vorgestellt, zum Beispiel beim Abholen oder Zurückbringen der Kinder. Was ganz der gängigen Vorstellung entspricht, man solle den Ex-Partner möglichst aus seinem neuen Leben fernhalten.

Eltern, die sich für den dritten Weg entschieden haben, empfehlen wir, dass sie ihren neuen Freund oder ihre neue Freundin zunächst ihrem früheren Partner vorstellen. Sollte ihr Ex genug Distanz gewonnen haben, erleichtert ihnen dieses Vorgehen einerseits, ihren neuen Partner dann auch den Kindern vorzustellen. Andererseits verbessert es ihre eigene Zukunftsperspektive, denn es erhöht die Wahrscheinlichkeit, dass ihr früherer und ihr neuer Partner respektvoll miteinander umgehen werden. Und gerade deren Beziehung bildet für Patchworkfamilien oft den größten Stolperstein.

Es macht wohl auch einen Unterschied, wer von den Eltern den Kindern zuerst einen neuen Partner vorstellt. Sind Sie zuerst an der Reihe, sollten Sie bedenken, dass den Kindern womöglich der andere Elternteil, der »übrig bleibt«, leidtut. Außerdem wird den Kindern nun wirklich bewusst werden, dass es kein Zurück mehr gibt. Ist Ihr Ex-Partner Ihnen mit der Vorstellung seines neuen Partners zuvorgekommen, ist Ihre Chance auf eine positive Reaktion der Kinder größer, da die Kinder sicherlich möchten, dass auch Sie wieder glücklich sind. Wie immer man es anstellt, die Reaktion der Kinder hat man natürlich nie ganz in der Hand.

Sina hatte geduldig gewartet, bis sich ihre Beziehung gefestigt hatte, erst dann stellte sie den Kindern ihren Freund vor. Sie hatten sich im Dezember kennengelernt und bis zu den Sommerferien mit der Vorstellung gewartet. Emanuelle (10) reagierte darauf sehr ablehnend. Für sie war es inakzeptabel, dass Kristof nun hier einfach auftauchte. Peggy (5) beeindruckte die Neuigkeit hingegen kaum.

Nach einer Weile zog Kristof bei der Familie ein und kurz darauf heirateten Sina und Kristof. Emanuelle verhielt sich weiter ablehnend und machte ihnen das Leben sehr schwer. Sina versuchte die Pattstellung aufzulösen, indem sie Emanuelle erklärte, sie müsse ihren Bonusvater nicht nett finden, aber zumindest respektieren. Zum Glück fiel es Sinas Ex-Partner Tom leicht, ihren Freund zu akzeptieren.

»Ich brauchte zwar eine gewisse Übergangzeit«, sagte er, »aber letztlich war ich eher beruhigt als eifersüchtig, weil ich sah, dass seine Anwesenheit Sinas Leben wieder ins Gleichgewicht brachte. Davon profitierten auch die Kinder.«

Das gute Einvernehmen zwischen den beiden Männern bewirkte letztlich Emanuelles Umschwung.

»Es fällt mir schwer zu sagen, was mich damals so gewurmt hat«, erklärt sie später, »aber die Tatsache, dass meine Mutter und

Kristof schon alles entschieden hatten, ohne zu fragen, ob ich damit zurechtkommen würde oder nicht, konnte ich einfach nicht akzeptieren.«

Dieses Beispiel zeigt, dass die ganze Angelegenheit mit einer gelungenen Einführung des neuen Partners keineswegs vom Tisch ist. Der Umgang der Bonuseltern mit den Kindern ihres Partners – ein Thema, über das viele Bücher geschrieben worden sind – braucht einen langen Atem. Wir möchten uns hier auf einige wesentliche Aspekte beschränken. Die räumliche Gegenwart eines neuen Partners zu akzeptieren, ist eine Sache, ihm beziehungsweise ihr eine wichtige Rolle und Autorität innerhalb der Familie zuzugestehen, eine ganz andere.

Eltern, die ihre Kinder weiterhin gemeinsam erziehen wollen, fordern die Elternrolle meistens ganz für sich ein. Für Dritte gibt es dabei nur in Ausnahmefällen Raum, wenn gewährleistet ist, dass sich alle über deren Rolle einig sind. Für Stiefeltern, die selber Erziehungsvorstellungen einbringen wollen, kann dieses Modell daher schwierig sein. Doch für einen neuen Partner, der flexibel ist und sich den Kindern gegenüber zurückhaltend verhält, muss das kein Problem sein. Vor allem, wenn es ihm leichtfällt, Abstand zu halten, und wenn er die Erziehung der Kinder den Eltern überlassen kann.

An potenzielle Bonuseltern richten wir also den Rat: Prüfen Sie sich selbst. Und fragen Sie sich, ob Ihre Erwartungen mit denen der Eltern übereinstimmen.

Tipps:

- Besprechen Sie mit Ihrem Ex-Partner rechtzeitig, welchen Raum es in Ihrem Familiensystem für einen neuen Partner gibt.
- Beziehen Sie einen neuen Partner nicht in die Familie mit ein, solange Sie nicht sicher sind, dass es sich um eine dauerhafte Beziehung handelt.
- Die Akzeptanz, mit der Ihr Ex-Partner Ihrem neuen Partner begegnet, prägt weitgehend das Verhältnis Ihrer Kinder zu Ihrem neuen Partner.
- Prüfen Sie mit Ihrem neuen Partner eingehend, ob er in Ihrem Familiensystem eine gewisse Rolle übernehmen kann und dazu auch bereit ist.

12. Vermeidbare Stolpersteine: unterschiedliche Erwartungen

Wie aus der Studie *Nieuwe feiten over relaties en gezinnen* (Neue Fakten über Beziehungen und Familien) des Zentralamts für Statistik in den Niederlanden hervorgeht, entscheiden sich nur wenige Menschen bewusst dafür, alleine zu sein und/oder gar alleine zu bleiben.[29] In einer Welt voller Ex-Partner ist für viele die Suche nach einem neuen Partner eine Herzensangelegenheit von hoher Bedeutung. Schon wenige Jahre nach einer Trennung hat jeder Zweite einen neuen Partner. Fünf Jahre nach einer Trennung leben mehr als 60 Prozent wieder mit einem Partner zusammen – manche sogar wieder mit demselben.

Leider scheitern jedoch auch mehr als die Hälfte dieser neuen Beziehungen und die Familien brechen erneut auseinander. Für die Kinder, die nun ein weiteres Mal den Bruch einer Beziehung miterleben müssen, hat das oft gravierende Folgen. Häufig liegt der Grund für das Scheitern in falschen Erwartungen – in Erwartungen, die nicht nur haushoch und daher unerfüllbar, sondern von Anfang an auch zu wenig aufeinander abgestimmt sind.

In einer klassischen Patchworkfamilie sollten sich die neuen Partner zu zweit über ihre Erwartungen verständigen. Gehen Ex-Partner den dritten Weg einer gemeinsamen Elternschaft, sollte man sich am besten zu dritt miteinander verständigen. Das macht die Sache beileibe nicht leichter, deshalb ist es sehr wichtig, von vornherein klar und deutlich über seine Erwartungen miteinander zu sprechen. Denn den dritten Weg geht man – ob man das nun will oder nicht – nicht zu zweit, sondern eher zu dritt oder sogar zu viert.

Zentrale Fragen für Sie und Ihren neuen Partner

Wenn Sie, noch bevor Sie sich über beide Ohren in jemanden verlieben, klare Vorstellungen haben, was Sie von einem zukünftigen Partner erwarten würden, haben Sie von Anfang an einen gewissen Vorsprung. Denn auch wenn Sie schon etwas älter und weiser sind, kann eine Verliebtheit Ihre Hormone doch dermaßen durcheinanderbringen, dass Sie alles nur noch durch eine rosarote Brille sehen. Was können Sie bei einer neuen Partnerwahl beachten?

Was haben Sie zu bieten?

Bevor über Erwartungen an Ihren Partner zu reden ist, sollten Sie zunächst Gewissheit darüber haben, was Sie selbst zu bieten haben. Das setzt voraus, dass Sie klare und definitive Entscheidungen treffen. Andernfalls wäre jede neue Beziehung mit einem hohen Risikofaktor belastet.

> Sabine und Hendrik waren wohlhabend. Hendrik hatte ein hohes Einkommen, das er sich hart verdienen musste. Er war oft auf Geschäftsreise und kam auch recht häufig erst spätabends nach Hause. Sabine fühlte sich in ihrer Ehe immer unzufriedener. Ohne große Streitereien oder Konflikte kamen sie schließlich gemeinsam überein, dass es besser sei, sich zu trennen.
>
> Weil sie es für das Beste für ihre Kinder hielten, zogen sie in zwei benachbarte Häuser. Sie sorgten dafür, dass die Kinderzimmer im ersten Stock von beiden Häusern aus zugänglich waren. Den Garten nutzten sie gemeinsam. Vier Jahre wohnten sie so nebeneinander. Sie sahen sich, wenn die Kinder schlafen gingen. Sie tranken öfter mal ein Glas Wein zusammen. Nicht selten war dann auch Hendriks neue Freundin mit dabei. »Das war eine schöne Zeit«, erinnert sich Sabine.
>
> Die Trauer über den Tod eines Neffen und vor allem der Tod von Sabines Schwester brachte sie einander wieder näher. Sie zogen gemeinsam auf einen Bauernhof. Dort verfielen sie jedoch schon bald wieder in ihre alten Muster. Nach zwei Jahren trennten sie sich endgültig. Hendrik blieb auf dem Bauernhof, Sabine zog ins Gartenhaus. Nach zwei weiteren Jahren entschieden sie sich, weiter auseinanderzuziehen.
>
> Hendrik hatte in den sechs Jahren, in denen er alleine lebte, mehrere Beziehungen. Nicht jede seiner damaligen Partnerinnen verstand, in welchem Verhältnis sie zueinander standen. Das führte zu Eifersucht und Missverständnissen. Liebte Hendrik Sabine vielleicht immer noch ein bisschen?

Es ist zwar sehr gut nachzuvollziehen, dass unglückliche Umstände sie beide einander wieder näher gebracht hatten, aber das allein hatte ihrer wiederbelebten Beziehung zu wenig Stabilität verliehen. Wie sollte man seinen Kindern und einem neuen Partner eine klare Botschaft vermitteln können, wenn man selbst nur Unsicherheit zu bieten hat? Das hält keine Beziehung aus. In dieser Situation hat es daher auch wenig Sinn, über gegenseitige Erwartungen zu sprechen.

Ihr Alter und das Ihres neuen Partners

Ungefähr vierzig Jahre unseres Lebens verbringen wir gewöhnlich damit, uns unser Leben aufzubauen: Wir machen Karriere, gründen eine Familie, bekommen Kinder und ziehen sie groß. In der Folgezeit richten wir unsere Ambitionen eher darauf, das Leben zu genießen und gemeinsam mit unserem Partner alt zu werden. Wir wünschen uns einen Partner, der uns gut versteht und liebt.

Männer entscheiden sich in diesem Alter oft für eine jüngere Frau. Die wichtigste Frage, die sie sich dabei meistens nicht stellen, liegt eigentlich auf der Hand: Hat diese Frau noch einen Kinderwunsch? Und wie steht es mit ihnen selbst, können sie sich vorstellen, noch einmal Vater zu werden, wenn es ihnen jetzt schon schwer genug fällt, ihre pubertierenden Sprösslinge im Zaum zu halten? Und passen die Kompromisse, die sie dann schließen müssten, zum dritten Weg?

Wie soll Ihr neuer Partner zu Ihren Kindern stehen?

Das ist für alle Eltern und ihre neuen Partner eine schwierige Frage. Wenn der neue Partner (noch) keine eigenen Kinder hat, ist das Risiko groß, dass er die Kinder zu sehr bemuttert oder den verwöhnenden Vater spielen will.

Damit ist weder Ihrem Ex-Partner noch den Kindern gedient, zumal diese sich womöglich dagegen wehren, weil sie keinen zweiten Vater oder keine zweite Mutter brauchen. Gibt es auf beiden Seiten Kinder, erwartet Ihr neuer Partner vielleicht, dass Sie seine Kinder genauso lieben wie Ihre eigenen. Doch eventuell ist Ihnen dies nicht möglich. Ihnen selbst mag es hingegen genügen, wenn Ihr neuer Partner nett mit Ihren Kindern umgeht, mehr ist auch wirklich nicht nötig.

Gemeinsam unter einem Dach?

Falls Sie sich dafür entschieden haben, mit Ihren Kindern unter einem Dach zu wohnen, haben Sie hoffentlich auch bedacht, was passieren soll, wenn ein neuer Partner auf der Bildfläche erscheint. Wollen Sie Ihr Arrangement dann um jeden Preis beibehalten oder es zugunsten Ihrer neuen Liebe aufgeben? Selbst wenn Ihr Plan wohlüberlegt war, kann er nun ins Wanken geraten, weil die Realität anders aussieht, als Sie sie sich das damals vorgestellt hatten.

Muss man wirklich so eng zusammen sein?

Dass ein neuer Freund ins Haus einzieht, obwohl das Verhältnis zum früheren Partner noch auf wackligen Füßen steht, ist alles andere als selbstverständlich. Das Drängen eines neuen Partners, der Sie am liebsten immer um sich haben möchte, mag vielleicht groß sein, doch ist es auch wichtig, das Gleichgewicht innerhalb Ihrer Familie zu wahren. Wollen Sie wirklich diesen Schritt wagen? Gibt es keine besseren Alternativen, zumindest für eine gewisse Zeit?

Drängt Ihr neuer Partner denn wirklich darauf, bei Ihnen einzuziehen? Oder sagt er zu dem Einzugsangebot nur deshalb so schnell »ja«, weil er weiß, dass ein »Nein« für Sie eine große Enttäuschung wäre? Betrachten Sie diese Angelegenheit von allen Seiten und wägen Sie gemeinsam gründlich die Vor- und Nachteile ab, bevor Sie den nächsten Schritt gehen.

Möglicherweise ist mit dieser Entscheidung auch die Frage verbunden, wie Sie sich Ihre weitere Zukunft vorstellen.

Sehen Sie den aktuellen Schritt des Zusammenziehens nur als zeitlich begrenzte Übergangslösung? Oder soll es eine Dauerlösung sein, die erst endet, wenn die Kinder aus dem Haus gehen? Wenn Sie unsicher sind, ist es vielleicht besser, eine Probephase einzuschieben oder sich einfach noch eine Weile zu gedulden.

Nur vier der zwanzig interviewten Familien hatten sich dafür entschieden, nach der Trennung weiterhin gemeinsam mit den Kindern unter einem Dach zu wohnen. Jede Familie hatte ihre eigene Art, neue Partner einzubeziehen. Jedes neue Paar musste seine Erwartungen den Gegebenheiten anpassen. Wobei sich manche Erwartungen nicht erfüllten. Das hatte unterschiedliche Gründe.

Der Wohnraum

Wie wir gesehen haben, war es für Kurt und Katrien ein Glücksfall, dass Katriens Freund Bruno nur an den Wochenenden da sein konnte. Selbst wenn man Brunos fast erwachsene Kinder, die bisher noch nicht in die Familie einbezogen wurden, außer Acht lässt, wäre es wohl schwierig gewesen, ständig mit drei Erwachsenen und zwei Kindern in einer relativ beengten Wohnung zusammenzuleben.

Es ist klar, dass es für Kurt schwierig sein wird, eine neue feste Partnerin zu finden, die bereit ist, sich mit diesen Familienstrukturen zu arrangieren. Viel Verhandlungsspielraum gibt es da nicht. Und Spielraum bei der Wohnsituation erst recht nicht.

Kurt und Katrien haben ihre Wohnung immer wieder den Notwendigkeiten angepasst. Aber natürlich hat alles seine Grenzen. Um langfristig mit zwei neuen Partnern zusammenleben zu können, bräuchten Sie ein Haus oder eine Wohnung mit zwei separaten Wohneinheiten.

> In dieser Hinsicht ist das Haus von Laura und Wim sehr günstig. Wim sagt von sich selbst, dass er eigentlich gerne alleine ist. In seiner Freizeit möchte er seine Ruhe haben, sie ist ihm wichtiger als vieles andere. Natürlich ist die Nähe zu seiner Tochter und zu Laura für ihn ein positiver Aspekt.
>
> Laura hat sich ihrerseits bewusst dafür entschieden, nicht so bald eine neue Beziehung einzugehen. Die Form, die sie gefunden haben, um trotz getrennter Partnerschaft weiter als »Familie« zusammenzuleben, bringt es mit sich, dass sie sich beide nicht einsam fühlen.

Lauras und Wims Lebensweise wird zum einen von dem verfügbaren Wohnraum bestimmt, zum anderen aber auch von der bewussten Entscheidung, sich nicht von einer neuen festen Partnerschaft von ihrem Weg abbringen zu lassen. Auch wenn ihre inzwischen erwachsene Tochter ihnen eine neue Partnerschaft von Herzen gönnen würde.

> Sylvie und Joris sitzen fast im selben Boot. Sylvie musste erfahren, wie viel schwieriger sich neue Beziehungen durch ihre Lebensform gestalteten. Sie wohnt noch immer mit Joris unter einem Dach, ihr einziger Rückzugsort ist ihr Schlafzimmer. Ihre neuen Beziehun-

gen spielten sich daher hauptsächlich außerhalb der Wohnung und an ihrem Arbeitsplatz ab. Auch die wenigen neuen Beziehungen von Joris blieben außerhalb der eigenen vier Wände.

Die Erwartungen ihrer neuen Partner gehen gewöhnlich über das hinaus, was Sylvie und Joris ihnen bieten können. Das ist zwar nicht verwunderlich, aber dennoch bedauerlich. Beide haben ihr persönliches Beziehungsleben daher zunächst einmal auf Eis gelegt, aller Voraussicht nach so lange, bis ihre Kinder auf eigenen Beinen stehen.

Hans und Anne hingegen können als Ex-Partner ihr eigenes Leben ungehindert führen. Ihre eigenen Erwartungen treffen sich weitgehend mit denen ihrer neuen Partner. Die gemeinsame Wohnung, in der ihre Kinder ständig wohnen, ist für sie selbst eher ein »Begegnungsort«.

Sie genießen den Luxus, dass ihre Partner jeweils eine eigene Wohnung haben. Die elterliche Wohnung wird damit zu einer Achse, um die sich die ganze »Familie« dreht. Die Wohnungen der Partner dienen als Rückzugsmöglichkeiten, um auf Distanz zu gehen. So haben sie genug Gelegenheiten, ihre persönlichen Beziehungen zu vertiefen.

Es bedarf also eines Minimums an Bewegungsfreiheit, um getrennt zusammenzuwohnen. Das Wort »getrennt« ist hier buchstäblich zu verstehen: Jeder braucht erst einmal genügend Privatsphäre, bevor es sinnvoll ist, über weiter gehende Erwartungen zu reden.

Weiter gehende Erwartungen

Bevor tatsächlich ein neuer Partner einzieht, sollten einige Erwartungen klar formuliert und über eine mögliche Erfüllung nachgedacht werden. Besprechen Sie auf jeden Fall zu dritt oder gegebenenfalls zu viert, was Sie voneinander erwarten.

Da der Neuankömmling schon eine Weile präsent ist, haben sich inzwischen möglicherweise schon Gewohnheiten entwickelt. Doch daraus sollten Sie keinesfalls schließen, dass sich alles auf diese Weise regeln wird. Lassen Sie uns ein paar Fallstricke betrachten, die das Ganze zum Scheitern bringen können.

Haushaltspflichten. Die Haushaltspflichten müssen natürlich neu geregelt werden. Kann man sie so organisieren, dass der neue

Partner nicht mehr bloß als Gast, sondern als vollwertiges Familienmitglied wahrgenommen wird? Das bedeutet freilich nicht, dass alle Arbeiten zwischen den drei oder vier Erwachsenen gleichwertig aufgeteilt werden müssten, vor allem dann nicht, wenn einige von ihnen Kinder haben und andere nicht. Übernimmt der neue Partner auch Aufgaben, die die Kinder betreffen? Inwieweit ist er dazu befugt? Wie weit geht seine Autorität? Mit Autoritätsfragen muss man sehr vorsichtig umgehen. Besprechen Sie dieses Thema offen mit Ihren Kindern und fragen Sie sie, ob sie seine Autorität akzeptieren.

Reihenfolge des Einzugs. Sind Sie in der Familie der erste Neuankömmling oder sind Sie das Schlusslicht? Die Frage klingt vielleicht ein wenig unverschämt, aber so ist sie überhaupt nicht gemeint. Wer als Erstes kommt, fühlt sich manchmal wie das fünfte Rad am Wagen und muss Pionierarbeit leisten. Es ist sehr spannend zu beobachten, wie Ex-Partner in der Praxis mit dieser Situation umgehen. Kinder lassen Neuankömmlinge zuweilen abblitzen, weil sie Mitleid mit dem Elternteil haben, der noch keinen neuen Partner hat. Der »Vierte« im Bunde zu sein, bringt aber auch so seine Schwierigkeiten mit sich. Oft ist es nicht einfach, seinen Platz innerhalb der Familie zu finden. Andererseits könnten Sie aber auch höchst willkommen sein, weil Sie das Bild nun komplettieren und sich die Familie wieder mehr in einen Gleichgewichtszustand einpendelt.

Häusliche Spielregeln. Bei diesen Spielregeln kann es um Normen und Werte gehen, aber auch um solche Alltäglichkeiten wie die Frage, wo die Schuhe hinzustellen sind. Wenn es in der Wohnung bisher immer ziemlich chaotisch zugegangen war, der Neuankömmling aber ein recht ordnungsliebender Mensch ist, kann es schnell zu Konflikten kommen. Unterschiedliche Eigenarten können sich mitunter jedoch auch ausgezeichnet ergänzen – zumindest wenn alle Mitbewohner die Gewohnheiten der anderen respektieren.

Vergessen Sie nicht, dass es in jeder Familie weitaus mehr unausgesprochene Lebensregeln gibt, als man zunächst annimmt. Davon ist das Fernsehen ebenso betroffen wie das Verhalten bei Tisch. In manchen Familien ist es üblich, Fernsehen und Essen miteinander zu kombinieren. Damit umzugehen, wenn man das schrecklich findet, kann einem schwerer fallen, als man denkt.

Finanzielle Aspekte. Auch wenn das nicht gerade das unproblematischste Thema ist, wäre es falsch, einem Gespräch darüber aus dem Weg zu gehen. Wird der neue Partner ein vollwertiges Familienmitglied oder kommt er nur ein paar Tage in der Woche vorbei? Erwartet man von ihm, dass er sich an der Miete beteiligt? Wenn wegen seines Einzugs einiges in der Wohnung geändert werden muss, ist eine Mietbeteiligung sicher angemessen. Teilt man die Strom- und Heizungskosten zukünftig durch zwei oder durch drei? Oder auch durch vier, wenn man die Kinder mit berücksichtigt?

Unklare Absprachen über die Finanzen und den Beitrag, den jeder zu leisten hat, führen oft zu heftigen Auseinandersetzungen. Behandeln Sie die Aufwendungen für die Kinder und die restlichen Ausgaben am besten separat. Wir sehen immer öfter, dass Eltern nach der Trennung ein gemeinsames Bankkonto für Ausgaben, die die Kinder betreffen, anlegen. Wenn Sie das bisher noch nicht getan haben, ist es vielleicht eine gute Gelegenheit, es jetzt beim Einzug eines neuen Partners zu tun.

Zu guter Letzt sollten Eltern, die sich dafür entscheiden, weiterhin unter einem Dach zusammenzuwohnen, sich darüber bewusst sein, dass sie damit besonders hohe Erwartungen an ihre neuen Partner stellen. Um sich in dieser Situation zu einigen, bedarf es eines großen Entgegenkommens von beiden Seiten.

Eine Wand und ein Zaun machen den Unterschied aus.

Im gleichen Haus genug Raum für einen oder sogar für zwei neue Partner zu finden, ist oft nicht leicht. Sich auf zwei Häuser zu verteilen, macht da schon einen Unterschied aus, auch wenn es sich um Nachbarhäuser handelt, die über die Kinderzimmer miteinander verbunden sind.

Damals, als Mark Penelope kennengelernt und mit ihr ein neues Leben begonnen hatte, war er aufs Land gezogen, eine Stunde Fahrtzeit von Lieve und den Kindern entfernt. Jedes zweite Wochenende verbrachten die Kinder bei ihrem Vater.

»Beim Bringen und Abholen der Kinder gab es schwierige Momente«, merkt Mark an. »Damals begannen auch Peters Probleme in der Schule, wo er andere Kinder schikanierte. Ich hatte das Gefühl, mehr gebraucht zu werden und zu wenig für die Kinder da zu sein. Als dann zufällig das Nachbarhaus neben Lieve frei wurde, nahmen wir diese einmalige Chance wahr.

Eigentlich war es Penelopes Idee. Nachdem wir dort eingezogen waren, fiel es ihr jedoch zunächst nicht leicht, sich dort einzuleben. Wir haben dann die Gärten durch einen Zaun voneinander getrennt. Das gab ihr ein stärkeres Gefühl von Privatheit.«

Zwischen Lieve und Penelope kommt weder Streit noch Eifersucht auf. Beide sind sehr pragmatisch eingestellt und offen füreinander. Lieve ist seit einem halben Jahr dabei, selbst eine Beziehung aufzubauen. Bei der Partnersuche wurde ihr bewusst, wie sehr sich ein neuer Partner an die bestehende Situation anpassen müsste. Solange die Kinder noch zu Hause wohnen, wird Lieve nicht umziehen. Inzwischen hat sie die Erfahrung gemacht, dass nicht jeder für ihre Art des Zusammenlebens offen ist.

In diesem Fall genügten offenbar eine Mauer und ein Zaun, um beiden Familien genügend Freiraum zu geben. Die Eltern sind bei ihren Kindern und stehen ansonsten aber (fast) in einem normalen Nachbarschaftsverhältnis zueinander. Neuankömmlinge werden freilich eine gewisse Zeit benötigen, um sich einzugewöhnen.

Wenn Sie sich für einen dritten Weg entscheiden, bei dem Ihr Ex-Partner um die Ecke oder nur ein paar Straßen weiter entfernt wohnt, wird Ihre Situation mit Ihrem neuen Partner eher der einer Patchworkfamilie entsprechen. Doch auch dann sollten Sie daran denken, dass ein Abgleich all Ihrer gegenseitigen Erwartungen die beste Gewähr für Ihre gemeinsame Zukunft ist.

Erwartungen beim Nestmodell

Eigentlich ist die Zeit, in der man das Nestmodell praktiziert, die ideale Phase, um eine neue Beziehung aufzubauen. Vor allem, wenn man das Nestmodell auf einen bestimmten Zeitraum – zum Beispiel auf zwei Jahre – beschränkt. Denn das lässt den Ex-Partnern genug Zeit, zur Ruhe zu kommen, und den Kindern genug Zeit, sich an die Trennung zu gewöhnen.

Dieser Zeitraum könnte von vornherein festgelegt werden (man könnte zum Beispiel sagen: Wir praktizieren das Nestmodell bis zum Ende des Schuljahres) oder auch flexibel gehalten und von bestimmten Ereignissen abhängig gemacht werden (zum Beispiel von der Fertigstellung eines im Bau befindlichen Hauses). In beiden Fällen weiß ein neuer Partner, worauf er sich einlässt.

Dann können Sie auch Zukunftspläne schmieden. Und obwohl Sie in dieser Zeit als Eltern noch mit Ihrem Ex-Partner zusammenleben, können Sie Ihrem Partner doch zuverlässig vermitteln, was Sie von ihm erwarten. Gleichzeitig können Sie bei der Entscheidung über Ihren eigenen dritten Weg bereits die Erwartungen Ihres neuen Partners einbeziehen.

Das Nestmodell bietet den Vorteil, dass Sie einen Unterschied zwischen der Woche, in der Sie für sich sind, und der Woche, in der Sie bei den Kindern wohnen, machen können. Sie müssen dann Ihre Kinder nicht so schnell mit Ihrer neuen Beziehung konfrontieren. Denn in Ihrer privaten Zeit haben Sie schließlich genug Freiraum, Ihren eigenen Weg zu finden und herauszubekommen, ob diese Beziehung die richtige ist.

Haben sich Eltern auf unbestimmte Zeit für das Nestmodell entschieden, ist es für sie viel schwieriger, konkrete Erwartungen an ihre neuen Partner zu formulieren oder umgekehrt deren Erwartungen zu entsprechen.

Auch die Entscheidung, das Nestmodell über einen festgelegten, aber doch sehr langen Zeitraum beizubehalten, kann sich als problematisch erweisen, da dies sowohl für die Eltern als auch für die Partner im Laufe der (zu langen) Zeit zu belastend werden könnte.

Wie wir schon gesehen haben, hatten Jan und Nicole sich dafür entschieden, ihre Kinder bis ins Erwachsenenalter abwechselnd im Elternhaus zu erziehen. Jan hatte als Erster eine neue Beziehung. Nicole fand in Henk erst etwas später einen neuen Partner. Ihn in ihr gemeinsames Leben einzubeziehen, wirkte sich sofort positiv aus. Da Nicole nicht gut mit dem Alleinsein klarkam und emotional unter der Trennung von Jan litt, waren die Kinder sogar froh, dass sie einen neuen Partner gefunden hatte.

Dennoch machten Nicole und Jan die Erfahrung, dass in der Woche, in der sie bei den Kindern wohnten, ihre sozialen Kontakte beinahe zum Erliegen kamen. Damals, als sie noch als Familie zusammengelebt hatten, waren manchmal spontan Freunde vorbeigekommen, oder sie hatten kurzfristig ein Essen organisiert. So etwas war nun eine große Ausnahme. Es kam ihnen fast so vor, als würden sich die anderen davor fürchten oder es nach all den

Jahren immer noch »seltsam« finden, in diesem Haus zu sein. Aber vielleicht lag es auch daran, dass sie selbst dachten, sich in dieser Zeit ausschließlich ihren Kindern widmen zu müssen.

Außerdem waren sie sich dessen bewusst, dass Außenstehende unmöglich immer wissen konnten, wer gerade bei den Kindern wohnte. Auch sie selbst verlegten ihre sozialen Kontakte fast automatisch in die Woche, in der sie bei ihren neuen Partnern wohnten.

Ganz zu Recht ist Jan wohl der Ansicht, dass die Stabilität ihrer Beziehungen dem großen Verständnis ihrer Partner zu verdanken ist.

Hier sind wir nun an einer Schwachstelle dieses Modells angelangt, zumindest wenn es langfristig praktiziert wird. Die Eltern haben manchmal den Eindruck, ihr eigenes Leben nur in der Hälfte der Zeit wirklich zu leben. Wenn die Kinder schon ziemlich groß sind, lässt sich diese Phase etwas besser überbrücken. Auch der Partner hat dann das Ende der Wartezeit vor Augen und kann womöglich den Umgang mit den fast schon erwachsenen Kindern genießen. Bei jüngeren Kindern verhält sich das jedoch anders. Man muss davon ausgehen, dass ein neuer Partner vielleicht andere Erwartungen hat als Sie und daher eigene konkrete Absprachen mit Ihnen treffen will. Auch wenn er die Regelung, die Sie und Ihr Ex-Partner getroffen haben, anfangs akzeptiert haben sollte, ist es unsicher, ob das in Zukunft so bleiben wird.

Auch für Sie kann es mit der Zeit schwieriger werden. Vielleicht haben auch Sie in der Woche, in der Sie mit den Kindern zusammen sind, ein Bedürfnis nach Kontakten zu Erwachsenen. Den neuen Partner zum Essen einzuladen, gemeinsam einen Film anzuschauen oder einen Ausflug zu unternehmen, würde sich hier als Lösung anbieten. Aber wie wollen Sie das regeln, wenn Sie die Vereinbarung getroffen haben, in die Wohnung der Kinder keine neuen Partner mitzubringen?

Treffen Sie zu diesem Punkt besser nur Absprachen, die Sie auch langfristig einhalten können. Vielleicht ist es günstiger zu verabreden, dass Sie einen neuen Partner erst in die gemeinsame Wohnung einladen, wenn Sie sich wirklich für ihn entschieden und ihn Ihrem Ex-Partner vorgestellt haben. Es macht schließlich wenig Sinn, einen Menschen auszuschließen, mit dem Sie Ihrem Leben eine neue Richtung geben wollen. Diesen Partner werden die Kinder früher oder später sowieso kennenlernen und akzeptieren müssen.

Das Nestmodell fordert auch in finanzieller Hinsicht seinen Preis. Wenn Sie es nicht als Übergangsmodell, sondern als dauerhafte Lösung einplanen, werden Sie tief in die Tasche greifen und daher auch stärker mit einem finanziellen Beitrag Ihres neuen Partners rechnen müssen. Vielleicht wohnen Sie ja in der kinderfreien Woche bei ihm? Vorübergehend ist das meistens kein Problem, aber auf lange Sicht kann auch das zu Reibereien führen. Treffen Sie auch darüber klare Vereinbarungen. Nichts ist unerfreulicher, als sich in ein finanzielles Hickhack zu verstricken.

Zwei Erwartungen mit einem speziellen Charakter

Ob Sie nun unter einem Dach, nebeneinander, um die Ecke oder weiter voneinander entfernt wohnen, zwei Fragen werden immer eine besondere Rolle spielen, wenn Sie nach Ihrer Trennung als Paar als Eltern zusammenbleiben. Auf diese beiden Fragen möchten wir kurz eingehen.

Welche Bonuselternrolle kommt Ihrem neuen Partner zu?

Nach einer traditionellen Trennung sehen sich viele alleinstehende Eltern einem erheblichen Erziehungsstress ausgesetzt. Sie haben das Gefühl, nun alles alleine bewältigen zu müssen. In ihrem neuen Partner hoffen sie daher oft, einen Sparringspartner zu finden, der die Erziehung der Kinder mit ihnen teilt. Dem Partner wird also eine bedeutende Rolle aufgebürdet.

Eltern, die sich für den dritten Weg entscheiden, werden sich auch zukünftig die Erziehung der Kinder teilen. Daher wird ein neuer Partner als Geliebter zwar die Nummer eins sein, sich als Erziehungsexperte jedoch hintanstellen müssen. Vielleicht haben Sie darüber mit Ihrem Partner ja schon Vereinbarungen getroffen.

Reden Sie ausführlich mit ihm darüber, in welcher Rolle Sie ihn in Ihrer neuen Familie sehen. Womöglich hat er eine ganz andere Vorstellung davon, solange er nicht weiß, wie weit genau Ihre »Zusammenarbeit« geht. Darüber hinaus ist die Frage zu klären, ob Ihr neuer Partner dazu bereit ist, einen Erziehungsstil* zu pflegen, der nahtlos an den Ihrigen und den Ihres Ex-Partners anschließt.

Wie gehen Sie in Zukunft selbst mit Ihrer früheren Familie um?

Vielleicht möchten Sie an der Art und Weise, in der Sie bisher mit Ihren Kindern und Ihrem Ex-Partner umgegangen sind, am liebsten gar nichts verändern. Dann ist es sehr wichtig, das Ihrem neuen Partner ganz deutlich zu signalisieren. Ist er offen genug, muss sich daran möglicherweise auch nichts ändern. Doch in manchen Fällen lässt sich kaum leugnen, dass das einfach zu viel verlangt wäre. Denn mit Ihrer früheren Familie in den Urlaub zu fahren, ist selbst für einen liberal eingestellten Partner nicht immer angenehm.

Wenn Sie dieses Thema zu Beginn Ihrer Beziehung ansprechen – was wirklich sinnvoll ist –, sollten Sie ehrlich sagen, wie Sie darüber denken. Erwecken Sie keinesfalls den Eindruck, bestimmte Erwartungen erfüllen zu wollen, wenn Sie das später nicht wahrmachen möchten. Sie können höchstens versuchen, einen Mittelweg zu finden. Was die Ferien angeht, könnten Sie in den ersten Jahren vielleicht in der gleichen Gegend wie Ihr Ex-Partner Urlaub machen. So kann Ihr neuer Partner mitfahren und die Kinder könnten leicht von einem Elternteil zum anderen wechseln. Vielleicht können Sie auch ab und zu gemeinsam essen. Nach einigen Jahren hat sich Ihre Beziehung dann vielleicht so entwickelt, dass Sie alle gemeinsam am selben Ort Ferien machen können. Womöglich ist das Vertrauen Ihres Partners mittlerweile auch so gewachsen, dass es ihm nichts mehr ausmacht, wenn Sie auch einmal alleine mit Ihrer früheren Familie verreisen. Mit etwas gutem Willen können sich die Beziehungen untereinander recht schnell positiv entwickeln.

Was ein neuer Partner gewinnt

Ein neuer Partner, der in der erweiterten Familie seinen Platz findet, ist ein bedeutender Zugewinn. Wenn er sich in diesem System sicher fühlen und Vertrauen aufbauen kann, wird er gewiss auch eine Bindung zu Ihrem Ex-Partner entwickeln. So kann in beiden Häusern eine Atmosphäre entstehen, in der sich alle Erwachsenen und Kinder wohlbehütet und zu Hause fühlen.

Aber es kann noch besser kommen. Weil der Part eines neuen Partners als Bonuselternteil sehr eingeschränkt sein kann, bleiben ihm die meisten klassischen Probleme und Konflikte erspart. Bei Feierlichkeiten und wichtigen Zusammenkünften wird er schon bald den gebührenden Platz einnehmen. Auch wenn er den Kontakt zur Schule den Eltern überlässt, wird er bei Schulfesten wohl neben den Eltern sitzen. Denn die Chance, dass ihn die Kinder bei schönen Ereignissen gerne dabeihaben möchten, ist groß.

Je stärker das Verhältnis zwischen Eltern und Bonuseltern von gegenseitigem Respekt geprägt ist, desto eher wird zwischen ihnen eine Beziehung möglich sein, in der es viel Raum für Freundschaft und Liebe gibt. Eine Beziehung, die den Kindern ein sicheres warmes Nest schafft, in dem sie genug Geborgenheit, Unterstützung und Ermutigung finden, um ihre eigene Identität zu wahren, sich mit all ihrer Energie weiterzuentwickeln und mit beiden Beinen im Leben zu stehen.

Geduld und Verständnis sind für die Bildung einer neuen Familie wichtig. Gegenseitige Erwartungen sollten unbedingt schon im Vorfeld formuliert werden. Viele Experten warnen davor, zu schnell zusammenzuziehen. Die Entstehung einer neu zusammengesetzten Familie gleicht einer Fusion. In einem Fusionsprozess sind Kommunikationsfähigkeit und Empathie äußerst bedeutsam.

Tipps:

- Die Zeit, die Sie brauchen, um mit Ihrem neuen Partner Ihre Erwartungen zu klären, gewinnen Sie später doppelt und dreifach zurück.
- Seien Sie mutig, wählen Sie mit Ihrem neuen Partner eine Form des Zusammenlebens, die am besten zu Ihrer Situation passt.
- Die Zahl Ihrer Vereinbarungen kann kaum zu groß sein und je enger oder häufiger Sie zusammenwohnen, desto größter sollte sie sein.
- Bemühen Sie sich darum, für die Bonuseltern in Bezug auf Ihre Kinder eine Rolle zu finden, mit der sich alle wohlfühlen.

13. Und wenn sich herausstellt, dass Ihr Partner homosexuell ist?

Dreißig Familien oder Einzelpersonen waren spontan dazu bereit, ihre Erfahrungen auf dem dritten Weg mit uns zu teilen. In drei Familien spielte das Thema Homosexualität bei der Trennung eine wesentliche Rolle. Da man davon ausgeht, dass etwa zehn Prozent der Menschen homosexuell sind, kann dies natürlich auch ein Trennungsgrund sein.

Unsere Gespräche bestätigten, was wir bereits vermutet hatten: Jeder Erfahrungsbericht offenbarte eine eigene Dynamik und eine besondere Dimension dieser Thematik.

Das Zusammentreffen von Trennung und eigenem sexuellen Erleben brachte eine ganze Reihe von Emotionen hervor, die nur mit viel Zeit und Geduld verarbeitet werden konnten. Zeit und Geduld, die nötig waren, um mit sich selbst ins Reine zu kommen und die richtigen Entscheidungen zu treffen.

Die Gespräche waren von großer Herzlichkeit geprägt, da in allen Lösungen, die die Beteiligten gefunden hatten, der Respekt vor dem Partner eine besondere Rolle gespielt hatte. Das zeigte sich zum einen an dem Modell, das diese Familien für sich gewählt hatten, zum anderen aber auch an der positiven Atmosphäre zwischen den Erwachsenen und den Kindern.

Ein unerträgliches Geheimnis

Vor fast zehn Jahren erzählte Paul seiner Frau Berenice, dass er sich stark zu einem Mann hingezogen fühlte. Einige Zeit später ging er mit diesem Mann eine Beziehung ein. Er fühlte sich seiner Frau und seinen Kindern gegenüber schuldig.

> »Für mich war diese düstere Phase der Unsicherheit sehr schwer zu ertragen«, sagt Berenice. »Paul litt mit mir mit und war sehr aufmerksam. Zum Glück haben wir dann eine Therapie begonnen. Langsam kristallisierte sich immer deutlicher heraus: Paul ist in Wahrheit homosexuell veranlagt.

Von da an suchten wir gemeinsam nach der besten Lösung für die Kinder. Zusammenzubleiben und ansonsten unsere eigenen Wege zu gehen, erschien uns als der beste Ausweg. Außerdem versprach ich Paul, über das, was er mir anvertraut hatte, nie mit jemand anderem zu reden, weder in einem eventuell bevorstehenden Scheidungsverfahren noch unter anderen Umständen. Meiner Ansicht nach war es seine eigene Sache, ob und wann er sich outen wollte.

Ich bin davon überzeugt, dass das zwischen uns beiden gut hätte funktionieren können. Außer ein paar lauten Wortwechseln zu Anfang gab es zwischen uns keinen Streit, wir ließen die Kinder nicht spüren, dass etwas falsch lief, und hatten auch weiterhin auf vielen Ebenen große Gemeinsamkeiten.

Dennoch versetzte es mir einen Stich, wenn ich mit anhörte, wie Paul lieb und zärtlich mit seinem Freund telefonierte; das war etwas, was ich selbst jetzt sehr vermisste. Gescheitert sind wir letztlich an einem externen Faktor. Wenn Paul abends ausging, blieb ich bei den Kindern. Weil er aus beruflichen Gründen abends jederzeit abberufen werden konnte, mussten wir, wenn ich ausging, immer einen Babysitter anheuern. Sehr schnell kam das Gerücht auf, ich würde mich zu wenig um meine Familie kümmern und eher Gefallen daran finden, alleine auszugehen, wobei mein Platz doch eigentlich bei meinem Mann und meinen Kindern sei.

Diese Anschuldigungen waren ungerecht, aber nur logisch. Denn es wusste ja niemand, dass Paul ebenso oft ausging. Und da ich mich selbst zum Schweigen verpflichtet hatte, konnte auch niemand wissen, wie die Dinge bei uns eigentlich lagen. Nach zwei Jahren waren diese Verdächtigungen für mich unerträglich geworden. Etwa zur gleichen Zeit fand Paul einen festen Partner, mit dem er gern zusammenziehen wollte.

Zu Beginn der großen Ferien erzählten wir den Kindern, dass wir uns scheiden lassen würden und dass ihr Vater homosexuell wäre.«

»Das fand ich nicht so wichtig«, sagt James (der heute 18 Jahre alt ist). »Ich hatte nur Angst, dass sie mich in der Schule deshalb hänseln würden, aber das war letztlich kein Problem.«

James und Annemie (die heute 15 Jahre alt ist) fürchteten sich vor allem vor der bevorstehenden Scheidung: »Wir waren beide davon überzeugt, dass wir Papa oder Mama nach einer Scheidung nicht mehr so oft sehen würden.«

»Wir haben den Kindern gleich gesagt, dass sich nach unserer Scheidung für sie nichts ändern würde«, sagte Berenice. »Dass wir beide ebenso sehr und ebenso gut wie bisher für sie sorgen würden und dass wir mit ihnen noch sehr viel gemeinsam unternehmen würden. Wir bekräftigten das, indem wir gleich eine Reise mit ihnen machten.

Zu Beginn des neuen Schuljahres trafen wir die Absprache, dass sie unter der Woche immer bei ihrem Vater zu Mittag essen sollten. Das tun sie auch heute noch zweimal die Woche. Ansonsten wohnen sie im Wechsel neun Tage bei mir und fünf Tage bei ihrem Vater.

Im Laufe der Jahre hat sich unser Verhältnis zu einer neuen Art von Freundschaft entwickelt. Wir hüten gegenseitig unsere Wohnungen, wenn einer von uns in Urlaub fährt. Wir haben beide einen Schlüssel für die Wohnung des anderen, den wir mit Respekt vor der Privatsphäre des anderen nutzen. Alles, was in der Schule läuft, verfolgen wir beide sehr genau. Geburtstage und andere Feste der Kinder feiern wir gemeinsam.«

Inzwischen haben Berenice und Paul schon mehrere Jahre feste Partner, mit denen sich die Kinder gut verstehen.

Diese Schilderung zeugt von ihrer vollkommenen Ehrlichkeit und einer großen gegenseitigen Loyalität. Paul berichtet Berenice sofort von seiner unerwarteten Erfahrung und sie erlegt sich selbst eine undankbare Schweigepflicht auf. Berenice behält sogar noch dann ihre loyale Haltung bei, als man ihr den schwarzen Peter zuschiebt und sie für den Verfall ihrer Beziehung verantwortlich macht.

Ihr Erfahrungsbericht bietet sich auch zum Vergleich mit heterosexuellen außerehelichen Beziehungen an. Bei ihnen sind die Schuldgefühle des untreuen Partners anscheinend nicht so stark. Vielleicht gesteht ein heterosexueller Partner auch deshalb meistens nicht so schnell einen Seitensprung. Außerdem wirkt sich ein solches Eingeständnis auf den betroffenen Partner anders aus. Der erste Schock ist vielleicht ebenso groß, aber die Erschütterung ist nicht unbedingt definitiv, da beide wissen, dass sich das Blatt wieder wenden könnte.

Auch in einer Beziehung, in der ein Partner homosexuell ist, gibt es zunächst vielleicht noch die vage Hoffnung, dass das letzte Wort hierüber noch nicht gesprochen ist. Vielleicht ist der Partner ja bisexuell? Gab es eine gemeinsame Vergangenheit, so könnte auch eine gemeinsame Zukunft noch möglich sein. Wenn sich diese Hoffnung schließlich als vergeblich erweist, ist es sinnlos, weiter daran festzuhalten. Dafür entschied sich auch Berenice, und die Art, wie sie sich ihrem Mann gegenüber verhielt, selbst als sie starken Gegenwind abbekam, ist sehr anerkennenswert.

Dieser Wind schlug ihr vor allem von der familiären Seite entgegen. Pauls Vater war ein sehr schweigsamer Mensch und blieb das auch in dieser Situation. Pauls Mutter war dagegen ein ganz anderer Typ. Berenices Verhalten in den beiden dunklen Jahren bot für sie oft Anlass zur Empörung. Da sie manchmal die Kinder hütete, wenn Berenice ausging, glaubte sie zu wissen, wie es um ihre Beziehung stand. Als sie später mit der Homosexualität ihres Sohnes konfrontiert wurde, war sie am Boden zerstört.

Das ganze Geschehen macht wieder einmal deutlich, wie riskant es selbst als Vater, Mutter, Bruder, Schwester, bester Freund oder beste Freundin sein kann, sich ein Urteil über die Beziehung eines Paares zu bilden. Wer klug ist, urteilt nicht, bevor die Spieler nicht selbst alle Karten auf den Tisch gelegt haben, und selbst dann hat jede Geschichte immer noch zwei Seiten, die sich nicht immer decken.

Berenice fällt es noch immer schwer, an die beiden »Unglücksjahre« zurückzudenken, aber letztlich bedauert sie nicht, dass sie sie durchstehen musste. Danach waren sie sicher, die richtige Entscheidung zu treffen, und hatten ihre Trennung vielleicht schon verarbeitet, bevor es dazu wirklich kam.

Und auch für die Kinder war es günstig. Sie waren mittlerweile zwei Jahre älter und Berenice und Paul konnten den Schock, den die Ankündigung der Scheidung bei ihnen auslöste, viel besser auffangen. Als Eltern waren sie inzwischen stärker geworden und besser dazu in der Lage, sich von dem emotionalen Wirrwarr, das viele Scheidungen belastet, zu distanzieren.

Ihr Verständnis füreinander in der schwierigsten Phase der Scheidung half ihnen auch, ihren besten Weg zu finden. Heute ist alles stabil. Beide haben schon einige Jahre feste Beziehungen. Die Kinder verstehen sich sehr gut mit ihren beiden Bonusvätern. Und hin und wieder feiern alle gemeinsam ein Fest. Die Tatsache, dass die beiden neuen Partner keine Kinder haben, vereinfacht ihre »Verbindung«, die man wohl eine Freundschaft nennen kann. James und Annemie können das nur bestätigen.

Eine Visionssuche gibt Rat

»Etwa zehn Jahre nach unsere Heirat wurde die Distanz zwischen uns allmählich größer«, berichtet Anne. »Für jeden, der uns näher kannte, waren wir ein perfektes Paar. Nach Ansicht vieler unserer Bekannten, vor allem unserer Freundinnen, war Hans ein ›idealer‹ Ehemann, der sich sehr um den Haushalt kümmerte. Doch was unsere Beziehung langsam zerstörte, war der Mangel an geteilter Intimität, was Gespräche ebenso wie Berührungen angeht. Ich wollte das Problem anpacken und mit ihm darüber reden. Doch Hans zog sich immer mehr in sich zurück. Die Jahre zogen vorbei, ohne dass wir auch nur einen Schritt vorankamen. Ich hatte das Gefühl, immer mehr den Boden unter den Füßen zu verlieren, und fühlte mich unglücklich, da ich dem machtlos gegenüberstand.«

»Gewiss hatte ich Schwierigkeiten, über Gefühle zu reden und erst recht, sie zu zeigen«, gibt Hans zu. »Das hatte ich daheim nie gelernt, und ich verstand auch nicht, was Anne von mir erwartete.«

»Um meiner Einsamkeit zu entkommen, meldete ich mich zu einem Tangokurs an«, fährt Anne fort. »In dieser Gruppe kam ich mit einem Mann ins Gespräch, der mir meine Lebensweise und die Art meiner Beziehung zu Hans vor Augen führte. Diese Gespräche taten mir gut, sie zogen mich aus dem Sumpf, in dem ich zu versinken drohte. Wir begannen uns auch außerhalb des Tangokurses zu verabreden. Es blieb nicht bloß bei Verabredungen, dennoch war es für mich noch keine wirkliche Beziehung. Für mich stand fest, dass ich keine Trennung wollte, weder von meiner Familie noch von Hans. Ich mochte auch diese Heimlichtuereien nicht. Als ich Hans davon erzählte, war er davon so betroffen, dass wir endlich zu einer Therapeutin gingen. Wir suchten beide einen Neuanfang, doch es stellte sich heraus, dass wir unterschiedliche Vorstellungen davon hatten. Hans wünschte sich, dass wir wieder ein Paar würden, aber das wollte ich nicht mehr, auch wenn mir daran lag, dass wir als Familie weiter zusammenblieben.«

»Damit hatte ich große Schwierigkeiten«, sagt Hans. »Ich wusste, dass sie schon einige Jahre in unserer Beziehung unglücklich war. Daher konnte ich durchaus verstehen, dass es in ihrem Leben einen anderen Mann gab. Ich war nicht eifersüchtig, was mir selbst ein bisschen merkwürdig vorkam. Ich war einfach der Auffassung, dass sie sich entscheiden sollte. Irgendwann kam ich auf die Idee, mir hier in der Nachbarschaft eine Wohnung zu suchen. Ich wollte auf jeden Fall in der Nähe der Kinder bleiben.

Mit Hilfe unserer Therapeutin wurde mir bewusst, dass ich an einem bestimmten Punkt feststeckte, ohne jedoch herausfinden zu können, woran das lag. Sie schlug mir vor, zu einem männlichen Therapeuten zu gehen, der mit einer Männergruppe arbeitete. Dieser Therapeut brachte mich sowohl physisch als auch geistig und emotional in Bewegung.«

Nach einem Jahr riet der Therapeut Hans, an einer Visionssuche teilzunehmen: einem neuntägigen Programm in urwüchsiger Natur, bei dem man sich auf die Suche nach dem Wesenskern seiner Seele begibt. Im Laufe der Visionssuche kam Hans zu der Erkenntnis, dass er sich von Männern angezogen fühlte.

»Es dauerte eine Weile, bis er den Mut hatte, es mir zu sagen«, erinnert sich Anne. »Aber ich selbst sah darin nur eine lang gehegte Vermutung bestätigt. Für mich klarte sich der Himmel auf. Es war eine unglaubliche Erleichterung.«

Zu Hause bezog jeder symbolisch ein eigenes Zimmer und sie schliefen von nun an getrennt. Sie fassten den Entschluss, gemeinsam alles ihren Kindern und ihren Freunden zu erzählen. Lucas (8) kam gut damit zurecht, er hatte kaum das Bedürfnis, darüber zu reden. Kristel (6) hingegen war sehr traurig und fürchtete, ihre Eltern würden sich doch trennen. Durch Gespräche mit ihren Freundinnen und ihren Eltern gewann sie wieder mehr Zuversicht.

Plötzlich lief alles viel besser: Hans konnte die Anwesenheit von Annes Freund viel besser ertragen. Er fragte sich allerdings, ob er in dieser für ihn noch unbekannten Welt wohl auch einen passenden Partner finden würde, aber das funktionierte besser als erwartet. Schon ziemlich schnell hatte er einen Freund. Für beide war es ein *coup de foudre* – Liebe auf den ersten Blick.

»Für mich war das eine wahnsinnige Erfahrung«, sagt Hans. »Plötzlich wusste ich, was Anne all die Jahre vermisst hatte. Ich verstand nun viel besser, warum sie sich in einen anderen verliebt hatte.«

Dass ihr Vater homosexuell war, hatte die Kinder zwar überrascht und berührt, aber sie kamen schnell darüber hinweg. Auch mit Freunden oder in der Schule gab es deswegen kaum Schwierigkeiten. Schwerer traf sie die Beziehung ihrer Mutter, weil sie darin eine größere Bedrohung für ihre Familie sahen.

Diese Familie hat nun eine sehr spezielle Lebensform gefunden. Nach und nach entwickelten sie einen Zeitplan, in dem festgelegt war, wann und wie Anne und Hans die Wochentage im elterlichen Haus verbringen. Dazu gehören Zeiten, die sie beide gemeinsam mit ihren Kindern verbringen, Zeiten, in denen sie jeweils mit ihren neuen Partnern und ihren Kindern zusammen sind, und Zeiten, die sie allein mit ihren Kindern oder allein mit ihren neuen Partnern verbringen. Es kommt auch mal vor, dass sie zu sechst am Tisch sitzen oder bei der »Ablösung« zusammen eine Tasse Kaffee trinken. Letztes Jahr feierten sie alle zusammen Heiligabend, weil Anne bei ihren Schwiegereltern nicht willkommen war.

Die Verwandtschaft ist übrigens ihre größte Sorge. Annes Mutter hatte große Schwierigkeiten damit, dass sie eine neue Beziehung eingegangen war. »Ich will Hans nicht verlieren«, hatte sie gesagt. Dass die beiden weiterhin zusammenwohnten, fand sie ausgezeichnet. Aber sie befürchtete, dass das nicht lange gut gehen würde. Heute, viele Jahre später, sieht sie das anders.

Als Hans' Eltern erfuhren, dass Anne einen anderen Mann hatte, sie aber trotzdem zusammenblieben, hegten sie die Hoffnung, dass sich mit der Zeit alles wieder einrenken würde. Als sie später mit der Homosexualität ihres Sohnes konfrontiert wurden, wich ihre Hoffnung der Verzweiflung. Sie reagierten sehr emotional. »Mit dem Mann kommst du uns nicht ins Haus«, sagten sie zu Hans. Vor allem Hans' Vater war sehr kategorisch. Er wollte das alles am liebsten ignorieren.

Letztes Jahr zu Weihnachten kam es in ihrer ablehnenden Haltung zu einem neuen Tiefpunkt. Traditionell feierten Hans und Anne den Heiligabend mit der ganzen Familie bei Hans' Eltern. Nun waren seine Schwester und ihr Mann aber der Ansicht, dass Anne nicht mehr dazugehöre. Hans' Vater gab ihnen recht. Hans und die Kinder waren der Meinung, dass ein gemeinsames Weihnachtsfest nur Sinn mache, wenn alle zusammen sein konnten: Wenn Mama nicht kommen durfte, würde keiner von ihnen kommen, entschieden sie. Zehn Tage später bekam Hans' Vater einen Herzanfall, den er nicht überlebte. Es war sein letztes Weihnachten gewesen.

Bemerkenswert ist die Mühelosigkeit, mit der die beiden neuen Partner ihre begrenzte Rolle innerhalb der Familie angenommen haben. Sie betrachten dies zwar als Zugeständnis, empfinden ihre neue Art des Umgangs miteinander aber auch als Herausforderung, die ihr Leben spannender macht.

Wegen der Kinder

Die Geschichte von Kris und Françoise haben wir zum Teil schon geschildert: Kris' Entdeckung seiner Homosexualität, seine jahrelange Unsicherheit, sein Ringen mit sich selbst, der Kampf der beiden im Umgang mit der neuen Situation und schließlich ihr Entschluss, nach außen hin eine normale Familie zu bleiben.

Der Kinder wegen hielten sie die Fassade einer intakten Familie aufrecht, bis Gella ihre mit den besten Absichten aufgebaute Scheinwelt entlarvte. »Ich hatte anfangs riesige Schuldgefühle«, erinnert sich Kris. »In einem fast ein Jahr andauernden Kampf gelang es uns, unsere Partnerschaft neu zu definieren. Ich hatte ziemlich bald zwei kurzzeitige Affären mit Männern, von denen Françoise zwar wusste, die ich aber vor den Kindern und der Außenwelt verborgen hielt.«

»Distanz zu gewinnen, war für mich sehr schwierig«, gibt Françoise zu. »Unsere Beziehung war im Allgemeinen so gut, dass ich nur schwer akzeptieren konnte, dass wir unser seelisches und geistiges Einvernehmen nicht mehr durch den körperlichen Aspekt komplettieren konnten.

Rational wusste ich nach einer Weile natürlich, dass es kein Zurück mehr gab, aber bevor ich das emotional verarbeiten konnte, musste noch einige Zeit ins Land gehen. Ansonsten musste ich meiner Ansicht nach akzeptieren, dass Kris an dem, was mit ihm passierte, keine Schuld traf. Er hatte damit ebenso viele Schwierigkeiten wie ich. Wenn nicht noch mehr.«

»Für mich war die Sache natürlich anders«, sagt Kris. »Aber nicht leichter. Körperlich Distanz zu halten, war für mich logischerweise einfach, aber ich fand es doch schwierig, mental Distanz aufzubauen. Solange ich mich schuldig fühlte, war es für mich schmerzhaft, diese Distanz aufzubauen.«

Eigentlich hatten Françoise und Kris schon jahrelang auf sehr spezielle Weise als Paar getrennt und als Eltern zusammen gelebt. Auf spezielle Weise, weil niemand außer ihnen über sie wirklich Bescheid wusste und sie weiterhin ihr Ehebett teilten und andere Beziehungen duldeten. Françoise wusste, dass Kris hin und wieder kurzzeitig einen Freund hatte. Kris ist dabei, wie er sagt, Beziehungen mit Männern, die ihm wirklich etwas bedeutet haben könnten, aus dem Weg gegangen, weil er befürchtete, dadurch sein Familienleben zu gefährden. Zwischen beidem wählen wollte er nicht.

Als Françoise dann plötzlich einen Freund hatte, war Kris überrascht. Anders als bei Kris hielt diese Beziehung viel länger und sorgte nebenbei für mehr Balance im Familienleben. Françoise war es schließlich auch, die Kris klarmachte, dass es für ihn selbst vielleicht auch besser wäre, einen festen Partner zu haben. Ihre langsame und individuelle Entwicklung hatte sie reifen lassen, so dass sie sich nun gegenseitig das Beste gönnten.

Diese lange Zeit, in der ihr Vater innerlich mit sich gerungen hatte, war an den Kindern nicht spurlos vorbeigegangen, vor allem an Edgar nicht.

»Ich weiß noch, wie wütend und aggressiv Papa oft war«, sagt er. »Das lag vielleicht auch an mir, denn unsere Charaktere sind sehr verschieden. Als Papa mir erklärte, wie die Situation aussah, und dabei weinte, dachte ich nur ›so what?‹. Es war mir echt egal, dass mein Vater auf Männer stand. Nicht egal war mir allerdings, dass er oft gestresst nach Hause kam und ich mich deshalb mies fühlte.

Ich habe mit Mama darüber geredet, aber das hat auch nicht viel geändert. Schließlich bin ich zu Papas Psychologin gegangen. Dort bin ich in Tränen ausgebrochen. Zum ersten Mal hörte sie meine Seite der Geschichte. Sie hatte nicht geahnt, wie angespannt die Situation zu Hause war und wie schwer mich das belastete. Sie sah, dass das nicht länger so weitergehen konnte, und redete mit Mama. Erst da hatte ich endlich wieder meine Ruhe und alles veränderte sich.

Insgesamt war das nur eine relativ kurze Zeit. Doch das sind

Dinge, die einem im Gedächtnis bleiben, während einem die guten Erfahrungen oft selbstverständlich erscheinen. Ich verstehe das und eigentlich kann ich nicht klagen. Unsere vielen gemeinsamen Sommer- und Winterreisen waren zum Beispiel fantastisch. Dabei habe ich Papa nie negativ erlebt.«

Kris und Françoise sind vor sieben Jahren auseinandergegangen. Oder besser gesagt: Kris ist näher zu seinem Arbeitsplatz gezogen und wohnt nun ein ganzes Stück von ihrem ursprünglichen Zuhause entfernt. Beide haben inzwischen eine feste Beziehung. Auch Gella hat eine feste Partnerin gefunden. Edgar geht es ebenfalls gut, sowohl persönlich wie auch mit seinem Studium. Rückblickend sieht Kris seine Schuldgefühle als seine größte Belastung an, für Françoise wog »ihr Geheimnis« am schwersten.

Als sie schließlich ihre Freunde und Bekannten einluden und ihnen alles erzählten, waren diese zunächst sehr überrascht. Doch letztlich machte es ihnen kaum etwas aus. Ganz anders war dagegen die Reaktion von Kris' und Françoises Eltern. Françoises Vater kann Kris einfach nicht verstehen. Seiner Ansicht nach hätte Kris verhindern müssen, dass so etwas passiert. Kris' Mutter hat die Nachricht überhaupt nicht verkraftet. Als sie erfuhr, dass ihr Sohn homosexuell ist, drohte sie mit Selbstmord. Auch heute peinigt sie ihren Sohn noch mit der Aussage, dass sie jeden Abend weinend zu Bett gehe. Sein Vater spricht nicht darüber. Ihm wäre es lieber, er hätte es nie erfahren.

Doch das sind die einzigen Dissonanzen in einem sonst sehr glücklichen erweiterten Familienleben. In dem sich anscheinend alle Grenzen verwischen und alle miteinander als Freunde Feste feiern und verreisen können. Kürzlich erst feierten sie in ihrem erweiterten Familienkreis Heiligabend und schmiedeten Pläne, »mit der ganzen Bande« gemeinsam in Skiurlaub zu fahren.

»Wir haben es geschafft«, sagt Kris zum Abschluss, »aber es war kein bequemer Weg. Ich bin sicher, dass unsere beiden Kinder uns schätzen, mit all unseren Qualitäten und unseren Fehlern. Dafür, gute Eltern oder gute Partner zu werden, gibt es keine Ausbildung. Die Lebenserfahrung hat unsere Familie an den Punkt gebracht, an dem wir jetzt stehen. Und am Ende der Tour kann ich sagen: Wir haben es gar nicht so schlecht gemacht.«

So spannend diese Begegnungen auch waren, eine wichtige Frage blieb offen: War es Zufall, dass wir drei Schilderungen erhalten hatten, bei denen einer der Partner schwul war, jedoch keine Schilderung mit einer lesbischen Partnerin? Würde eine Frau, die entdeckt, dass sie lesbisch ist, eine ähnliche Lösung wählen oder würde sie damit eher anders umgehen?

Zum Glück fanden wir in Cate Cochrans Buch *Reconcilable Differences*[30] eine authentische Schilderung, die uns dabei half, den Schleier ein wenig zu lüften.

Mit drei Frauen unter einem Dach

Kathleen und Phil waren dreißig Jahre zusammen und hatten drei Kinder, als ihre Ehe in die Brüche ging.

Bei einem Krisentraining für Paare fühlte sich Kathleen zum ersten Mal von der Aufmerksamkeit einer Frau angezogen. Eine Jugendfreundin, die schon achtzehn Jahre heimlich in sie verliebt war, wurde kurz darauf zu einer Offenbarung für sie. »Ich war keine Lesbe, die sich plötzlich selbst erkannte«, sagt sie dazu, »sondern eine Frau, die ihre sexuelle Energie wiederentdeckte.«

Phil hatte schnell eingesehen, dass es so nicht weiterging. Er schlug vor, in einen kleineren Teil des Hauses zu ziehen, so dass Kathleen und die Kinder den Rest des Hauses für sich hatten. Drei Monate später zog Jane bei Kathleen ein.

Die älteren Kinder (11 und 9) hatten mehr Probleme mit der neuen Situation als Maggy (6), die Jüngste. Aber nach einer gewissen Zeit fanden es alle in Ordnung. Sie erkannten, dass es ihnen viel besser ging als vielen Kindern, deren Eltern ganz getrennt voneinander lebten. Sie aßen noch zusammen, die Einkäufe und andere Pflichten wurden geteilt und sie machten zusammen Urlaub.

Nach zwei Jahren zog Phil in ein kleines Haus in der Nachbarschaft um. Dieser Umzug war eher symbolisch als faktisch. Denn sie aßen auch weiterhin zusammen und verbrachten die meisten Abende miteinander.

Das änderte sich, als Sue in Phils Leben trat. Er erklärte ihr genau, wie seine Familie funktionierte. Sue akzeptierte die Herausforderung.

Doch dann gab es ein Problem. Kathleen, die mehr oder weniger den Haushalt organisierte, fühlte sich von Sues Einzug bei Phil bedroht. Sie befürchtete, ihr fragiles Gleichgewicht könnte ins Wanken geraten. Ihre Furcht kam in den alltäglichsten Dingen zum Ausdruck. So trieb ihr bei einem gemeinsamen Ausflug ein banaler Zufall die Zornesröte ins Gesicht. Sie hatte sich zuvor um alles gekümmert, was zu einem Picknick gehörte. Weil nun alles unter Sues Stuhl lag, begann diese damit, das Essen auszuteilen. »Es sah so aus, als hätte sie alles vorbereitet«, schildert Kathleen ihre Empfindung. Später sah sie ein, wie dumm das gewesen war, aber bis dahin hatte die Krise, die dieser Gedanke ausgelöst hatte, Sue schon ziemlich durcheinandergebracht.

Dieser und einige andere Vorfälle veränderten nach und nach ihr Verhalten zueinander. Vor allem die Erwachsenen besuchten sich nun nicht mehr unangekündigt. Die Intimität, die es vorher zwischen ihnen gegeben hatte, verflüchtigte sich immer mehr.

Wie dem auch sei, Kathleens und Phils neue Familie hat zu siebt fünfzehn Jahre lang durchgehalten. Nun, da die Kinder aus dem Haus sind, haben die beiden das Elternhaus verkauft. Sue und Phil wohnen heute in einem anderen Stadtteil. Mit Nostalgie blicken beide auf die Zeit zurück, die hinter ihnen liegt. Dass sie letztlich auseinandergegangen sind, betrachten sie als Verlust.

> »Und dennoch habe ich ein gutes Gefühl dabei«, sagt Kathleen. »Ich habe die beruhigende Gewissheit, dass es in der Welt sechs Menschen gibt, die mich wahrhaftig lieben, und das ist ein unglaubliches Geschenk.«

Tipps:

- Zeigen Sie Verständnis für den Schmerz und die Unsicherheit des anderen. Sich bewusst zu machen, dass Sie daran keine Schuld trifft, kann hilfreich sein.
- Geben Sie einer neuen Dynamik und einer neuen Rollenverteilung in Ihrer Beziehung Raum, indem Sie zulassen, dass neue Partner eine Rolle einnehmen.
- Lassen Sie nicht zu, dass die sexuelle Veranlagung Ihres Ex-Partners Ihre Loyalität zu ihm beeinflusst.
- Gehen Sie davon aus, dass die Nachricht, dass Sie sich trennen, für Ihre Kinder viel entscheidender ist als Ihr Coming-out.

14. Als Paar getrennt, als Eltern zusammen – manchmal schwierig oder unmöglich

Der dritte Weg kann sich als schwieriger erweisen, als man zunächst dachte, manchmal auch als *zu* schwierig oder gar unmöglich. Das Einzige, was dann noch machbar erscheint, ist, nicht alle Brücken hinter sich abzubrechen.

Der Partner kann eine Mauer aufbauen, gegen die man immer wieder ohnmächtig anrennt. Auch mangelnde erzieherische Fähigkeiten bei einem der Partner können den dritten Weg erschweren oder blockieren. Es können sich auch persönliche Probleme ergeben, die das Übernehmen elterlicher Verantwortung zeitweise oder dauerhaft unmöglich machen. Das alles sollte uns jedoch nicht daran hindern, auch in schmerzlichen oder schwierigen Situation das Interesse der Kinder im Blick zu behalten.

Außerdem können nicht nur Eltern oder Bonuseltern Schwierigkeiten mit der Lebensform haben, für die Sie sich entschieden haben, auch Ihre Kinder könnten sich dagegen sperren. Was dann?

Wahrscheinlich wird es uns nie gelingen, für all diese Probleme eine Lösung zu finden, doch eines haben wir von den Eltern, Kindern und professionellen Helfern gelernt: Seine Haltung kann man bewusst einnehmen. Und sie kann in jeder Situation dazu beitragen, den dritten Weg offenzuhalten.

Reißen Sie die Mauer ein

Es ist oft unbegreiflich, dass Menschen, die jahrelang zusammengelebt haben, sich plötzlich wie Fremde begegnen. Die einzige Kommunikation, die zwischen ihnen stattfindet, verläuft über ihre Kinder. Selbst E-Mails bleiben unbeantwortet, Treffen und Gespräche werden systematisch vermieden. Die Eltern werden füreinander quasi unsichtbar und verlangen von ihren Kindern etwas Unmögliches: den Elternteil, bei dem sie sich gerade nicht aufhalten, zu negieren.

Was ist hier genau passiert? Selbst Eltern, die sich so verhalten, bleiben die Antwort auf diese Frage oft schuldig, und häufig kann keiner von beiden noch genau sagen, wann und warum dieser kalte Krieg begonnen hat.

Für denjenigen Elternteil, der vielleicht selbst alles daransetzt, sich mit seinem Ex-Partner zu beraten und zu kommunizieren, ist ein solcher Zustand noch schmerzlicher. Wenn sein Gegenüber nur mauert, um seine eigenen Interessen nicht zu gefährden oder um dem anderen eins auszuwischen, kommt man einfach nicht weiter.

Wir erinnern uns noch, dass sich Bert und Bea wegen ihrer drei Söhne voller Zuversicht für das Nestmodell entschieden hatten. Vier Monate später war es Bea leid. Sie schlug vor, dass die Kinder von nun an jede Woche zwischen ihrem Vater und ihrer Mutter hin- und herpendeln sollten. Um des lieben Friedens willen ging Bert auf den Vorschlag ein. Doch schon bald zeigte sich, dass von da an von einer gemeinsamen Erziehung der Kinder nicht mehr die Rede sein konnte.

Notgedrungen versuchte Bert, den Blick von seinem Standpunkt aus in die Zukunft zu richten. Und weil er sich in dieser Zukunft weiterhin für das Wohl ihrer Kinder verantwortlich sah, entschied er sich, eine Wohnung in Beas Nähe zu mieten. Von seinem Standpunkt aus war das nur logisch, doch sollte sich die Situation schon bald zuspitzen. Bea verweigerte inzwischen jede Form von Kommunikation und schirmte sich vollkommen ab, vor allem als Bert Kaat kennenlernte. Auch die Kinder betrachteten ihre Mutter von diesem Zeitpunkt an als Opfer. Bert hatte dem Vorschub geleistet, als er sich bereit erklärt hatte, die ganze Verantwortung, ja sogar die Schuld für die Scheidung auf sich zu nehmen.

Das hatte ihn langsam, aber sicher ins Abseits gebracht. Nun musste er sich damit abfinden, seine Söhne nur jedes zweite Wochenende zu sehen. Und auch spontane Besuche zwischendurch waren nicht möglich. Weil diese Entscheidung mit Zustimmung seiner Söhne (17, 15, 12) getroffen worden war, hatte er darauf verzichtet, sie anzufechten. Die Kinder waren ihm trotz dieser Entscheidung jederzeit willkommen. Er konnte ihnen nur sagen, dass er sie unendlich liebte.

Dass Bert bereit war, die Schuld für die Scheidung auf sich zu nehmen, erwies sich für ihn selbst als fatales Geschenk, das nicht mit der erhofften Dankbarkeit belohnt wurde.

Bereits zu Beginn, als Bea ihm für seinen Auszug aus dem gemeinsamen Haus eine Deadline gesetzt hatte, ging alles schief. Denn schon zu diesem Zeitpunkt schieden sich buchstäblich ihre Wege, auch was die Kinder anbetraf. Vom Blickwinkel einer gescheiterten Partnerschaft mag das logisch erscheinen, für die Elternschaft hatte es jedoch verhängnisvolle Folgen. Auch das Leben der Kinder wurde dadurch aus der Bahn geworfen.

Ob sie zu einem besseren Resultat gekommen wären, wenn Bert sich anders verhalten hätte, lässt sich schwer sagen. Immerhin führte seine beständig positive Haltung dazu, dass die Situation nicht eskalierte und den Kindern ein Loyalitätskonflikt erspart geblieben ist. Das Ergebnis ist natürlich alles andere als ideal, aber bis heute steht ihnen der dritte Weg noch offen. Es ist kein irreparabler Schaden entstanden und Bert ist weiterhin bereit, jederzeit mit seiner derzeitigen Freundin seinen Teil der elterlichen Verantwortung zu übernehmen.

Flüchten oder kämpfen?

Man könnte natürlich sagen, Bert hätte die Flucht ergriffen, statt sich dem Kampf zu stellen. Das ist richtig, aber wäre Kampf denn wirklich der bessere Weg gewesen?

Wenn Eltern sich für Kampf statt Flucht entscheiden, gehen sie das Risiko ein, dass die Situation völlig außer Kontrolle gerät.

> Kris und Valerie sind schon seit vielen Jahren geschieden, sie haben eine Tochter, Anja (22), und einen Sohn, Gert (9). Als Valerie erfahren hat, dass ihr Mann eine andere Frau kennengelernt hat, hat sie ihn sofort vor die Tür gesetzt. Kris war damals notgedrungen zu seiner Freundin gezogen.
>
> Obwohl ihre Eltern danach ziemlich weit voneinander entfernt wohnten, pendelten Gert und Anja jede Woche von einem zum anderen. Die Kommunikation zwischen Kris und Valerie lief nur über ihre Kinder oder ihre Rechtsanwälte.
>
> Letztes Jahr verschärfte sich ihr kalter Krieg weiter, als Valerie die Kinder aus dem Ferienlager abholen wollte, weil die Woche begann, in der die Kinder bei ihr wohnen sollten. Anja, die sich im Ferienlager sehr wohlgefühlt hatte, weigerte sich jedoch, mit ihrer Mutter mitzugehen. Die Situation eskalierte. Valerie bekam

ihre Tochter anschließend sechs Wochen lang nicht zu Gesicht und wandte sich deshalb an den Jugendrichter.

Für Kris war das der sprichwörtliche Tropfen, der das Fass zum Überlaufen brachte: Nach dem er jahrelang versucht hatte zu verhandeln und ständig Zugeständnisse gemacht hatte, nahm er nun den Kampf auf und wollte keinesfalls nachgeben.

Weder der Jugendrichter noch monatelange Vermittlungsversuche zeigten Erfolg. Der Stein des Anstoßes blieb immer derselbe: die Art, wie die Scheidung vor Jahren abgelaufen war, und die Interessen, die damals verletzt worden waren.

Der Ursprung für diese Pattsituation liegt darin, dass Kris damals die Partnerschaft beendet hatte. Valerie nimmt ihm das noch immer sehr übel. Sie prozessierten. Und als schließlich die Entscheidung fiel, dass beide in gleicher Weise für die Kinder sorgen sollten, betrachtete Valerie das als »Todesstoß«. Sie war nicht bereit, am Funktionieren dieser, ihrer Ansicht nach schlechten Regelung mitzuwirken.

Das Gefecht, das sich Kris und Valerie liefern, zeigt deutlich, wie unfruchtbar ein andauernder Kampf sein kann. In ihrem Kampf, der völlig über die Köpfe ihrer Kinder hinweggeht, geht es allein um Macht. Kris und Valerie könnten eigentlich gute Eltern sein, aber zusammen machen sie aus ihrer Erziehung für ihre Kinder eine einzige Katastrophe. Der Jugendrichter muss nun entscheiden, ob die Kinder ins Ferienlager dürfen oder nicht. Aber selbst wenn er sich dafür entscheidet, ist es sehr fraglich, ob sie es noch unbekümmert genießen werden.

Durch Dialog die Mauer einreißen

Wenn Flüchten nicht hilfreich ist und Kämpfen noch weniger, was bleibt dann noch? Müssen wir den dritten Weg dann völlig aufgeben?

Vielleicht liegt die Lösung darin, einen Blick für die Interessen jedes Einzelnen zu haben und den Mut aufzubringen, nicht zu hart darauf einzuhämmern.

Ein solches Verhalten erfordert beträchtliche Nachsicht und ist sicherlich alles andere als selbstverständlich. Doch herauszufinden, was genau falsch gelaufen ist, und mutig den eigenen Anteil daran zu sehen, kann uns dabei helfen, die Gründe für das Verhalten unseres Ex-Partners besser zu verstehen. Und dann bleibt nur der unermüdliche Versuch sich anzunähern, wie schwierig das für einen Menschen mit eigenen Wunden und Interessen auch sein mag.

Klingt das zu schwierig? Wenden wir uns noch einmal Bea und Bert zu. Angenommen, Bert hätte seine Frau in die Suche nach einem Appartement einbezogen, als sie ihn aufgefordert hatte, die Wohnung der Familie zu verlassen. Angenommen, er hätte die Zeit, in der sie noch zusammenwohnten, dazu genutzt, nach einer Möglichkeit Ausschau zu halten, diese Schuld abzubezahlen, statt die Schuld einfach auf sich zu nehmen. Vielleicht wäre das Angebot, ihr eine großzügigere Aufenthaltsregelung zuzugestehen, eine solche Möglichkeit gewesen. Vielleicht hätte sie es dann nicht so tragisch gefunden, wenn die Kinder ihn hin und wieder einmal spontan besucht hätten. Sie scheint hingegen nicht zu verstehen, dass Bert auch traurig ist und sich unsicher fühlt, wie es in Zukunft mit ihm weitergehen soll. Und dass er eigentlich vor allem nach einer guten Lösung für die Kinder sucht. Keiner von beiden war in der Lage zu diesem Zeitpunkt mit dem anderen über seine eigenen Gefühle zu sprechen. Obwohl ihnen gerade das womöglich zu einer Lösung verholfen hätte.

Bei Kris und Valerie wäre es vielleicht ganz anders verlaufen, wenn ihn Valerie nicht sofort hinausgeworfen hätte, so dass er keine andere Möglichkeit gesehen hatte, als bei seiner neuen Freundin einzuziehen. Was wäre wohl passiert, wenn sich beide in diesem Moment aufrichtig ihre grundlegenden Gefühle offenbart hätten? Oder wenn sie, notfalls auch mit externer Hilfe, versucht hätten, miteinander zu reden? Kris verstand zwar, dass Valerie wütend und verletzt war, aber das gab ihr doch noch lange nicht das Recht, ihm die Kinder zu nehmen und ihn vor die Tür zu setzen. Eigentlich ließ sie ihm kaum eine andere Möglichkeit, als bei seiner Freundin einzuziehen und um seine Kinder zu kämpfen.

Darüber, wer von ihnen sich als Partner damals falsch verhalten hat, kann man unterschiedlicher Meinung sein, doch dazu sollte man immer beide Seiten der Geschichte kennen. In ihrer Rolle als Eltern haben sie beide gravierende Fehler begangen.

Jeder kennt Situationen, in denen man so sehr in seinen eigenen Gefühlen und Überzeugungen gefangen ist, dass man kein Verständnis für den Standpunkt seines Gegenübers aufbringen kann. Doch wenn man dem dritten Weg wirklich eine Chance einräumen will, sollte man die Streitaxt besser begraben. Und man sollte sein Heil auch nicht in der Flucht suchen, sondern innehalten, sich erst einmal gegenseitig zuhören, sich dann beraten und schließlich nach einer Lösung suchen, die für alle sinnvoll ist.

Das ist übrigens auch die Lehre, die wir aus Claras und Karels Geschichte ziehen können. Clara hatte sich geweigert auszuziehen, solange sie noch keine gute Regelung gefunden hatten. Hätte sie sich in ihrer ersten Wut dafür entschieden, auszuziehen und den juristischen Weg zu beschreiten, wäre wohl alles ganz anders gekommen. Auch eine strittige Scheidung wäre dann im Bereich des Möglichen gewesen.

Die unsichtbare Mauer

Auch eine weniger ausgeprägte Kontroverse zwischen den Eltern kann den dritten Weg sehr erschweren. Man kämpft nicht gegeneinander, alle gehen scheinbar »normal« miteinander um, und doch werden die Autorität und die Erziehungsmaßnahmen des anderen auf subtile Weise unterminiert. Kinder gehen auf dieses absurde Spiel oft ein, weil sie ihren Vorteil daraus ziehen. Wenn sie wissen, dass Papa immer gegen das ist, was Mama sagt oder tut, und umgekehrt, ist es für sie ein Leichtes, das zu ihrem Vorteil zu nutzen.

Lotte (14), die Tochter von Tom und Marijke, wohnt mit ihrer Schwester Lore (11) abwechselnd eine Woche bei ihrer Mutter und bei ihrem Vater. Sie wechseln oft zwischen der kreativen Atmosphäre und einem entsprechend saloppen Erziehungsstil bei ihrer Mutter und dem sehr komfortablen Leben bei ihrem Vater hin und her.

Tom und Marijke sind liebevolle Eltern, die sich sehr um Lotte und Lore kümmern. Aber sie sind nicht gut aufeinander zu sprechen, oder besser gesagt, zwischen ihnen herrscht ein untergründiger Streit, wer die Kinder richtig erzieht. Eigentlich geht es ihnen darum, wer von ihnen die Elternrolle am besten erfüllt. Darauf reiten sie bei jeder Gelegenheit herum.

Vor allem Lotte hat dafür ein Gespür und weiß das mit zunehmendem Alter auch zu ihrem Vorteil zu nutzen. Wenn Lotte sich mit ihrer Mutter streitet, schreibt sie ihrem Vater ständig SMS, dass sie lieber zu ihm möchte. Tom, der grundsätzlich für seine Tochter Partei ergreift, ermutigt sie sich durchzusetzen. Daraufhin richtet Marijke, die eigentlich immer noch auf Lotte sauer ist, ihre Wut auf Tom, der sich gefälligst nicht einmischen soll, wenn er nicht mal die Hälfte der Geschichte kennt. So trägt Lotte mit Hilfe ihres Vaters immer den Sieg über ihre Mutter davon.

Der untergründig geführte Kampf zwischen den Eltern, der vor allem auf ihre Rivalität zurückzuführen ist, steht hier einer gemeinsamen Erziehung im Wege. Wären sie als Eltern zusammengeblieben, wären sie nicht umhingekommen, den Erziehungsstil des anderen zumindest zu einem gewissen Teil zu akzeptieren. Doch nun, da sie sich getrennt haben, geht jeder, ohne Rücksicht auf den anderen zu nehmen, seiner eigenen Wege – auf Kosten der Kinder.

Ein Elternteil will oder kann die Elternrolle nicht voll und ganz übernehmen

Doch was tun, wenn ein Elternteil nicht für die Kinder sorgen kann oder in seinen eigenen Problemen versinkt? Vorausgesetzt, der Betroffene erkennt selbst, dass er weniger dazu in der Lage ist, für seine Kinder zu sorgen, lässt sich auch dafür eine Lösung finden. Wenn man sich gut miteinander abspricht, kann ein Elternteil, selbst in der Zeit, in der die Kinder nicht bei ihm wohnen, dem anderen hin und wieder einfach zur Hilfe kommen. Es ist für den dritten Weg zwar entscheidend, dass Vater und Mutter weiterhin ihre Elternrolle wahrnehmen, doch muss die Rollenverteilung dabei nicht völlig gleichgewichtig sein. Es ist auch nicht nötig, dass beide *alle* Elternaufgaben übernehmen. Wenn man sie geschickt aufzuteilen versteht, kann sich das als sehr vorteilhaft erweisen.

Sylvie und Joris leben mit Loïc und Julie zusammen unter einem Dach, wobei die Kinderzimmer als Trennbereich zwischen ihren separaten Wohnungen dienen. Dennoch haben die Kinder eine Mama- und eine Papawoche, die jeweils sonntagabends beginnt. An diesem Tag nehmen sich alle Zeit, um zusammen zu sein, und die Eltern bringen ihre Kinder gemeinsam zu Bett.

In der ›Papawoche‹ sind die Kinder auch jederzeit bei ihrer Mutter willkommen und umgekehrt. So konnten sich gewisse Rollenmuster innerhalb der Familie erhalten. Mama bringt zum

Beispiel mehr Geduld auf, wenn es darum geht, Loïc bei den Hausaufgaben zu helfen. Deshalb übernimmt sie diese Aufgabe auch in der Woche, in der Joris für die Kinder sorgt.

Ausschlaggebend für ihre Entscheidung, weiterhin unter einem Dach zu wohnen, war die Überlegung, ihren beiden Kindern den allwöchentlichen Umzug zwischen zwei Wohnungen zu ersparen. Die Hausaufgabenbetreuung hat Sylvie gern permanent übernommen, da sie kein großes Vertrauen in Joris' Fähigkeit hat, die Erziehung und die Verantwortung für die Kinder alleine zu bewältigen. Sie wirft daher immer mal wieder einen Blick auf das, was er so tut; das ist für sie beruhigend.

Das würde natürlich nicht funktionieren, wenn Joris sich dagegen sperren würde. Doch das tut er nicht, weil er akzeptiert, dass Sylvie in diesen Dingen einfach besser ist, und die Kinder davon profitieren.

Ihr gemeinsamer dritter Weg bietet Joris die Möglichkeit, seine Elternpflichten zu einem gewissen Teil zu übernehmen, und sie gibt Sylvie die Chance, die Lücken der elterlichen Verantwortung zu schließen, die Joris ihrer Ansicht und seiner Ansicht nach lässt.

Viel kritischer und schwerer lösbar ist eine Situation, in der ein Elternteil seine Rolle gar nicht übernehmen kann oder will. Kann der andere dann dafür sorgen, dass der Ex-Partner auch in Zukunft noch eine Verbindung zu den Kindern hat?

Rita, eine alleinstehende Mutter mit drei Kindern, hatte sich jedenfalls entschieden, alles dafür zu tun, dass es im Leben ihrer Kinder noch einen Vater gab. Und das in einer ziemlich aussichtslosen Lage.

Rita ist auch heute noch mit Luc verheiratet, dem Vater ihrer Kinder Sandra, Kim und Flore. Vor etwa sieben Jahren, während ihrer letzten Schwangerschaft, wurde ihre Beziehung immer entsetzlicher. Rita hatte schon eine ganze Weile beunruhigende Veränderungen an ihrem Mann bemerkt. Er zog sich ganz von seiner Familie zurück, war fast ständig außer Haus und gab unbeschreiblich viel Geld aus.

Immer wieder wurde er aggressiv, sowohl verbal als auch physisch. Schließlich sah Rita keinen anderen Ausweg, als Strafanzeige zu stellen, woraufhin Luc wegen häuslicher Gewalt verurteilt wurde. Luc war spielsüchtig, alkoholabhängig und litt unter einer

Psychose. Darüber hinaus verhielt er sich extrem gefühllos gegenüber den Kindern, die er zuweilen auch in Gefahr brachte.

Nachdem sie vorübergehend in einem Wohnheim und bei Freunden gewohnt hatte, erkannte man Rita das Recht zu, mit ihren Kindern weiterhin in der Wohnung der Familie zu wohnen, zu der man Luc den Zutritt untersagte. Luc erhielt das Recht, alle vierzehn Tage Kontakt zu seinen Kindern aufzunehmen. Doch dazu war er damals nicht in der Lage. Wenn es nach ihm gegangen wäre, hätte er seine Kinder überhaupt nicht gesehen. Aber Rita fand das nicht gut, obwohl ihre Betreuer, ihr Rechtsanwalt und ihr Umfeld anderer Auffassung waren. Sie war davon überzeugt, dass das Umgangsverbot den Kindern eher schaden als nutzen würde. Daher bot sie Luc an, die Kinder in seinen »guten Momenten« bei ihr zu Hause zu besuchen.

Nachdem Luc etwa zwei Jahre lang in ihrer Nachbarschaft gewohnt hatte, zog er an die mehr als hundert Kilometer entfernt liegende Küste. Das machte Ritas Hoffnung zunichte, er würde allmählich wieder seine Vaterrolle übernehmen. Der Kontakt zwischen ihm und den Kindern ist aufgrund der Distanz und dem Alter der Kinder nun zwar geringer geworden. Aber in den Schulferien fährt Rita hin und wieder mit ihnen ein paar Tage ans Meer.

Ohne Rita haben Luc und die Kinder keinen Kontakt mehr zueinander. Vielleicht verkraftet Luc das nicht. Doch trotz allem konnte Rita verhindern, dass Luc als Vater im Leben der Kinder nur ein blinder Fleck ist.

Ritas Auffassung nach war das unter diesen schlechten Bedingungen die beste Option. Sie möchte ihren Kinder beibringen, positiv mit Problemen umzugehen. Auch wenn das Problem ihr Mann und der Vater ihrer Kinder ist.

Ritas Geschichte ist meilenweit von den neunzehn anderen Gesprächen entfernt, die wir geführt haben. Dennoch lassen sich in ihrem Vorgehen typische Kennzeichen des dritten Weges erkennen: Sie als Mutter sucht nach einer Chance, den Vater am Leben der Kinder teilhaben zu lassen.

Grenzen

Wir können unsere Hochachtung dafür, wie Rita sich selbst hintanstellte und die Herausforderung anging, kaum verbergen. Aber diese

Situation liegt gewiss in einer Grauzone. Ihre Anstrengungen wurden belohnt, aber es hätte auch genauso gut schiefgehen können. Es versteht sich von selbst, dass die Sicherheit und das Wohlergehen der Kinder nie gefährdet werden dürfen.

Daher sind klare Grenzen zu setzen. Wenn Kinder Opfer von Gewalt, Missbrauch oder anderen Straftaten geworden sind, ist der dritte Weg keine Option. Die Sicherheit der Kinder steht immer an erster Stelle. Meistens muss in diesen Fällen professionelle Hilfe gesucht und bei Kontakten Betreuung in Anspruch genommen werden.

Jenseits dieses Grenzbereichs profitieren Kinder immer davon, wenn die Beziehungen zu beiden Eltern erhalten bleiben, selbst wenn diese sehr eingeschränkt sind. Oder, wie Ludo Driesen es in seinem Buch *Ik wil mama én papa, allebei!* formuliert: »Die Loyalität der Kinder zu ihren Eltern ist grenzenlos!«[31]

Er schildert die Geschichte eines Mädchens, das von seinem Vater missbraucht worden war, und die eines anderen Mädchens, dessen Vater sich zehn Jahre nicht um seine Tochter gekümmert hatte. Beide hielten dennoch den Kontakt zu ihrem Vater aufrecht oder nahmen den Kontakt zu ihm erneut auf. Driesen definiert Loyalität folgendermaßen: »Loyalität ist ein komplexes Gefühl, das wir als eine Kombination aus Verbundenheit und Treue beschreiben können. Wenn man jemandem gegenüber loyal ist, empfindet man Verbundenheit, Anhänglichkeit und Zuneigung für ihn. Es besteht eine Bindung. Gleichzeitig will man für den anderen Verantwortung übernehmen, seine Erwartungen berücksichtigen, für ihn sorgen und seine Interessen verteidigen.«

Driesen verweist damit auf die bekannte Theorie von Ivan Nagy, der die Loyalität zwischen Eltern und Kindern sogar als existenziell erachtet: als Fundament des menschlichen Daseins, dem sich kein Mensch entziehen kann, und etwas, das jede Form räumlicher und geographischer Trennung überwindet.

Kinder profitieren daher unter allen Umständen von dem Kontakt zu beiden Eltern, es sei denn, ihre Sicherheit ist gefährdet.

Wie wir zu Beginn schon gesagt haben, ist der dritte Weg kein Wundermittel, das einfach so bereitliegt. Das Vorangehende lässt sich durch eine ganze Liste von Charaktereigenschaften ergänzen, die einer harmonischen Beziehung der Eltern im Weg stehen können.

Ein Mensch, der jähzornig und aggressiv ist, wird sich auch nach einer Trennung nicht plötzlich ändern. Wer fürchterlich eifersüchtig oder paranoid ist, wird seinen Partner eher stalken, als ihm ein neues Leben zu gönnen. Und wer sich als Elternteil nie verantwortungsvoll gezeigt hat, wird sich auch nach einer Trennung nicht in einen gewissenhaften Vater oder eine pflichtbewusste Mutter verwandeln.

In all diesen Fällen wird sich der weitere Umgang dieses Elternteils mit den Kindern meistens problematisch gestalten. Notgedrungen wird man sich dann wohl für den Weg des kleinsten Übels entscheiden müssen. Allerdings sollte man dabei nicht in die Falle tappen und Übles mit Üblem bekämpfen. Denn das könnte die Lage für einen selbst und für die Kinder nur noch weiter verschlechtern. Denken wir an Ritas Beispiel zurück: Alles daranzusetzen, den Kindern so lange wie möglich beide Eltern zu erhalten, ist einen Versuch wert.

Tipps:

- Die Loyalität der Kinder zu ihren Eltern ist meistens grenzenlos. Kappen Sie dieses Band nicht.
- Wenn der dritte Weg in keiner Form möglich ist, dann forcieren Sie ihn nicht, aber bleiben Sie Ihrem Ex-Partner als Vater oder Mutter gegenüber loyal.
- Kämpfen, Flüchten oder Rechthaberei lohnt sich nicht. Der Versuch, den Kontakt aufrechtzuerhalten, ist der beste Weg.
- Zugeständnisse sind lobenswert, aber setzen Sie dennoch Grenzen. Die Sicherheit der Kinder darf niemals gefährdet werden.

15. Wie finden Sie Ihren dritten Weg?

Nach dem Ende einer Partnerschaft ist es mit einer einmaligen Suche nach dem richtigen Weg für die Erziehung der Kinder nicht getan. Es ist vielmehr mit einem Prozess zu rechnen, der erst allmählich Form annimmt. Dennoch trifft man *eine* Entscheidung schon definitiv, wenn sich eine Trennung abzeichnet: die Entscheidung, nach dem dritten Weg zu suchen.

Welches Vorgehen sich für eine Familie als das beste erweist, hängt von vielen Umständen ab. Daher erscheint es uns nicht sinnvoll, ein ideales Szenario zu beschreiben. Im Folgenden möchten wir nur einige Faktoren ansprechen, die bei der Suche nach Ihrem persönlichen dritten Weg entscheidend sein können und Ihnen vielleicht helfen, die beste Wahl für sich zu treffen.

Stecken Sie nicht den Kopf in den Sand

Eine Trennung kommt nie aus heiterem Himmel, manchmal aber die Mitteilung, dass einer der Partner sich trennen will. Obwohl sich beide in derselben Situation befinden, ist einer der Partner meistens besser auf die Trennung vorbereitet als der andere. Das kann zum Beispiel daran liegen, dass er schon über Monate oder gar Jahre ein geheimes Doppelleben führt. In den meisten Fällen ist es jedoch darauf zurückzuführen, dass einer der Partner die Probleme nicht gesehen hat oder nicht sehen wollte.

In der Zeit vor einer Trennung gibt es meistens genügend Hinweise darauf, dass in der Beziehung etwas schiefläuft. Schon die wohl am häufigsten gehörte Klage: »Wir haben uns völlig auseinandergelebt«, macht deutlich, dass es sich dabei um einen Prozess von Monaten, wenn nicht gar von Jahren gehandelt hat. Sollte tatsächlich keiner von beiden davon etwas bemerkt haben? Nicht jedes Paar kommt wie Kurt und Katrien auf die Idee, jedes Jahr bei einem Essen gemeinsam zu besprechen, wie es um seine Beziehung steht. Aber selbst wenn man es versäumt hat, diese Möglichkeit von Anfang an zu nutzen, kann man sie sich auch dann noch zu eigen machen, wenn die ersten Gewitterwolken aufziehen. Vielleicht ist es ja gar keine schlechte Idee, bei einer solchen Gelegenheit die ersten Anzeichen einer Krise anzusprechen und darüber gemeinsam zu reden.

Auf diese Weise könnten Sie sich sicherlich darüber Klarheit verschaffen, (ob und) wie weit Sie sich auseinandergelebt haben. Erscheint Ihnen beiden die entstandene Kluft unüberbrückbar, könnten Sie sich auch an einen Beziehungstherapeuten wenden. Vielleicht verleiht das Ihrer Beziehung ja wieder neuen Schwung. Wenn nicht, sind Sie sich zumindest über ihr Problem bewusst geworden und können sich gegebenenfalls auf eine spätere Trennung besser vorbereiten. Vielleicht gibt Ihnen gerade diese Vorbereitung Kraft, die Ihnen hilft, sich nicht wie ein Häufchen Elend zu fühlen, wenn Sie mit den Trennungsabsichten Ihres Partners konfrontiert werden. Oder Sie kommen nach einer Weile sogar beide gemeinsam zu dem Schluss, am besten einen dicken Schlussstrich unter Ihre Partnerschaft zu ziehen. Jedenfalls werden Sie daraus zumindest den Gewinn mitnehmen, dass sich Ihre Emotionen nicht über die Maßen hochschaukeln und Sie daher bessere Entscheidungen für Ihre Zukunft treffen können.

Ein guter Umgang mit Emotionen

Wer sich von dem Trennungswunsch seines Partners dennoch »überfallen« fühlt, landet in einem emotionalen Chaos, das es einem fast unmöglich macht, schwierige Entscheidungen zu treffen. Oft stellt sich hierbei die Angst vor der Zukunft als das größte Problem heraus. Man fällt in ein Loch, sieht nicht, wie man da alleine wieder herauskommen soll, und weiß nicht, wie es zukünftig weitergehen soll. Der Versuch, sich an seinen früheren Partner zu klammern, misslingt.

Vielleicht tritt aber auch die Wut an die erste Stelle. Angesichts dessen, was man alles für den anderen getan hat, fühlt man sich betrogen, im Stich gelassen, abgeschoben – und will nun zurückschlagen.

Bedenken Sie in einer solchen Situation zwei Dinge. Erstens: Der Schock wird sich legen, wenn Sie sich ein wenig Zeit lassen und sich wieder Ihrer eigenen Fähigkeiten und Möglichkeiten bewusst werden. Zweitens: Der wichtigste Grund für den Versuch, wieder Boden unter Ihre Füße zu bekommen, sind Ihre Kinder.

Je besser Sie Ihre Emotionen im Griff haben, desto besser und effektiver können Sie über Ihre zukünftige Elternschaft verhandeln. Wenn Sie wütend oder unsicher sind, sollten Sie lieber noch warten. Vielleicht gibt es gute Freunde, die Ihnen helfen können.

Um eine Eskalation zu verhindern, sollten Sie mit Ihrem Partner vereinbaren, *entweder* über Ihre elterlichen Pflichten *oder* über Ihre Gefühle als Ex-Partner zu sprechen. Sie sollten nie beides miteinander vermischen. Wenn Sie auf Vorwürfe oder Provokationen nicht eingehen, sondern im Gespräch über Ihre Kinder beim Thema bleiben, wird Ihr Ex-Partner Ihrem Beispiel mit großer Wahrscheinlichkeit folgen.

Und seien Sie versichert: Ihre Vernunft ist das beste Heilmittel für die Wunden Ihres Herzens.

Suchen Sie Hilfe, wenn nötig

Bei emotionalen Notlagen in Trennungssituationen ist häufig der Hausarzt der erste Ansprechpartner. Natürlich ist der Hausarzt eine Vertrauensperson, dennoch dürfte er in diesem Fall wohl nicht der am besten geeignete Ansprechpartner sein. In aller Regel wird er Sie weiterüberweisen. Daher sollten Sie sich besser selbst über die bestehenden Hilfsangebote informieren.

Zunächst einmal können Ihnen Therapeuten Hilfe bieten. Sie können Sie sehr gut dabei unterstützen, aus Ihrem persönlichen Tief herauszukommen, und Sie können – falls noch Hoffnung auf eine Wende bestehen sollte – sie gemeinsam mit Ihrem Partner beraten, wie Sie Ihr Beziehungstief überwinden können. Oft gelingt es Therapeuten, ihren Klienten mehr Klarheit zu verschaffen und die Gründe für das Scheitern ihrer Beziehung zu erhellen. Eine zerbrochene Beziehung zu kitten, gelingt ihnen eher selten. Außerdem scheitern viele schon daran, ihren Partner überhaupt zu einer gemeinsamen Therapie zu bewegen.

Aber auch wenn Ihr Partner wenig oder nichts von einer Therapie hält, kann sie sich für Sie selbst doch als äußerst hilfreich erweisen, vor allem wenn Sie es sind, der in einer Krise steckt, etwa weil die bevorstehende Trennung Ihre Zukunftsvisionen zunichtegemacht und Ihr Selbstbild schwer erschüttert hat. Mit der richtigen Unterstützung können Sie lernen, Ihre Emotionen besser zu regulieren und Kraft gewinnen, um selbstsicher und fair mit Ihrem Ex zu verhandeln.

Vermittler können Ihnen dabei helfen, die Differenzen zwischen Ihnen und Ihrem Ex-Partner zu überbrücken. Der Vorteil von Vermittlern liegt darin, dass sie vollkommen unparteiisch sind und die Situation nicht emotional, sondern aus der Distanz betrachten. Zu ihren Aufgaben gehört es übrigens auch, Ideen anzusprechen, an die Sie selbst nicht denken, oder Sie auf Möglichkeiten hinzuweisen, die Ihnen überhaupt nicht bekannt sind. Sie können jedoch beruhigt sein: Die Entscheidung, was Sie tun, liegt letztlich bei Ihnen selbst.

Bei Rechtsanwälten als Beziehungsberater sind wir, wie vorher schon erklärt, skeptisch. Sie tendieren dazu, ihrem Klienten den Sieg zu versprechen und schicken ihn daher eher in einen Kampf, anstatt auf Versöhnung hinzuwirken.

Für wen Sie sich auch entscheiden, wählen Sie Ihre Unterstützer mit Bedacht. Überlegen Sie genau, welche Fragen Sie haben und von wem Sie die passenden Antworten erwarten können.

Vermeiden Sie Fallstricke

Sich in unendlichen Streitigkeiten zu verlieren, ist in dieser angespannten und emotionalen Phase der gefährlichste Fallstrick.

Manchmal ist es hilfreich sich vorzustellen, wie Ihre Kinder einen Streit zwischen den Eltern wohl erleben. Manche Kinder kommen leicht darüber hinweg, aber die meisten sind verstört – und ziehen sich weinend in irgendeine Ecke zurück. Andere versuchen ihre Eltern wieder miteinander zu versöhnen, oder sie ergreifen für ihren Vater oder ihre Mutter Partei. Achten Sie vor allem darauf, dass sich Ihre Kinder nicht selbst die Schuld für Ihre Trennung geben.

Des Weiteren kann es auch hilfreich sein, Ihre Vergangenheit als Elternpaar hinter sich zu lassen. Viele Gespräche über die Zukunft versanden in Diskussionen über die Vergangenheit. Das ist nicht sinnvoll. Denn die Wahrscheinlichkeit ist groß, dass Ihre Argumente in diesen Diskussionen von Ihren derzeitigen Emotionen bestimmt sind. Der Vorschlag, auf irgendeine Weise den dritten Weg einzuschlagen, könnte sich schließlich als das stärkste Argument erweisen, um häufige Auseinandersetzungen zu vermeiden. Nehmen wir einmal an, Sie selbst hätten mit der Trennung die größeren Schwierigkeiten, weil Sie von dem Wunsch Ihres Partners nach einer Trennung überrascht wurden und zu einer Trennung nicht bereit sind. Wenn Ihr Partner hart bleibt, wird Ihr Widerstand zwecklos sein. Warum schlagen Sie ihm dann nicht vor, sich auf die beste Lösung für die Kinder zu einigen? Darauf wird Ihr Partner sicher eingehen.

Kehren Sie zu einer guten Kommunikation zurück

Wenn es Ihnen gelungen ist, Ihre Emotionen zu zügeln und Ihre Streitigkeiten einzudämmen, ist der wesentlichste Schritt schon getan. Nun können Sie die Zeit für sich wirken lassen und müssen nicht alles Hals über Kopf regeln. Allerdings sollten Sie nicht davon ausgehen, dass nun alle weiteren Gespräche problemlos verlaufen werden.

Sich auf die Qualitäten Ihres Ex-Partners als Elternteil zu konzentrieren und nicht auf zurückliegende negative Dinge zu kaprizieren, ist sicherlich von Vorteil. Werfen Sie Ihrem Ex-Partner nicht vor, wie selten er sich um die Kinder gekümmert hat oder wie wenig er sich für deren schulische Leistungen interessiert hat. Kein Vater oder keine Mutter erträgt einen solchen Angriff widerstandslos.

Um eine gute Kommunikation in Gang zu bringen und so zu den besten Lösungen kommen zu können, sollten Sie gerade auf die Gefühle des anderen besonders Rücksicht nehmen. In der Vergangenheit gab es gefühlsmäßig schon mehr als genug Verletzungen. Sie sollten ihnen nicht noch weitere hinzufügen.

Als sinnvoll erweist es sich sicherlich auch, zur Besprechung bestimmter Fragen einen festen Termin auszumachen. So können Sie verhindern, unvermittelt in Diskussionen verwickelt zu werden, auf die Sie aktuell gerade nicht eingestellt sind. Verständigen Sie sich außerdem darauf, beim Thema zu bleiben.

Versuchen Sie eventuelle Kritik am andern ins Positive zu wenden. Wenn Sie statt eines Vorwurfs einen Wunsch formulieren, klingt das schon ganz anders. Vielleicht ist es sogar hilfreich, Ihre Kritik mit einem Hinweis auf eine eigene Schwäche einzuleiten.

Und wie in jeder Kommunikation besteht auch hier die wichtigste Aufgabe darin, dem, was der andere sagt, gut zuzuhören.

Gute Absprachen erhalten die Freundschaft …

Man kann sich natürlich fragen, ob Eltern, die bei einer Scheidung besten Willens sind, ihre Kinder auch in Zukunft gemeinsam zu erziehen, wirklich einen Elternplan brauchen. In den Niederlanden erübrigt sich diese Frage, weil ein Elternplan bei einer Scheidung gesetzlich vorgeschrieben ist. In Deutschland ist das noch nicht der Fall. Aber immer mehr Stimmen plädieren für diese Regelung.

Wir glauben, dass es für alle Eltern, die sich für den dritten Weg entscheiden, sehr vorteilhaft sein kann, einen solchen Plan zu erstellen, ganz gewiss aber für Eltern, die sich für zwei getrennte Wohnungen entschieden haben, da hier die Trennung eine konkretere Form annimmt. Ihre faktische Situation unterscheidet sich nämlich kaum von dem anderer traditionell geschiedener Eltern. Und die praktischen Regelungen, die getroffen werden müssen, ebenso wenig.

Aber auch für Eltern, die weiterhin unter einem Dach wohnen, kann ein solcher Plan nützlich sein. Sie werden voraussichtlich eine gewisse Aufgabenverteilung beibehalten, einiges müssen sie aber sehr wahrscheinlich auch neu aufteilen. Daher wird eine Akzentverschiebung wohl unumgänglich sein. Die Entwicklung eines gemeinsamen Erziehungsstils wird sich, solange man noch zusammenwohnt, sicherlich spontan ergeben und daher wenig Aufmerksamkeit erfordern. Ebenso wenig wie Entscheidungen, die die Schule oder die Ausbildung der Kinder betreffen, da sich daran im Vergleich zu früher kaum etwas ändern wird. Umso schwieriger kann es sein, die finanziellen Veränderungen, die damit verbunden sind, allesamt in gute Bahnen zu lenken.

… und gute finanzielle Regelungen ebenso

Bei den meisten Scheidungen bieten die Themen Kinder und Geld den meisten Zündstoff. In vielen Fällen sind beide Themen miteinander verwoben und lassen sich gegeneinander ausspielen. Glücklicherweise ist davon auszugehen, dass derart verwerfliche Tauschhändel für Eltern, die sich für den dritten Weg entscheiden, nicht in Frage kommen. Was zu klären bleibt, ist also … das liebe Geld.

Und tatsächlich belegen Studien, dass es in den meisten Streitereien nach einer Trennung ums Geld geht. Es kommt also darauf an, eine ausgesprochen gleichgewichtige Verteilung der finanziellen Mittel und Lasten auszutüfteln, die bestenfalls so einfach und transparent wie möglich, aber auch so flexibel wie nötig sein sollte. Denn Kinder wachsen und die Kosten wachsen mit.

Wenn man noch zusammenwohnt, ergibt sich beim Einzug eines neuen Partners die Notwendigkeit, die Kosten neu zu verteilen. Wohnen die Eltern in zwei separaten Wohnungen, stellt sich das Problem aus einer anderen Warte. Von Eltern, die sich dafür engagieren, gemeinsam für ihre Kinder zu sorgen, kann man erwarten, dass sie ihren Kindern bei beiden Elternteilen ähnliche Annehmlichkeiten bieten wollen. Innerhalb vernünftiger Grenzen sollten Sie daher Ihre rein finanziellen Vorteile gegen das Wohl Ihrer Kinder abwägen.

Doch auch in diesem Bereich werden die einmal getroffenen Regelungen nicht für alle Ewigkeit Bestand haben. Denken Sie zum Beispiel an Katrien, die ihre Hauptsorge im Finanziellen sah. Dass sie nur Teilzeit arbeitet, weil sie sich in ihrer Partnerschaft um die Kinder gekümmert hat, stellt im Moment kein Problem dar, weil sie beide noch zusammenwohnen. Aber wenn Kurt wegen einer neuen Beziehung gezwungen wäre auszuziehen, käme sie das teuer zu stehen.

Genügend Sicherheiten einzubauen und andererseits flexibel genug zu bleiben, um auf etwaige Veränderungen zu reagieren, ist eine Aufgabe, die nicht auf die leichte Schulter zu nehmen ist.

Die Rolle eines neuen Partners

Dieses Thema sollten Sie am besten erst thematisieren, wenn Sie für die vorangehenden Bereiche eine konkrete Form gefunden haben. Gleichwohl sollten Sie schon anfangen, darüber nachzudenken, wenn Sie festlegen, welche Form des dritten Weges Sie gehen wollen. Für die Rolle, die ein neuer Partner übernehmen kann oder übernehmen soll, ist die Wahl der Wohnform entscheidend.

Studien belegen, dass die Rolle, die Bonuseltern in Patchworkfamilien spielen, oft bedeutender ist als die des nicht mit den Kindern zusammenwohnenden Elternteils. Das ist gewiss nicht im Sinne der Eltern, die sich für den dritten Weg entschieden haben.

Es ist daher wichtig, die Rolle zukünftiger Bonuseltern in groben Zügen zu umreißen. Nur »in groben Zügen«, da es durchaus möglich ist, dass man sich die spätere »Stiefmutter« oder den späteren »Stiefvater« zum Zeitpunkt der Trennung anders vorstellt, als sie später einmal tatsächlich sein werden. Die Vorstellung, die man sich in dieser Krisenzeit von dem neuen Partner des anderen macht, fällt vermutlich nicht gerade vorteilhaft aus. Aber dieses Bild lässt sich ja leicht zum Positiven hin korrigieren, wenn man den neuen Partner des anderen kennengelernt hat.

Bis er auftaucht, haben beide Eltern meist eine klare Linie für ihr Miteinander gefunden, und es ist klar, welche Rolle Bonuseltern dann zufällt. Wenn Sie als Eltern unter einem Dach wohnen, wird es für den Erziehungsbeitrag und die Autorität der Bonuseltern ziemlich wenig Raum geben. Dennoch sollten Sie auch hier deren Erwartungen in gewissem Maße Rechnung tragen. Letztlich müssen die Bonuseltern selbst entscheiden, ob sie mit dieser eventuell bescheidenen Rolle leben können.

Stolz sein auf Ihren dritten Weg

Bei unseren Gesprächen haben wir erfreut festgestellt, wie viele Eltern stolz auf ihren Mut waren, diese Entscheidung getroffen zu haben. Stolz auch darauf, dass es ihnen gelungen war, das Leben aller, auch der Kinder, durch die Form ihrer Trennung zu verbessern. Und stolz darauf, dass sie die Kritik oder sogar die Ablehnung Außenstehender überstanden hatten. Sie haben durchgehalten und schließlich davon profitiert.

Darauf können sie auch zu Recht stolz sein. Viele mussten große Anstrengungen auf sich nehmen, um so weit zu kommen. Gegen den Strom zu schwimmen, ist immer schwieriger, als sich treiben zu lassen. Aber zu sehen, wie die eigenen Kinder ihren Einsatz würdigen, ist ihnen gewiss eine große Bestätigung.

Diesen Stolz sollten Sie daher auch ruhig Ihre Kinder spüren lassen. Manche Kinder wissen noch nicht so richtig, was sie von dem Ganzen halten sollen. Sie finden es zwar sehr schön, dass ihre Eltern diese Lösung gefunden haben, mit der sie sich ebenso glücklich fühlen wie andere Kinder, doch dieses Gefühl nach außen zu vermitteln, ist eine ganz andere Sache. Mit diesem Buch möchten wir sie bestärken. Sie dürfen zu Recht stolz auf ihre Eltern sein, die sich nicht gerade für eine einfache Lösung entschieden haben. Sie haben den

Weg gewählt, der ihnen am geeignetsten erschien, um das zu sichern, was ihnen im Leben am wichtigsten war: das Wohl ihrer Kinder.

Tipps:
Entscheiden Sie sich ruhig für den dritten Weg,
- wenn Sie Ihre Kinder von ganzem Herzen lieben, auch in Zukunft beide für sie sorgen möchten und davon ausgehen, dass Ihre Kinder ein Recht auf beide Eltern haben,
- wenn Sie bereit sind, negative Gefühle Ihrem Ex-Partner gegenüber im Interesse der Kinder hintanzustellen,
- wenn Sie bereit sind, sich hin und wieder zurückzunehmen, gute Absprachen zu treffen und diese auch einzuhalten,
- wenn Sie darauf vertrauen, dass Ihr Ex-Partner ebenso wie Sie selbst dazu bereit ist, Ihren Kindern ein guter Vater beziehungsweise eine gute Mutter zu sein, auch wenn mal etwas schiefgehen sollte.

16. Als Paar getrennt, als Eltern zusammen – pro und kontra

Es wäre natürlich sinnvoll, mit der Beurteilung bei denjenigen anzusetzen, um die es bei alldem geht: bei den Kindern. Und sicherlich wäre es günstig, wenn man für ein abschließendes Urteil dazu auf entsprechende Studien zurückgreifen könnte. Aber die gibt es leider nicht. Nicht in Belgien und auch nirgendwo sonst.

Es gibt allerdings Studien zu gewissen Aspekten, die in allen Formen gemeinsamer Elternschaft nach einer Trennung eine Rolle spielen. Diese Forschung kann uns immerhin gute Hinweise darauf geben, welchen Einfluss diese Lebensform auf Kinder ausübt.

Jüngste Studien, die an der Universität Antwerpen[32] in Zusammenarbeit mit der flämischen Regierung durchgeführt worden sind, suchten nach einer Antwort auf die Frage: Was können Eltern tun, um die negativen Folgen einer Ehescheidung für Kinder abzumildern? Bei ihrer Forschung orientierten sich die Wissenschaftler am Wohlbefinden der Kinder als Beurteilungsmaßstab.

Was lässt sich aus Studien ableiten?

In Bezug auf Streitigkeiten

»Kinder von geschiedenen Eltern, die seltener als einmal im Monat Zeugen von Streitigkeiten ihrer Eltern geworden waren, erreichten auf einer Skala des Wohlbefindens nur einen um 1 Punkt geringeren Wert als Kinder intakter Familien; bei Kindern, die einmal monatlich oder häufiger Streitigkeiten miterlebt hatten, lag der Wert 6 Punkte geringer.«

Eine begrenzte Anzahl von Konflikten in der Anfangsphase scheint unproblematisch zu sein. Wichtig ist es allerdings, dass die Konflikte schnell abnehmen und konstruktiv gelöst werden. Auf diese Weise lernt das Kind Strategien für eine gute Konfliktlösung kennen.

In Bezug auf Eltern, die (noch) miteinander reden

»Kinder, die mindestens einmal monatlich mitbekommen, wie ihre geschiedenen Eltern miteinander reden, erreichen einen 3 Punkte höheren Wert als diejenigen, die ihre Eltern nie im Gespräch miteinander erleben.«

Dieses Ergebnis spricht für sich. Bedauerlich ist jedoch, dass sich die Studie allein auf Gespräche beschränkt. Sicherlich reden Ex-Partner, die sich für den dritten Weg entschieden haben, miteinander, freilich nicht nur einmal im Monat, sondern so oft es sich als notwendig oder nützlich erweist. Schließlich bilden Gespräche die Grundlage des elterlichen Engagements für das Wohl des Kindes.

Hinzu kommt jedoch, dass es selbst bei den einfachsten Formen geteilter Elternschaft nach einer Trennung um weit mehr als nur um Gespräche geht. Die Kinder werden auf dem dritten Weg weitaus stärkere, sich positiv auf ihr Wohlbefinden auswirkende Erfahrungen machen.

In Bezug auf einen demokratischen Lebensstil und elterliches Engagement

In puncto Zufriedenheit mit dem eigenen Leben erreichen Familien mit einem demokratischen Lebensstil durchschnittlich den höchsten Wert (8,5), während Familien, in denen sich die Eltern nicht engagieren, den geringsten Wert aufweisen (7,1).

Es ist sicherlich kein Zufall, dass alle von uns befragten Familien einen achtsamen oder ausgesprochen demokratischen Lebensstil pflegten. Denn dieser passt ja auch zu der Entscheidung, die sie getroffen haben.

Und in Bezug auf ihr Engagement und ihre Verbundenheit mit den Kindern erreichen Eltern, die sich für diese kinderfreundliche Lebensweise entschieden haben, einen ebenso hohen Wert wie Eltern in intakten Familien. Die Verbundenheit beider Eltern mit ihren Kindern ist ja auch der Grund, ihre eigenen Interessen eher hintanzustellen.

Es sprechen also mehr als genug Argumente dafür, im dritten Weg eine der besten Möglichkeiten zu sehen, die negativen Einflüsse einer Trennung oder Scheidung auf Kinder zu begrenzen oder ganz zu vermeiden. Es gibt allerdings auch Wissenschaftler und Therapeuten, die Zweifel haben. So etwa gibt der niederländische Wissenschaftler Ed Spruijt in warnendem Ton zu bedenken:

»1998 gab es eine Änderung im niederländischen Scheidungsrecht. Vorher hat man die Mutter meistens zum Vormund und den Vater zum Gegenvormund eingesetzt. Die Mutter hatte das Zepter in der Hand. Seit 1998 gilt allerdings: Man trennt sich wohl als Partner, nicht aber als Elternpaar. Daher gesteht das Gesetz nach einer Scheidung ausdrücklich beiden Elternteilen das elterliche Sorgerecht zu. Die Idee einer quasi halben Scheidung ist ein verlockender Gedanke. Studien belegen jedoch: Die Streitigkeiten der Eltern nehmen dadurch ebenso zu wie die Probleme der Kinder, Väter und Mütter. Die große Mehrheit ist offenbar nicht oder nur schlecht dazu imstande, dieses gemeinsame elterliche Sorgerecht wahrzunehmen. 2009 wurde das Gesetz erneut geändert: hin zu noch größerer Gemeinsamkeit (gleichwertige Elternschaft und ein obligatorischer Elternplan) und zu einer 50:50-Aufteilung im Bezug auf die Kinder. Zum Glück wurde Letzteres nicht durchgesetzt. Was zeigen erste Studien? Es entstehen noch mehr Streitigkeiten und es funktioniert beileibe nicht besser. Der dritte Weg, der Weg der Versöhnung, liegt noch in weiter Ferne. Sich als Partner zu trennen, aber nicht als Elternpaar – ist das nicht eine ähnliche Idealvorstellung wie das überkommene Credo: Was aber Gott verbunden hat, das darf der Mensch nicht trennen …

Kinder möchten nicht, dass sich ihre Eltern trennen. Kinder brauchen nicht unbedingt glückliche Eltern, es genügt ihnen, wenn ihre Eltern stabil und zufrieden sind. Doch die meisten Eltern möchten mehr: beständiges Glück in der Liebe und viel gemeinsame Zeit mit ihren fröhlichen Kindern.

Scheidungswillige Eltern sollten zunächst eine Paarberatung nutzen. Einige obligatorische Beratungsgespräche können nichts schaden. Und wenn eine Trennung dann doch unvermeidlich ist, sollte sie kinderfreundlich, aber realistisch vonstattengehen. Sich als Partner zu trennen und als Eltern zusammenzubleiben, ist für manche geschiedene Eltern zweifellos eine gute Lösung. Bei jüngeren Kindern sollte man allerdings nie die trügerische Hoffnung nähren, dass alles schon wieder gut werden wird.«

Einige Wissenschaftler stützen sich bei ihren Schlussfolgerungen weitgehend auf Studien aus den Achtziger- und Neunzigerjahren. Diese Studien empfehlen, die Situation für Kinder in einer neuen

Familie möglichst klar zu gestalten. Seither hat sich jedoch vieles verändert. Denken Sie zum Beispiel an das gemeinsame Sorgerecht. Vor allem wenn die Eltern in den neuen Patchworkfamilien allesamt das Paritätsmodell praktizieren, bleiben für die ständig hin- und herpendelnden Kinder Kontinuität und Klarheit manchmal auf der Strecke. Demgegenüber ist der dritte Weg meist vorzuziehen.

Einige Therapeuten sehen beim dritten Weg ein Risiko vor allem in dem heimlichen Wunsch von Scheidungskindern, dass ihre Eltern wieder zusammenkommen. Wir haben festgestellt, dass dieser Wunsch bei diesen Kindern tatsächlich aufkommt, jedoch nicht häufiger und intensiver als bei Kindern von Eltern, die sich auf klassische Weise scheiden lassen. Im Gegenteil: Wenn sich Eltern weiterhin ihre Elternschaft teilen, erleben Kinder sie in viel geringerem Maße als »getrennt«. Sobald sie sich an die neue Lebensweise angepasst haben, gibt es für sie kaum noch einen Grund, sich nach einer Wiedervereinigung der Eltern zu sehnen.

Da der dritte Weg eine kreative Möglichkeit ist, sich die Erziehungsaufgaben zu teilen, sind Eltern dazu aufgerufen, ihren Kindern genau zu erklären, wie die Dinge liegen. Nur in zwei der befragten Familien kam irgendwann die Frage auf, ob die Eltern wieder zusammenkommen werden. Dass es die offene Atmosphäre in diesen Familien den Kindern erleichterte, solche Fragen zu stellen, ist als ein deutlicher Pluspunkt zu verbuchen. Die Antwort der Eltern fiel daraufhin ebenso eindeutig wie ihre Begründung aus. So dass sich die Frage für die Kinder ein für alle Mal erledigt hatte.

Was die Betroffenen selbst darüber denken

Statt alle möglichen Schlussfolgerungen zu ziehen, lassen wir die Betroffenen – die Eltern, aber auch möglichst viele Kinder – selbst zu Wort kommen. Auf diese Weise können Sie Ihr eigenes Fazit ziehen.

Kurt und Katrien

Katrien: »Wenn wir alles noch einmal tun könnten, würden wir uns ganz sicher für die gleiche Lösung entscheiden. Vielleicht würde ich mich anfangs nicht mehr so sehr darum bemühen, es allen recht zu machen. Damit hätte ich mir fast ernste psychische Probleme eingehandelt.

Mein schwächster Punkt ist wohl das Finanzielle. Weil ich mich um die Kinder kümmern wollte, habe ich nur in Teilzeit gearbeitet. Daher sind unsere Einkommen unterschiedlich, was zurzeit kein Problem darstellt, aber jederzeit zu einem Problem werden kann.«

»Ich würde es noch mal genauso machen«, sagt Kurt. »Nur hätte ich gerne eine neue feste Partnerin, wobei ich allerdings noch nicht weiß, wie sie in unsere derzeitige Lebensform hineinpassen könnte. Natürlich dürfte das nicht auf Kosten der Kinder gehen.«

Liesje: »Ich sehe kaum einen Unterschied zu Kindern, deren Eltern nicht geschieden sind. Aber ich weiß, dass etwas anders ist, meine Eltern küssen sich nicht mehr.«

Und was ist mit Jan? »Für mich ist er nicht so sehr ›Mamas Freund‹, sondern eher ein Freund der Familie, so etwas wie ein Patenonkel.«

Joris: »Ich merke schon einen Unterschied, aber der lässt sich schwer erklären. Es ist schon komisch. Wenn ich morgens meinen Vater und meine Mutter wecken will, muss ich erst zu seinem und dann zu ihrem Bett gehen.«

Hans und Anne

»Damit, wie wir heute leben, bin ich sehr einverstanden«, sagt Anne. »Zwar würden mein Partner und ich uns manchmal gern öfter sehen, doch nährt das auch unsere Sehnsucht nach dem anderen. Außerdem sind die Kinder ja bald selbständig. Sie haben, was Beziehungen angeht, einen sehr tiefen Einblick bekommen und gesehen, dass mit gegenseitigem Respekt eine ganze Menge möglich ist.«

»An der heutigen Situation lässt sich meiner Ansicht nach kaum noch etwas verbessern«, ergänzt Hans. »Nur mit der Privatsphäre haben wir manchmal Probleme. Wenn wir hier zusammen sind, ist es nicht immer leicht, in unserem Umgang mit unseren Partnern die angemessenen Grenzen zu ziehen. Dass sie unser Lebensmodell respektieren, auch wenn sie manchmal einige Zugeständnisse machen müssen, ist uns eine große Hilfe.«

Kristel und Lucas sehen in ihrer atypischen Familie nur Vorteile. »Wir sind glücklich, dass es unsere Familie noch gibt«, sagen sie. »Unser Leben ist nicht so zerrissen und wir müssen uns nicht zwischen unseren Eltern entscheiden. Auch was die Schule und unsere Freunde angeht, ist alles beim Alten geblieben. Und wenn wir sehen, wie glücklich unsere Eltern sind, macht uns das auch glücklich.«

Jan und Nicole

Jan und Nicole sind beide stolz darauf, sich langfristig für das Nestmodell entschieden zu haben. Jan sagt, er habe immer weniger Verständnis für Scheidungsgefechte. Sie seien seiner Ansicht nach unentschuldbar.

Nicole: »Obwohl es für mich nach wie vor ein Segen ist, dass ich mich nicht von ›unserem Haus‹ trennen musste, fällt es mir doch freitags immer schwer, das Haus und die Kinder zu verlassen. Es hat eine Zeitlang gedauert, bis ich eingesehen habe, dass es nicht die Partnerschaft, sondern das Zusammensein mit meiner Familie war, was mir fehlte.«

Für Louise und Victor haben eigentlich ihre Eltern die Nachteile dieser Regelung zu tragen, sie selbst sind sehr zufrieden.

»Wenn es nach uns ginge, könnten Papa und Mama in der Zeit, in der sie bei uns wohnen, ruhig mehr ausgehen. Doch sie halten es noch weniger ohne uns aus als früher, als wir noch zusammenlebten.« Victor findet es schade, dass er sich so wenig an das frühere Familienleben erinnern kann.

Nach Jans und Nicoles Ansicht kann es nur von Vorteil sein, wenn man wegen der gemeinsamen Kinder dem anderen gegenüber tolerant bleibt. Das mache die Elternbeziehung und das eigene Leben einfacher und es gäbe einem das wunderbare Gefühl, gemeinsam alt zu werden.

Sylvie und Joris

»Mir ist klar, dass wir eine außergewöhnliche Regelung haben. Für mich war ausschlaggebend, dass die Kinder nicht jede Woche umziehen sollten. Aus meiner Erfahrung als Familiensoziologin wusste ich, wie viel Stress das bei Kindern verursacht. Gleichzeitig kann ich bei unserer Regelung darauf vertrauen, dass unsere Kinder anständig versorgt, gut erzogen und verantwortungsvoll betreut werden. Joris entgeht ab und zu mal etwas. Das ist ihm auch bewusst. Deshalb werfe ich immer mal wieder einen Blick hinüber und bin auch in der Papa-Woche für die Kinder da, wenn es nötig ist.

Doch es war nicht immer alles ein reines ›Zuckerschlecken‹. Julie hatte zum Beispiel große Schwierigkeiten mit einem meiner Freunde. Vielleicht haben wir ihren Wunsch, dass wir wieder zusammenkommen, zu sehr genährt, weil wir ihr nicht deutlich genug gezeigt haben, dass unsere Beziehung definitiv zu Ende war.

Nach dem Ende unserer Partnerschaft unsere Elternbeziehung aufrechtzuerhalten, war überhaupt kein Problem. Man muss nur den Mut aufbringen, die Situation als neue Chance zu betrachten. Dann kann auch eine neue Art von Bindung entstehen. Denn beide hatten wir eines gemeinsam im Fokus: unsere Kinder.«

Clara und Karel

Clara: »Für mich war der dritte Weg ein Weg des Wartens, der Geduld und des Respekts für Karel und seine Gefühle. Eine Trennung ist ein allmählicher Prozess. Es hat keinen Sinn, den Knoten durchzuhauen, wenn einer von beiden noch nicht dazu bereit ist.

Heute, da wir nicht mehr zusammenwohnen und als Eltern trotzdem ein gutes Verhältnis haben, kann ich wieder Karels gute Eigenschaften sehen. Obwohl der Prozess lange gedauert hat und von Konflikten begleitet gewesen ist, bin ich sehr froh, dass wir immer zuerst an die Kinder gedacht haben.«

Karel: »Einerseits war es ein schwerer und langwieriger Prozess. Andererseits ist mir bewusst, dass ich es eigentlich war, der lange nicht an unserer Trennung mitarbeiten wollte. Im Nachhinein könnte man sagen, gerade diese Zeit hat es uns vielleicht ermöglicht, wieder unser Gleichgewicht zu finden.

Wenn ich sehe, wie es heute läuft, bin ich sehr zufrieden. Und tatsächlich kümmere ich mich jetzt mehr um die Kinder. Wenn ich noch einmal von vorne anfangen könnte, würde ich es den Kindern heute nur frühzeitiger und besser erklären.«

Dorien und Anton

Axel: »Nach der Trennung von Mama und Papa machten wir eine lange emotionale Phase durch. Heute kann ich nur Positives berichten: Sie sind gemeinsam Mama und Papa, wohnen aber in zwei separaten Wohnungen, jeder hat einen Partner und ein eigenes Leben.

Natürlich hätte ich meine Eltern lieber zusammen gesehen. Aber wenn ich früher gewusst hätte, dass es so werden würde wie jetzt, hätte ich nicht so ein Drama daraus gemacht. Und wenn ich ehrlich sein darf, Mama, Amélie und Papa auch nicht, glaube ich.

Ein großer Vorteil liegt darin, dass man mit seiner Mutter über seinen Vater reden kann und umgekehrt. Wenn man mal in Schwierigkeiten ist, hat man immer die Unterstützung beider Eltern.«

Dorien: »Wenn ich das nun von Axel höre, wird mir ganz warm

ums Herz. Wir haben viel miteinander gerungen und wir hatten unsere Tiefs. Dass wir nicht immer ein gutes Vorbild waren, tut mir leid, aber vielleicht war das nötig, um bis hierher zu kommen.

Die Trennung war schmerzhaft und emotional. Wenn ich damals nur gewusst hätte, dass wir eines Tages so weit kommen würden! Axel hat recht: Ich hätte kein solches Drama daraus gemacht, wenn mir das klar gewesen wäre. In jedem Sturm haben wir uns immer wieder einen Überblick verschafft und die Situation gemeistert. Dabei stand Axels und Amélies Glück immer im Mittelpunkt. Letzten Endes wird dadurch fast alles wieder möglich.«

Zum Schluss

Es wäre sicherlich falsch anzunehmen, dass die Menschen, auf deren Erfahrungsberichten dieses Buch gründet, irgendwie außergewöhnlich seien. Sie sind Menschen wie du und ich. Wie viele andere auch mussten sie beim Zerbrechen ihrer Ehe oder Beziehung eine Lösung für ihre Kinder suchen. Auch sie haben Enttäuschungen erlebt und sich hin und wieder betrogen oder im Stich gelassen gefühlt. Auch sie hatten Augenblicke des Zweifelns, in denen sie nicht recht wussten, wie es nun mit ihrem Leben weitergehen soll. Aber es sind auch Menschen, die ihre Emotionen im Zaum halten konnten und daher in der Lage waren, sich auf die neue Situation einzustellen und einiges, was in ihrer Vergangenheit gut gewesen war, zu bewahren. Fast allen ist es gelungen, nicht nur ihr eigenes Leben wieder in rechte Bahnen zu lenken, sondern auch dazu beizutragen, dass die Trennung die Situation für alle verbesserte.

Wir waren angenehm überrascht, dass sich Eltern aus ganz unterschiedlichen Gesellschaftsschichten spontan zum Gespräch mit uns bereit erklärten. In diesen Gesprächen hat sich gezeigt, dass man für den dritten Weg weder besonders intelligent und begabt zu sein braucht noch einen bestimmten Status haben muss, gesunder Menschenverstand und Kreativität reichen dafür völlig aus. Natürlich gibt es sehr unterschiedliche Ausgangslagen. Gerade das macht es so spannend zu sehen, welche neuen Lösungen sie jeweils gefunden haben. Fast allen ist es gelungen, trotz ihrer Trennung auf die eine oder andere Weise vollwertige Eltern zu bleiben.

Die beste Wahl

An unserem Ansatzpunkt halten wir nach wie vor fest: Der beste dritte Weg kann für jeden anders aussehen. Um einige allgemeine Schlussfolgerungen kommen wir jedoch nicht herum. Eltern, die sich für die extremste Form entscheiden und weiter unter einem Dach wohnen, können wir nur bewundern. Doch sie sollten sich bewusst sein, dass sie dafür auch einen Teil ihres Privatlebens opfern.

Eine Mutter, die sich für diesen Weg entschieden hatte, sagte uns: »Manchmal fühlte ich mich in meinem Zimmer wie eine Nonne.« Natürlich ist es ein Problem, einen neuen Partner *»fulltime«* in dieses Modell zu integrieren. Der neue Partner muss ja erst mal dazu bereit sein, sich selbst so zurückzunehmen.

Für Ex-Partner, die vollwertige Eltern bleiben und sich gleichzeitig ein neues Leben aufbauen wollen, sind zwei Wohnungen, die nicht weit voneinander entfernt liegen, in aller Regel die bessere Lösung. Die Größe der Distanz sollte möglichst mit Rücksicht auf die Gefühle des verletzlichsten Partners bestimmt werden. Manche können mit zwei Doppelhaushälften vollkommen glücklich sein, andere wohnen lieber um die Ecke oder ein paar Straßen voneinander entfernt. Der Abstand sollte jedoch nicht zu groß sein, damit sich die Kinder in beiden Familien wirklich zu Hause fühlen können.

Voraussicht ist eine Kunst, die sich auszahlt

Viel mehr als in anderen Familienformen kommt es beim dritten Weg darauf an, Abstand zu gewinnen, um die Zukunft besser in den Blick nehmen zu können. Wir insistierten nicht ohne Grund darauf, sich genügend Zeit zu nehmen. Wer die Geduld aufbringt, zunächst sein Gleichgewicht wiederzufinden, um dann langfristige Visionen zu entwickeln, kann sich nicht nur Enttäuschungen, sondern auch eine Menge Geld ersparen. Wer zu rasch zu der Entscheidung kommt, mit einigen Umbauten könne man auch zukünftig weiter zusammenwohnen, wird Investitionen tätigen. Und später, wenn er eventuell erkennt, dass es so doch nicht funktioniert, erneut investieren müssen, um die vorherigen Anpassungen womöglich wieder rückgängig zu machen.

Aus diesem Grund ist es gewiss sinnvoller, mit sorgfältiger Überlegung an einem dauerhaften Zukunftsmodell zu bauen.

Flexibilität und seelische Widerstandsfähigkeit

Wir können nicht alles voraussehen. Wer sich jedoch so weit wie möglich darum bemüht, hat einen Vorsprung. Gleichwohl wird man nie die Gewissheit haben können, den eingeschlagenen Weg nicht einmal korrigieren zu müssen. *Was* wir allerdings tun können, ist, unseren Prinzipien treu zu bleiben. Denn damit gewinnen wir das Vertrauen unserer Kinder und geben Ihnen das beruhigende Gefühl, dass wir, was auch geschehen mag, immer als Vater oder Mutter für sie da sein werden.

Von Eltern, die den dritten Weg einschlagen, wird Flexibilität erwartet. Das gilt vielleicht auch für andere Eltern, doch liegt das für Eltern, die ihre Kinder nach dem Ende ihrer Partnerschaft gemeinsam erziehen wollen, gewissermaßen in der Natur der Sache. Denn ihre Entscheidung orientiert sich ganz an ihren Kindern.

Flexibilität setzt ein ausreichendes Maß an seelischer Widerstandsfähigkeit voraus. Anstatt sich von einem Schicksalsschlag in die Knie zwingen zu lassen, können Eltern daraus gerade die Kraft ziehen, ihrem Weg eine andere Wendung zu geben. Leben heißt, immer wieder neu zu beginnen. Gut zusammenzuleben bedeutet, sich ständig zu erneuen.

Gegen den Strom bis zur Quelle

Ein Strohhalm treibt mit der Fließgeschwindigkeit eines Stromes, um früher oder später im Meer zu landen. Wer den Mut aufbringt, gegen den Strom zu schwimmen, gelangt schließlich zur Quelle, dem Ziel, das er sich selbst gestellt hat.

Der dritte Weg erfordert diesen Mut. Wer glaubt, es sei am klügsten, sich wie alle anderen zu verhalten, wird ein Leben führen oder erleiden, das an seinen eigenen Erwartungen vorbeiläuft. Alle Menschen in diesem Buch sind ihren eigenen Weg gegangen – und sind glücklich darüber, durchgehalten zu haben, bis sie dort standen, wo sie heute stehen. Wer nach dem Bruch einer Beziehung nicht resigniert, für den kann die Trennung zu einem Neubeginn werden.

Es wird allerdings auch dann Schwierigkeiten geben. In den meisten Erfahrungsberichten gab es Quertreiber, oft waren das gerade die Menschen, von denen man sich am meisten Unterstützung erhofft hatte, etwa die Eltern. Menschen, die einem aus übertriebener Besorgnis oder aufgrund hehrer Prinzipien das Leben schwer machten. Oder Menschen, die sich nie aus dem Korsett ihrer Generation zu lösen vermochten oder sich vor dem Gerede der Leute fürchteten. Zum Glück heilt die Zeit viele Wunden. Und wenn die Großeltern sehen, dass es ihren Enkeln entgegen all ihren Befürchtungen gut geht, ist ihr Ärger oder ihre Sorge schnell verflogen.

Konflikte vermeiden

Sich wohlmeinende Ratschläge anzuhören, kann nichts schaden. Allerdings sollten auch die andern Gesprächspartner akzeptieren, dass Sie nicht immer nach ihren Vorschlägen handeln, denn schließlich geht es um Ihr Leben. Wenn Sie und Ihr Ex-Partner sich ehrlich darum bemüht haben, die beste Lösung für alle Betroffenen zu finden, brauchen Sie Ihre Entscheidung nicht zu rechtfertigen. Erklärungen können allerdings hilfreich sein, um einen Konflikt beizulegen.

Wie Sie mit Konflikten in Anwesenheit der Kinder umgehen können, haben wir in den vorausgehenden Kapiteln von unterschiedlichen Seiten beleuchtet.

Mehr Glück für wen?

»Wenn man nur glücklich sein wollte, so wäre das bald geschafft«, hat uns Charles de Montesquieu schon vor fast dreihundert Jahren gelehrt. »Aber man will glücklicher sein als die anderen, und das ist fast immer schwierig, weil wir die anderen für glücklicher halten, als sie sind.«

Der dritte Weg macht in diesem Sinne vielleicht nicht unbedingt glücklicher, aber dass er dazu beiträgt, Menschen glücklich zu machen, davon sind wir nach unseren Gesprächen überzeugt.

Nach unserer Beobachtung ist zwischen den meisten Ex-Partnern, denen es gelungen ist, den dritten Weg zu gehen, durch die gemeinsame Erziehung der Kinder eine neue Art von Freundschaft entstanden. Das erfordert viel Geduld und eine gehörige Portion guten Willen. Doch die Mühe lohnt sich. Weil sie einen Teil der Vergangenheit nicht wie überflüssigen Ballast hinter sich gelassen haben, sind sie an Erfahrungen reicher geworden und schauen nun nicht mehr mit Bitterkeit zurück. Denn die vergangene Zeit ist für sie keinesfalls verlorene Zeit.

Oder um es mit den Worten einer der Mütter zu sagen: »Wenn ich heute meine Tochter ansehe und dabei sehe, wie glücklich sie ist, bin ich mir sicher, dass es mehr als die Mühe wert war.«

Epilog: Das Kind und das Badewasser

von Corrie Haverkort

Es gab eine Zeit, in der man die Ehe noch nicht kannte. Und eine Zeit, in der Mütter Kinder von mehreren Vätern bekamen. Es gab eine Zeit, in denen man Nebengelasse für Mätressen baute. Und eine, in der eine Frau aus gutem Hause keinen Spaß am Sex haben durfte. Es gab sogar eine Zeit, in der es als Sünde galt, unverheiratet zusammenzuwohnen. Und es gab eine Zeit, die noch gar nicht so lange zurückliegt, in der eine Scheidung nur nach einem erwiesenen »Vergehen«, etwa einem Ehebruch, möglich war. Und in dieser Zeit wurde bei einer Scheidung einem Elternteil das elterliche Sorgerecht entzogen.

Jede Zeit hat ihre Veränderungen und fordert uns zur Besinnung auf. Hierbei stellt sich nicht die Frage, *ob,* sondern *wie* wir uns verändern wollen. Denn Leben heißt, sich zu verändern. Die Suche nach neuen Formen und Wegen der Liebe und Treue ist ein immerwährender Prozess. Ebenso wie die Suche nach neuen Wegen, um gut für seine Kinder zu sorgen: ob nun in einer Kernfamilie oder in einer Patchworkfamilie, in einer Distanzbeziehung oder einer Einelternfamilie. Sosehr wir uns auch oft nach ewiger Treue und einer festen Beziehung sehnen mögen, so wenig können wir uns ihrer Realisierbarkeit sicher sein. Viele wünschen sich, eine gut funktionierende und stabile Patchworkfamilie, aber mehr als die Hälfte der neuen Familien scheitert dann doch wieder. Und Eltern und Kinder erleben erneut eine Trennung mit all ihren schlimmen Konsequenzen. Also suchen wir weiter. Aber wonach? Nach einer Form, die mehr Freiheit bietet und daher vielleicht mehr Verbundenheit? Die weniger Spannungen in sich birgt und daher spannender ist? Die weniger Angst und Sorge kennt und daher mehr Liebe und Glück? Der dritte Weg könnte hier eine Lösung sein, wenn man die Stolpersteine vorher kennt.

Das Badewasser

Einer der Stolpersteine auf dem dritten Weg ist das Gefühl, betrogen worden zu sein. Vielleicht weil sich der Partner in jemand anderen verliebt hat. Oder weil er gelogen hat. Oder aus dem Gefühl des Scheiterns und der Enttäuschung heraus, dass die Beziehung zu diesem Partner nicht das gebracht hat, was man erwartet hatte. Wut und Groll, ein Scheidungskrieg und jahrelange Kämpfe sind oft die Konsequenz. Und in diesen Kämpfen wird alles, was in dieser Beziehung noch gut gewesen war, mit dem Badewasser ausgeschüttet: die gemeinsame Vergangenheit, die Familie, die Freunde und das Haus, das man gemeinsam gebaut und eingerichtet hat. Nur eines kann man nicht ausschütten, egal wie stark man die Wanne mit Badewasser auch kippen mag: die gemeinsame Verantwortung als Eltern. Diese eine Frau wird immer die Mutter der Tochter bleiben oder dieser eine Mann immer der Vater des Sohnes. Eltern ist man immer gemeinsam, das gehört zum Wesen der Elternschaft. Es ist eine Eigenschaft, die das menschliche Dasein ausmacht und die man daher nicht umgehen kann. Wie schafft man es aber, gemeinsam Eltern zu bleiben, wenn einem Betrug, Angst und Enttäuschung noch immer im Weg stehen? Wenn man dem anderen das Geschehene nicht vergeben kann? Und ist es denn überhaupt möglich, dem anderen zu vergeben? Ist das in manchen Fällen nicht zu viel verlangt?

Vergeben und Versöhnen[33]

Wir leben in einer Kultur, in der Vergebung großgeschrieben wird. Daher haben wir das Gefühl zu versagen, wenn wir uns nach fünf Jahren noch immer mit unserem Ex-Partner und allem Geschehenen schwertun. Es kann sehr belastend sein zu erkennen, dass wir dem anderen einfach nicht vergeben können oder dass sich der andere nicht entschuldigen kann oder will. Wir haben Schuldgefühle, weil wir nicht besser mit unserer Vergangenheit zurechtkommen. Die Unfähigkeit zur Vergebung kann sogar unser Selbstbild erschüttern, vor allem wenn wir von unseren Nächsten oder unserem Ex-Partner zu hören bekommen: »Trägst du das immer noch mit dir herum. Wenn du so voller Wut bleibst, wird sich nie etwas ändern.« Doch vergeben kann nur der, dem Leid angetan wurde. Vergebung einzufordern, ist unmöglich, ja sogar riskant. Es ruft Widerstand hervor und erzeugt zu viel Schmerz. Außerdem ist es eine absurde Forderung. Vergebung kann man nicht herbeiführen. Man kann nicht sagen: »Okay, Jan, ich möchte dir vergeben, aber nur unter der Bedingung, dass du Reue zeigst.« So funktioniert Vergebung nicht. Auch umgekehrt lässt sich das nicht erwirken: »Anneke, ich zeige jetzt Reue, nun möchte ich aber auch, dass du mir vergibst.« Vergebung lässt sich einfach nicht erzwingen. Deshalb ist sie so schwierig. Eine Alternative zu Vergebung ist Versöhnung. Sie ist milder und erreichbarer. An einer Versöhnung kann man konkret arbeiten: Man kann etwas opfern, eine andere Perspektive einnehmen oder die Zeit wirken lassen.

Ein Opfer

Um sich mit einem Menschen zu versöhnen, dem man etwas angetan hat, muss man etwas aufgeben: das Anrecht auf eine gewisse Ehre, ein Vorrecht auf ein Ideal oder den Wunsch recht zu behalten. Man muss Federn lassen und auf etwas, das einem wichtig ist, verzichten.

Versöhnen kann man sich nicht als Einzelner. Eine Versöhnung ist etwas, das zwischen mehreren Menschen stattfindet. Wenn man sagt: »Ich versöhne mich mit meinem Schicksal«, geht es dabei eher um Schicksalsergebenheit. Natürlich kann man lernen, sich seinem eigenen Schicksal, im Sinne von Nietzsches *amor fati*, liebevoll zu ergeben. Aber Versöhnung ist etwas anderes als Ergebenheit. Sie erfordert eine Änderung der Haltung, zum Beispiel zu unserem Ex-Partner. Sie verlangt uns die Bereitschaft ab, eine andere Perspektive einzunehmen.

Eine andere Perspektive

Wenn man Probleme mit einem Menschen hat, mit dem man sich sehr gerne versöhnen möchte, sollte man zunächst die Situation und die Person aus einer anderen Perspektive betrachten, um etwas Distanz zu gewinnen und sie von außen möglichst neutral betrachten zu können. Zur Versöhnung gehört auch das Erzählen neuer Geschichten. Oft wiederholen wir jahrelang dieselben Geschichten: Unser

Partner hat sich schrecklich verhalten, hat nie Absprachen eingehalten, hat zu viel Geld ausgegeben und immer nur gearbeitet. Versöhnung beruht auf der Bereitschaft, seine Sicht auf den andern zu ändern, um nach einer gewissen Zeit nicht mehr die alten Kamellen zu erzählen, sondern andere Geschichten, die sich an den neuen Entwicklungen des Ex-Partners orientieren. Versöhnung ist die Bereitschaft, sich auf eine neue Weise zu begegnen. Sie ergibt sich nicht einfach von einem Tag auf den anderen. Versöhnung braucht Zeit.

Zeit

»Zeit heilt alle Wunden«, sagt ein Sprichwort. Vielleicht sollte man besser sagen: Zeit heftet ein Pflaster auf alle Wunden. Und damit lässt sich gut leben. Mit der Zeit merkt man, dass man mit dem Ex-Partner, mit dem man kaum noch gesprochen hat, wieder Höflichkeiten austauscht. Dass man sogar hin und wieder etwas mit ihm bespricht oder Spaß mit ihm hat. Eine Versöhnung ist ein Vorgang, der seine Zeit braucht, nicht umsonst spricht man von einem »Versöhnungsprozess«. Zeitlicher Abstand ist sehr bedeutsam, er macht deutlich, dass zu einer Versöhnung in gewisser Weise auch das Vergessen gehört. Um sich versöhnen zu können, muss man einige Dinge vergessen. Vergebung hingegen schließt Vergessen aus. Denn was gäbe es sonst zu vergeben? Wer sich miteinander versöhnen will, muss dazu bereit sein, zu vergessen und nicht immer wieder alles von Neuem aufzuwärmen. Einige Briefe dürfen ruhig verbrannt werden.

Zerbrechlichkeit

Ist eine Versöhnung endgültig? Einmal versöhnt, immer versöhnt? Leider nicht. Versöhnungen sind brüchig, vorläufig. Unvermittelt, ohne dass wir darauf gefasst sind, können alte Wunden wieder aufreißen. Das kann einen mutlos oder zynisch werden lassen und enttäuschen. Es verletzt und schmerzt, vor allem wenn sich manches aus der Vergangenheit wiederholt. Aber an diesem Punkt zeigen sich gerade auch die Kraft und der besondere Wert einer Versöhnung. Die Versöhnung ist die pragmatische Wendung des fast unerreichbaren Ideals der Vergebung. Gerade weil Vergebung daran geknüpft ist, »nicht zu vergessen«, ist sie so schwer erreichbar. Versöhnung ist leichter zu erlangen. Und auch wenn man es eine Zeitlang nicht schafft, kann man doch immer wieder neu dazu ansetzen. Versöhnung kann man üben. Dieser Prozess kommt niemals zum Ende.

Sich selbst zu ändern ist sehr schwer. Und auch der andere ändert sich nicht allein deshalb, weil wir in Dialog mit ihm treten. Das zu erwarten, wäre unrealistisch. Es liegt nicht in unserem Einflussbereich und nicht in unserer Macht, andere zu ändern. Was wir allerdings erreichen können, ist eine Veränderung unserer Beziehung zueinander. Und genau darin besteht das Ziel der Versöhnung. Der dritte Weg bietet eine solche Möglichkeit, auch wenn es Menschen gibt, die das für ein unerreichbares Ideal halten.

Ein Ideal

Als Menschen haben wir die außergewöhnliche Fähigkeit, über eine uns noch unbekannte Zukunft nachzudenken. Wir können einen Punkt am Horizont festmachen und ihn als unser Ideal anstreben. Die eigentümliche Kraft von Idealen liegt darin, dass sie uns von unseren eingetretenen Pfaden wegführen. Ein Ideal bringt uns zum Nachdenken. Doch es funktioniert nur, wenn wir auch einen Blick für die Realität haben. So hatte sich beispielweise ein junges Paar gegenseitig versprochen, sich ein Leben lang gemeinsam um die Kinder zu kümmern, selbst wenn ihre Liebesbeziehung einmal in die Brüche gehen sollte. Was für ein Realitätssinn! Und welch hohes Ideal! Womöglich wird gerade dieser Ausgangspunkt zu einer gesunden und liebevollen Beziehung der beiden beitragen. Nietzsche behauptete einmal, die meisten Ehen würden nicht an einem Mangel an Liebe, sondern an einem Mangel an Freundschaft scheitern. Daher spricht man heute auch von einer *amitié amoureuse,* einer Freundschaft unter Verliebten.[34] Wenn die Verliebtheit schwinden sollte, kann die Freundschaft die Beziehung, in welcher Form auch immer, weitertragen. Mit räumlicher und körperlicher Distanz zueinander, aber mit emotionaler Verbundenheit und gemeinsamer Verantwortung für die Kinder.

Corrie Haverkort, Philosophin, Künstlerin und Vorsitzende der Stiftung *Nieuw Gezin Nederland*

Glossar

Bonusvater/Bonusmutter: Der neue Partner eines Elternteils, der die Versorgung der Kinder mit übernimmt. Wegen ihres negativen Klangs ist die hergebrachte Bezeichnung als Stiefvater oder Stiefmutter heute weniger gebräuchlich.

Elternplan: In den Niederlanden ist ein Elternplan seit 2009 bei einer Scheidung obligatorisch. In Belgien und in Deutschland (und anderen Ländern) ist das noch nicht der Fall, aber die Zahl seiner Befürworter steigt.

Dieser Plan muss klären:

- wie die Eltern die Versorgungs- und Erziehungsaufgaben verteilen (Sorgerechtsregelung) oder wie sie die Umgangsrechte und -pflichten mit den Kindern regeln (Umgangsregelung);
- wie sich die Eltern gegenseitig über wichtige Themen informieren und darüber beraten (zum Beispiel über die Wahl der Schule);
- wie die Kosten und Unterhaltszahlungen für die Kinder aufgeteilt werden;
- welche Wünsche die Kinder selbst haben.

Die Eltern können den Elternplan allein oder mit Hilfe eines Rechtsanwaltes oder eines Mediators formulieren.

Elternversprechen: Wird oft in einem Atemzug mit dem Erziehungsversprechen genannt. Wir sehen den Begriff als umfassender an, weil Erziehung vielleicht die wichtigste, aber nicht die einzige Aufgabe der Eltern ist. Das Erziehungsversprechen hat den Vorteil, dass es in begrenzter Form auch für Bonuseltern brauchbar ist.

Erziehungsstil: Je nach dem Grad an Kontrolle und Unterstützung durch die Eltern wird zwischen vier Erziehungsstilen unterschieden: dem autoritären (viel Kontrolle, wenig Unterstützung), dem verwöhnenden (wenig Kontrolle, viel Unterstützung), dem unbeteiligten (wenig Kontrolle, wenig Unterstützung) und dem demokratischen Stil (viel Kontrolle und viel Unterstützung).

Erziehungsversprechen: Eltern versprechen bei der Geburt ihres

Kindes, sich immer für seine Erziehung verantwortlich zu zeigen und für das Kind da zu sein. Außerdem geben sie ihr Wort, sich als Eltern gegenseitig keine Steine in den Weg zu legen und beide das Wohl des Kindes in den Vordergrund zu stellen.

Intakte Familie: Die Standardfamilie in ihrer ursprünglichen Zusammensetzung beziehungsweise eine Familie, in der die Eltern nicht geschieden sind.

Kernfamilie: Eine traditionelle Familie besteht aus den Kindern und ihren beiden Eltern als Versorger.

Nestmodell: Ein Betreuungsmodell, bei dem die Kinder während und nach einer Trennung weiterhin in der elterlichen Wohnung wohnen und die Eltern sich bei ihrer Betreuung abwechseln.

Paritätsmodell: Ein Betreuungsmodell, bei dem die Kinder abwechselnd bei ihrer Mutter oder ihrem Vater wohnen und annähernd gleich viel Zeit bei beiden verbringen.

Patchworkfamilie: Eine Familie mit mindestens einem Kind aus einer früheren Partnerschaft. Eine Patchworkfamilie bildet sich oft nach einer Scheidung oder dem Tod eines Elternteils. Ihre Zusammenstellung kann übersichtlich sein (wenn nur ein Partner ein Kind aus einer früheren Beziehung hat) oder auch komplex (wenn beide Partner Kinder aus einer früheren Beziehung mit einbringen und sie auch gemeinsame Kinder haben).

Parentifizierung: Einige Eltern projizieren ihre persönlichen Bedürfnisse auf ihr Kind. Das Kind wird dadurch so beeinflusst, dass es in Bezug auf ein Elternteil selbst immer mehr elterliche Funktionen übernimmt, um das Fehlen des anderen Elternteils auszugleichen.

Anmerkungen

1 http://www.bpb.de/nachschlagen/zahlen-und-fakten/soziale-situation-in-deutschland/61581/alleinerziehende (Seite aufgerufen 29. Januar 2015).
2 http://www.bmfsfj.de/RedaktionBMFSFJ/Broschuerenstelle/Pdf-Anlagen/Monitor-Familienforschung-Ausgabe-31,property=pdf,bereich=bmfsfj,sprache=de,rwb=true.pdf (Seite aufgerufen 29. Januar 2015).
3 Delfos, M. F. (2011). *Ik heb ook wat te vertellen! Communiceren met pubersen adolescenten.* Amsterdam: SWP.
4 Colpin, H., Vandemeulebroecke, L. & De Munter, A. (2000). Opvoeding in eenoudergezinnen: een overzicht van de onderzoeksliteratuur. In *Tijdschrift voor Orthopedagogiek, Kinderpsychiatrie en Klinische Kinderpsychologie.*
5 Cloïn, M. & Schols, M. (2011). *De gezinsagenda.* In: Bucx, F. (2011). *Het gezinsrapport.* Den Haag: Sociaal en Cultureel Planbureau.
6 http://www.unicef.de/kinderbeiuns (Seite aufgerufen 29. Januar 2015).
7 Mortelmans, D., Pasteels, I., Bracke, P., Matthijs, K., Van Bavel, J. & Van Peer, C. (2011). *Scheiding in Vlaanderen.* Leuven: Acco Verlag.
8 Bruckner, P. (2009). *Le paradox amoureux.* Paris: Editions Grasset.
9 Cochran, C. (2007). *Reconcilable Differences. Marriages End. Families Don't.* Toronto: Second Story Press.
10 Hermsen, Joke (2012). In *Nieuw Gezin,* Vierteljahresschrift der Stiftung *Nieuw Gezin Nederland,* Jahrgang 4, Nr. 3.
11 Spruijt, E. & Kormos, H. (2010). *Handboek scheiden en de kinderen.* Houten: Bohn Stafleu van Loghum.
12 Langendijk, W. (2007). *Beter scheiden. Redelijke afspraken, minder stress.* Amsterdam: Verlag SWP.
13 De Wachter, D. (2012). Vechtscheidingen versnipperen onze maatschappij. Interview in *De Morgen,* 21. November 2012.
14 Mortelmans, D., Pasteels, I., Bracke, P., Matthijs, K., Van Bavel, J. & Van Peer, C. (2011). *Scheiding in Vlaanderen.* Leuven: Acco Verlag.
15 Forna, A. (1999). *De mythe van het moederschap.* Amsterdam: Luitingh Sijthoff.
16 Van Crombrugge, H., Willems, J. & Vandenhole, W. (Hrsg.) (2007). *Gedeelde pedagogische verantwoordelijkheid. De opvoedingsbelofte in hetlicht van de rechten van de mens en de rechten van het kind.* Brüssel: HIG.
17 Hermsen, Joke (2012). In *Nieuw Gezin,* Vierteljahresschrift der Stiftung *Nieuw Gezin Nederland,* Jahrgang 4, Nr. 3. Und: Liefde is ... in evolueren. Interview im *NRC Handelsblad,* 25. Februar 2012.
18 Rosenberg, Marshall B. (2007). *Gewaltfreie Kommunikation. Eine Sprache des Lebens.* Paderborn: Junfermann Verlag.
19 Vollinga, Petra (2011). *Het grote co-ouder doe boek.* Utrecht/Antwerpen: Uitgeverij Kosmos.
20 Vansteenwegen, Alfons (2009). *Liefde is een werkwoord.* Tielt: Lannoo Verlag.

21 Bakx, Gebert (2012). *Gelukkiger leven.* Antwerpen: Witsand Verlag.
22 Vansteenkiste, M. (Januar 2013). Weg met het schuldgevoel. In der Zeitschrift *Psychologies.*
23 Verhaeghe, Paul (2013). *Und ich? Identität in einer durchökonomisierten Gesellschaft.* München: Antje Kunstmann Verlag.
24 Adriaenssens, Peter. (2012). Interview in *Het Nieuwsblad,* 2. Juni 2012.
25 Hermsen, Joke (2012). Interview in *Nieuw Gezin,* Vierteljahresschrift der Stiftung *Nieuw Gezin Nederland,* Jahrgang 4, Nummer 3.
26 Cochran, Cate (2007). *Reconcilable Differences. Marriages End. Families Don't.* Toronto: Second Story Press.
27 Haag, Pamela (2011). *Huwelijk 2.0.* Amsterdam: Mouria.
28 Hellinger, Bert (1993). *Zweierlei Glück.* Heidelberg: Carl-Auer-Systeme Verlag.
29 Garssen, J., De Beer, J., Cuyvers, P & De Jong, A. (2001). *Nieuwe feiten over relaties en gezinnen.* Voorburg/Heerlen: Centraal Bureau voor de Statistiek.
30 Cochran, Cate (2007). *Reconcilable Differences. Marriages End. Families Don't.* Toronto: Second Story Press.
31 Driesen, Ludo (2012). *Ik wil mama én papa, allebei.* Antwerpen: Garant Verlag.
32 Bastaits, K., Van Peer, C. & Mortelmans, D. (2012). *Wat kunnen ouders doen om de negatieve gevolgen van een echtscheiding voor kinderen te verlichten?* Antwerpen: Universität Antwerpen. Relaties en nieuwe gezinnen, Bd 2, Nr. 2. Die nachfolgenden Zitate stammen aus dieser Studie.
33 Van Tongeren, Paul (April 2009). In *Filosofie Magazine.*
34 Hermsen, Joke (2012). Interview in *Nieuw Gezin,* Vierteljahresschrift der Stiftung *Nieuw Gezin Nederland,* Jahrgang 4, Nr. 3.

Weiterführende Literatur

Bethke-Brenken, Inga & Brenken, Günter (2011). *Mut zur Patchwork-Familie. So gelingt das neue Miteinander.* München: Ernst Reinhardt Verlag.

Jacob, Ramona (2012). *Wenn der Traum von Familie platzt. Ein Mutmachbuch bei Trennung und Scheidung.* München: Kösel Verlag.

Juul, Jesper (2011). *Aus Stiefeltern werden Bonuseltern. Chancen und Herausforderungen für Patchwork-Familien.* München: Kösel Verlag.

Koch, Claus & Strecker, Christoph (2014). *Kindern bei Trennung und Scheidung helfen. Psychologischer und juristischer Rat für Eltern.* 2., aktualisierte und erweiterte Aufl. Weinheim: Beltz Verlag.

Largo, Remo H. & Czernin, Monika (2015). *Glückliche Scheidungskinder. Was Kinder nach der Trennung brauchen.* München: Piper Verlag.

Ochs, Matthias & Orban, Rainer (2011). *Familie geht auch anders. Wie Alleinerziehende, Scheidungskinder und Patchworkfamilien glücklich werden.* Heidelberg: Carl Auer Verlag.

Remmert, Elisabeth & Holitzka, Marlies (2006). *Systemische Paaraufstellungen. Damit Beziehungen gelingen. Ein Praxisbuch nach Bert Hellinger und anderen.* Darmstadt: Schirner Verlag.

Willems, Jos (2010). *Een nieuw gezin, een nieuwe kans.* Antwerpen: Witsand Verlag.